Charles Malato

De
la Commune
à l'anarchie

essai

ISBN : 978-1533449573

10 9 8 7 6 5 4 3 2 1

Charles Malato

De
la Commune
à l'anarchie

essai

Table de Matières

CHAPITRE Ier
À BORD DU « VAR ».

Les idées vont vite à notre époque : pour qui se reporte à quelque vingt ans en arrière, au lendemain de la guerre et de la Commune, la transformation dans les goûts, dans les opinions, dans les mœurs est grande, troublante même pour les timides. On s'essayait à balbutier le mot république, sans, du reste, rien entrevoir derrière, et voici qu'après la république, enlisée dans l'ornière bourgeoise et le socialisme, émasculé par ses propres chefs, l'anarchie, à son tour, entre en scène, non seulement dans le domaine spéculatif mais dans celui des faits. Les vieux jacobins, admirateurs minuscules des « géants de la Convention », sont descendus dans leur tombe ; les fougueux démocrates d'antan ont pris du ventre et de la sagesse ; les débris de la Commune, après avoir étonné le monde de leur courage et de leur foi, ne surprennent plus que par la petitesse ou le vide de leurs conceptions : pauvres astres, jadis rutilants, aujourd'hui éteints ! Ils n'ont cependant pas plus que d'autres, trahi ou renoncé à ce qui fut leur idéal et qu'ils défendirent ; seulement, le monde a marché.

Je me rappelle les déportés de *la Nouvelle,* auxquels s'attachait une légende terrible et qui représentaient alors par excellence l'élément énergique et avancé du prolétariat. Ils avaient été acteurs dans une lutte impitoyable, signalée par les exécutions et les incendies ; ils avaient défendu stoïquement leur drapeau rouge et, en général, se tenaient fermes dans l'exil, quelques-uns mettant même leur âme dans une évocation émue à la « république immortelle » ou au « grand Paris révolutionnaire ». Puis, ils se sont endormis là dessus et vingt années d'évolution psychologique et sociale leur ont échappé. Désorientés, inconscients de ce monde nouveau, à l'éclosion duquel ils ont contribué, mais qui a grandi sans eux, ils ne savent plus, pour le grand nombre, que lancer l'anathème à leurs successeurs, les anarchistes d'aujourd'hui, qui, eux, les traitent de fossiles.

Ces pages seront un aperçu de cette évolution, non moins que le récit d'anecdotes survenues un peu partout et qui auront, à défaut d'autre, le mérite d'être authentiques. Que le lecteur excuse la

Charles Malato

forme personnelle du récit : si le *moi* devient haïssable lorsqu'il est absorbant et veut tout primer, par contre, il est souvent un gage de sincérité. Puisqu'il faut mettre en scène des personnages, pourquoi ne pas donner la préférence à ceux qui existent réellement ? Et quels sentiments, quelles passions, quelles luttes morales, quels combats d'idées peut-on mieux analyser et décrire que ceux qu'on a soi-même ressentis ?

Le premier mars 1875, je quittai Brest à bord de la frégate *le Var,* en partance pour la *Nouvelle Calédonie.*

Dans cette arche de Noé, que conduisait avec une circonspection exagérée le baron Testu de Balincourt, il y avait tous les échantillons d'animaux à deux pattes : déportés politiques, forçats, — on en prit, le lendemain, trois cents à l'île d'Aix, — fantassins de marine, artilleurs, gendarmes, surveillants militaires, fonctionnaires grands, moyens et petits, émigrants libres, familles allant rejoindre leur chef. De l'arrière, où trônaient le commandant et son état-major, aux cages des prisonniers, en passant par le *vulgum pecus,* dont j'étais, parqué dans la batterie basse, ce navire offrait bien l'image de notre société hiérarchique et autoritaire !

Mon père, condamné à la déportation simple, faisait partie des vingt-cinq communards enfermés dans un compartiment grillé de l'entrepont sous la surveillance peu bénigne de quatre ou cinq gendarmes. Ma mère qui l'accompagnait comme moi au lieu d'exil, partageait, dans la batterie basse, le domicile commun des voyageurs libres : la nuit, une toile pudiquement baissée séparait les hamacs féminins des hamacs masculins et un factionnaire, rigide comme un eunuque dans l'observation de sa consigne, veillait à la répression des ardeurs coupables.

J'avais dix-sept ans, beaucoup d'imagination et de sensibilité naïve, énormément de timidité, — et il m'en est resté pas mal, — par contre, nulle crainte des dangers. C'est une anomalie qu'on rencontre fréquemment chez les victimes d'une trop bonne éducation bourgeoise. Mon père, bien que foncièrement révolutionnaire de tempérament et même d'esprit, a toujours conservé les mœurs de son aristocratique famille, et ma mère, élevée également dans un milieu des moins plébéiens, s'en ressentait malgré une grande largeur de pensée et de sentiment. Ayant perdu deux enfants en bas âge, ils avaientreporté sur moi toute leur affection, m'entourant de soins excessifs. C'est au point que, à un âge où d'autres adolescents jouent déjà au petit crevé, je ne sortais jamais seul dans la rue et tournais un quart d'heure la langue dans ma bouche avant d'oser m'adresser directement à qui que ce fût. La lecture des épopées classiques puis des merveilleux romans de chevalerie, enfin de Jules Verne et du capitaine Mayne-Reid, m'avait enflammé de bonne heure ; je m'étais rêvé bien des fois combattant le grizzly ou le congouar ; pendant le siège et la Commune, je brûlais de faire le coup de feu et avais, à cet effet, harcelé mes parents de mes insistances réitérées, mais je serais mort de honte plutôt que de laisser échapper la moindre expression risquée. « Fi donc, Charles ! tu parles comme un homme du peuple ! » m'aurait dit ma bonne grand'mère.

Comment, avec ces timidités, imputables surtout au milieu et à l'éducation, ai-je pu rompre plus tard en visière avec tout ce qui est lois, usages, conventions, et devenir un de ces farouches anarchistes qui se proposent très sincèrement de retourner la société comme une omelette ? Il a fallu pour amener pareille transformation, que le dégoût de cette société fût bien fort et la supériorité des idées perturbatrices bien manifeste.

Cependant, quelque éloigné de Ravachol que je fusse alors, j'avais déjà, peu avant l'époque où commence ce récit, commis mon acte individuel.

Mon père, poursuivi beaucoup plus pour son passé révolutionnaire en Italie que pour le rôle assez modeste quoique ferme, qu'il joua pendant la Commune, n'avait été l'objet, au début, que d'un simple arrêté d'expulsion. Au lieu de s'y conformer, il déménagea, pour la sixième ou septième fois depuis l'entrée des Versaillais, et demeura à Paris, où l'attachaient ses affaires commerciales, florissantes alors. Mais, un an plus tard, l'avènement au pouvoir du maréchal Mac-Mahon, servi par un ministère de combat, amena une recrudescence de réaction ; les dossiers d'un grand nombre de communards ayant été révisés, mon père fut condamné par contumace à la déportation dans une enceinte fortifiée et, sans l'avis officieux d'un ami, son arrestation eût été opérée.

Il put s'enfuir, mais, à ce moment, on n'y allait point par quatre chemins. Pour forcer le contumax à se présenter, on arrêta ma mère et mit l'embargo sur tout ce que nous possédions. Mon père, menacé d'être traité, non en adversaire politique, mais en banqueroutier, revint effectivement et fut appréhendé, sans que pour cela, on relâchât la prisonnière. Et des mois s'écoulaient !

J'exécutai alors une tentative qui paraîtra bien romantique aux graves personnes habituées à juger sainement les choses.

Le vent était alors au bonapartisme : on prévoyait si bien un pronunciamento en faveur de la dynastie déchue que, sans plus tarder, les républicains avancés, Gambetta en tête, commençaient d'ores et déjà, principalement dans la région lyonnaise, l'organisation clandestine des fameux « comités de résistance ». Quelque jeune que je fusse, je savais bien des choses, et en sentais d'intuition beaucoup d'autres : je rédigeai à la main une vingtaine de proclamations, les fourrai dans une serviette de toile cirée et attendis l'heure des ténèbres.

Ces brûlots n'étaient nullement anarchistes, comme d'autres que je devais élaborer par la suite, pas davantage socialistes, — j'ignorais tout du socialisme, — ni même républicains, — bien que la république me parût l'idéal absolu et infranchissable. Tablant sur l'état d'esprit et de choses, j'avais écrit des proclamations bonapartistes, informant en substance le peuple de Paris, que le régime auquel étaient dues vingt années de prospérité — quel cynisme ! — opérait sa résurrection, tout comme le phénix mythique, et ressaisissait le pouvoir.

« Que le grand parti des honnêtes gens se rallie autour de nous ! » avais-je conclu, ou à peu près, en signant sans hésitation : « Le comité impérialiste ».

Toutefois, par un singulier scrupule, que je n'aurais certes plus maintenant, j'avais, pour figurer les noms des membres de cet imaginaire comité, tronçonné mon propre nom de la façon suivant : Char, Lesamand, Antoi, Nemal, Ato, Decorné, (au lieu de Charles, Amand, Antoine Malato de Corné).

Mon plan était de placarder nuitamment ces affiches dans quelques quartiers populeux, de façon à exciter, le matin suivant, l'émotion des ouvriers républicains qui les liraient en allant à leur travail et, naturellement, s'attrouperaient pour les commenter.

À BORD DU « VAR ».

Je serais sur l'un de ces points et, semant des bruits de toutes sortes, mettant à profit les infaillibles brutalités de la police, qui ne manquerait pas de charger nos rassemblements, peut-être, arriverai-je à déterminer un coup d'emballement populaire ! La liberté des communards prisonniers, en général, et de mes parents, en particulier, pourrait en sortir et qui sait quoi encore !

Tout hasardé que puisse sembler ce projet, comme il ne compromettait que moi, je l'exécutai. Sans m'être confié à âme qui vive, je me dirigeai à la brune vers la place de la Bastille, achetai deux sous de colle à bouche chez le dernier marchand encore ouvert, et, peu après, commençai mon travail d'affichage. Le faubourg Saint-Antoine, Charonne, Belleville, quartiers les plus révolutionnaires, reçurent les premiers manifestes ; puis, traversant le canal Saint-Martin, je m'orientai vers la hideuse masure de Saint-Lazare, où était détenue ma mère ; mais, avant d'y arriver, mon odyssée prit fin. Deux gardiens de la paix m'aperçurent en train d'afficher, me signalèrent et, rue d'Alsace, je me trouvai pris, comme dans un traquenard entre des agents, débouchant sur mes derrières et ma droite, le parapet du chemin de fer de l'Est et le poste de police. Je fus arrêté, mais ne perdis point mon sang-froid et jouai la folie, déclarant au brigadier ahuri que j'étais l'auguste rejeton de Napoléon III, fraîchement débarqué d'Angleterre avec le docteur Coneau pour faire le bonheur du peuple français. Cette prétention n'empêcha pas qu'après quelques étapes, dont je fais grâce au lecteur, l'on me dirigeât sur le Dépôt où je séjournai une dizaine de jours au *commun* puis, ayant eu la prudence de recouvrer progressivement la raison, je fus rendu au pavé de Paris. Ceux qui avaient disposé si arbitrairement de la liberté et de la fortune de mes parents, hésitèrent sans doute à poursuivre rigoureusement un adolescent : j'avais accompli ma dix-septième année pendant cette première captivité, qui ne devait pas être la seule.

La peine, prononcée par contumace contre mon père, avait été, par jugement contradictoire, commuée en celle de la déportation simple. C'était presque la liberté… à l'autre bout du monde : ma mère et moi, enfin réunis, disions sans regret adieu à la terre natale où nous laissions : elle sa bourgeoise famille, moi mes rêves d'avenir.

Par contre, j'emportai, ancré dans mon cœur, le désir de la

Charles Malato

revanche, revanche qui s'étendant plus tard des hommes aux institutions, les grandes coupables, devait faire de moi un adepte de la révolution sociale.

Il était bien curieux pour un jeune homme ignorant tout de la vie, ce troupeau humain entassé à bord du *Var*. L'équipage, en presque totalité, était breton, doué de sympathies médiocres à l'égard des « Parisiens, » qui le lui rendaient. Sauvages et fanatiques, terribles instruments aux mains de la réaction, les compatriotes du pieux Trochu avaient, sans hésitation, tiré sur le peuple pendant le premier siège, puis s'étaient signalés dans l'hécatombe de Mai. Pour ces primitifs, en général honnêtes et courageux, mais par cela même, d'autant plus redoutables dans leur aveuglement, tout ce qui venait de la ville rebelle était ennemi ou, au moins, suspect. Habitués au sarrasin de leur pays, ils s'indignaient que des passagers, qualifiés, pour la plupart d'*indigents,*montrassent quelque répugnance devant l'exécrable ordinaire du bord.

Lorsque, six ans plus tard, de retour à Brest, il me fut donné de connaître la population ouvrière, je ressentis une impression toute différente. Il y a beaucoup à attendre, pour les futurs mouvements sociaux, de cet élément armoricain, jeune, enthousiaste et tenace.

Passagers libres, détenus, soldats, marins, se trouvent divisés à bord par*plats* de sept à dix : deux hommes sont de service chaque jour pour chercher les vivres, porter à la marmite commune le maigre lambeau de viande que transperce une broche portant le numéro du plat, monter les bancs et les tables, les démonter. Puis, c'est le lavage du plancher à grand renfort de raclettes et de fauberts, la prise des hamacs dans les bastingages, après le coup de sifflet qui suit la prière du soir, l'installation de ces lits suspendus, où l'on dort si bien, bercé par le roulis, et qu'on enlève le lendemain matin pour les reporter à leur place première. Ces exercices réitérés ne laissent pas de donner un excellent appétit : il ne manque que la possibilité de le satisfaire.

L'ordinaire est des plus lacédémoniens : le matin, quelques débris de biscuits de mer, un boujaron (6 centilitres) de tafia et un liquide tiède et noirâtre, audacieusement qualifié de café, où nage parfois la chique du maître coq. À midi, vingt-trois centilitres d'un vin qui serait bon si les magasiniers ne le baptisaient plus que de raison, du pain de munition, une eau chaude censée être du bouillon et, trois fois par semaine, un microscopique morceau de carne desséchée. Nous apprîmes, non sans quelque surprise, que cette carne était la viande des bœufs que nous avions vu embarquer, mais notre étonnement cessa quand nous pûmes constater *de visu* que, par humanité sans doute, ces bœufs n'étaient généralement abattus qu'une fois crevés sous les influences combinées du froid, de la faim et du roulis. Un de ces ruminants, surnommé *Mouton*, et qui méritait bien cette appellation par sa douceur, fut, le plus longtemps possible, soustrait au couteau impitoyable du sacrificateur : il restait le dernier de son espèce et se promenait librement sur le pont ; mais à la fin, celle que nous éprouvions, décida de son sort. Pauvre Mouton !

Le soir, une nouvelle mesure de vin, du biscuit et une potée de légumes on ne peut plus secs, contemporains de Bougainville et de La Pérouse, qui eussent avantageusement chargé des mousquets, composent un repas moins sybaritique encore que le déjeuner.

Les mercredis et vendredis, deux sardines par personne ou une croûte de fromage tête de mort remplacent les aliments gras : le salut éternel ne vaut-il pas quelques tiraillements d'estomac ? Le lundi, les boîtes de conserves fournissent un endaubage gluant et insipide, que les gourmandes passagères font cuire au four du maître coq, inséré — l'endaubage, — dans l'épaisseur d'un biscuit détrempé. Le samedi, lard à midi et, comme dans les prisons, riz le soir : une vraie colle d'affichage devant laquelle reculent les plus affamés.

Tandis que les stoïques dévorent silencieusement leur pitance, les raffinés s'ingénient à des combinaisons impossibles et, souvent, de guerre lasse, vident à la poulaine le contenu du baquet commun. Car on est servi dans des auges en bois, auxquelles il ne faudrait cependant pas donner ce nom, sous peine de rigueurs disciplinaires ou, tout au moins, d'invectives : on dit par euphémismes des « bailles. »

La poulaine, partie extrême du navire, à l'avant, sous le beaupré, est en même temps que latrines, cercle démocratique et social. C'est un buen-retiro qui n'est pas retiré du tout et, si je ne craignais de faire un mauvais calembour, je dirais un salon en plein vent.

Charles Malato

Tandis que les uns, la main appuyée à un câble de fer, se dégonflent au-dessus du réceptacle impur, leur nudité fouettée par la brise ou par l'écume des hautes lames, d'autres, principalement des marins esquivant la manœuvre, vont, viennent, causent, s'arrêtent, regardant le bâtiment filer, jusqu'à ce qu'un quartier-maître, faisant irruption, rappelle les paresseux au devoir par la parole et par le geste.

Elle est salée, la parole, chez ces hommes de l'Océan : « coïons ! rossards ! fils de garce ! » Le geste n'a rien de mièvre : bourrades à assommer un bœuf ou grands coups de pied un peu partout. Quand ils jouent, souvent à la main chaude, ils mettent leur gloire à s'estropier, ayant l'admiration du primitif pour la force musculaire.

Quoi d'étonnant à cela ? pendant des siècles, ils n'ont eu pour culture intellectuelle que les oraison de leurs prêtres et pour délassements que des luttes de bêtes fauves. Combien en sont encore, non à l'époque de Darwin, mais à celle de Duguesclin !

Aussi, faut-il voir le dédain des ouvriers cultivés pour ces pauvres diables ! Comme à mon retour en France, égaré aux environs de Brest, je demandais mon chemin à des paysans qui ne comprenaient pas un mot de français : « Quoi, vous parlez à ces *canaques* ? » me dirent des travailleurs de la ville, survenant fort à propos pour me tirer d'embarras.

Vieil antagonisme des villes et des campagnes, créé par l'ignorance, soigneusement entretenu par les dirigeants et qui, en 93, 48 et en 71, paralysas la révolution ! tu disparaîtras enfin quand la suppression du pouvoir et l'universalisation de la propriété auront harmonisé les intérêts.

Cet esprit particulariste se remarque chez les soldats embarqués sur le *Var*. Fantassins de marine, ils méprisent les lignards et les matelots qui le leur rendent bien, — rivalité d'esclaves ! Dans les récits stupides ou orduriers qui font naître de gros rires, ils daubent sur les *chie-dans-l'eau* et les *culs rouges*. De leur côté, les quartiers-maîtres ne se font pas faute de tracasser, brutaliser même les militaires, soumis, en plus de leur discipline ordinaire, à celle, si rigoureuse, du bord. Au débarquement, les comptes se règlent d'ordinaire par des coups de poing… quelquefois de sabre : on appelle cela de l'*esprit de corps* !

À BORD DU « VAR ».

L'infanterie de marine, vouée aux voyages et aux expéditions exotiques, est cependant une arme relativement intelligente : elle tient, moins que la ligne ou la cavalerie, casernées dans les villes, au décorum impeccable et abrutissant : polissage des boutons, miroitement du ceinturon, plissage réglementaire de la cravate et de la capote. Elle renferme des tempéraments et des fortes têtes qui, malheureusement, n'appliquent guère leur initiative qu'au brigandage militaire. Les chefs passent parfois bien des choses à ces indisciplinés, parce que, dans les luttes toutes différentes des guerres méthodiques à l'européenne, leur spontanéité en fait de bons tueurs d'hommes.

Les vingt-cinq déportés encagés dans l'entrepont représentaient à bord l'élément le mieux doué au point de vue cérébral. La plupart, l'âge et l'exil aidant, sont devenus de parfaits opportunistes : le secret de l'évolution accomplie sans eux leur a échappé. Il y avait là, cependant, des hommes d'une valeur réelle, en tous cas fort supérieurs aux mannequins galonnés de l'arrière.

Le doyen était Mabille, sexagénaire qui, après avoir conspiré, fait le coup de feu et traîné de prison en prison avec Raspail, Barbès et Blanqui, était tout naturellement prédestiné à la Nouvelle-Calédonie. Dans tout mouvement révolutionnaire, les très jeunes et les vieux sont les meilleurs combattants, les premiers enfiévrés par un enthousiasme qui ne connaît pas d'obstacles, les seconds bronzés par toute une vie de luttes et n'ayant plus rien à espérer ni à craindre. Mabille, condamné à la déportation dans une enceinte fortifiée, se fit, à la presqu'île Ducos, l'éducateur de ceux, toujours nombreux, qui s'étaient trouvés acteurs dans l'insurrection, sans trop savoir pourquoi. Il leur apprit qu'il y avait une question sociale. Puis, de retour en France, au bout de six années, âgé de quelque soixante-douze ans et ne trouvant plus de travail, il se suicida. Telle fut la fin de ce travailleur modeste, honnête et courageux.

Marchand était un beau garçon, d'environ vingt-cinq ans, instruit et enjoué qui, malgré son jeune âge, avait rempli fort crânement les fonctions de capitaine : physionomie bien parisienne. Il n'a pas traîné longtemps : il avait laissé son cœur en France et il en est mort. Du reste, la mortalité, parmi les déportés, était grande surtout chez les jeunes, victimes de la nostalgie ou des chagrins d'amour.

Charles Malato

Mort aussi Ponsard, un ex-marin qui avait quitté la flotte pour servir la Commune et qu'un emprisonnement prolongé dans les in-pace versaillais avait rendu poitrinaire. Mort aussi Bisson, un grand mécanicien, jovial, haut en couleurs, beaucoup plus républicain que socialiste, comme l'étaient, du reste, la plupart de ses camarades. Mort aussi, Redon, l'ex-commandant du fort d'Issy. Mort Ardouin, bureaucrate soigné et malheureux époux. Mort Olive, inoffensif franc-maçon, qui répétait tragiquement en reprisant ses fonds de culottes — il était tailleur — : « On m'a envoyé à *Nouméia* comme membre d'une société secrète ! » Et qui sait encore combien d'autres !

Une heure par jour, les déportés, affublés de blouses de toile et de képis sans galons ni numéro, dévalaient de leur cage et montaient prendre l'air sur le pont. Le port, autorisé, de la barbe et des moustaches les distinguait des forçats rasés, eux, comme des esclaves. À ces derniers seulement s'applique la qualification de « transportés », qu'il ne faut pas confondre avec l'autre : un déporté est un ennemi politique vaincu, auquel les épiciers libéraux de Nouméa condescendent à serrer la main sans trop rougir ; un transporté est un vulgaire malfaiteur, un paria.

En général, les forçats, n'étant pas soutenus par une idée supérieure, se montrent serviles devant le garde-chiourme : aussi celui-ci les préfère-t-il au déporté raisonneur et fier. Les surveillants militaires qui, à bord du *Var,* gardaient les *droits communs,* se montraient de beaucoup moins rudes que les gendarmes chargés de veiller sur les communards. « Si c'est un transporté, soignez-le ; si c'est un déporté, laissez-le crever, » telle est l'aimable recommandation que donnait au médecin de la *Dives* le capitaine Lucas. Celui-ci, peu après avoir prononcé cette parole, est mort comme un chien, au milieu des souffrances de ladysenterie, ce qui ferait presque croire à la fameuse justice immanente des choses !

Les officiers du *Var,* il faut le reconnaître, ne se montraient pas féroces à l'excès. Envers la vile multitude, ils apparaissaient bien plus indifférents que tracassiers : il semblait que, pour eux, la vie s'arrêtât au « carré ».

Immigrants et immigrantes libres, bien que, intellectuellement, au-dessous des déportés, n'en étaient pas moins curieux à étudier.

À BORD DU « VAR ».

Là aussi, on rencontrait des types bizarres.

Tout d'abord, grouillait un lot de Marseillais aventureux et bruyants, séduits par les légendes qu'on faisait circuler en France sur la colonie océanienne. À en croire les impudentes petites brochures répandues à profusion, c'était pour les habiles, munis du moindre capital, la fortune à bref délai et pour les ouvriers désargentés, mais travailleurs, tout au moins l'aisance.

Combien, ils ont dû en rabattre de ces beaux contes !

Un des plus étranges était le père Marc, quinquagénaire grand, sec et nerveux, qui avait écoulé la plus grande partie de sa vie en voyages et en aventures dans les deux Amériques. Il avait eu des hauts et des bas ; pour le moment, il n'avait même pas de chaussettes. Judicieusement, alors, il s'était dit que crever de faim pour crever de faim, mieux valait que ce fût en voyageant pour tenter la chance une fois de plus. Le gouvernement cherchait à peupler les colonies et, afin de débarrasser la métropole d'un contingent de malheureux qui eussent pu devenir redoutables, leur donnait des facilités pour s'expatrier. Marc avait réussi à obtenir gratuitement le passage et l'entretien à bord, de Brest à Nouméa, en qualité d'émigrant indigent. Il pensait que si, en Nouvelle-Calédonie, la fortune ne le favorisait pas, il en serait quitte pour adresser aux autorités une demande de rapatriement. C'est, en effet, ce qu'il dut faire par la suite : quelques mois plus tard, nous le vîmes revenir de Téremba à Nouméa, minable, émacié, vêtu d'une soutane trouée qu'un missionnaire lui avait abandonnée par compassion.

Plusieurs autres revinrent comme lui de la brousse, maudissant la crédulité qui leur avait fait ajouter foi aux racontars officiels. Quelques-uns tâchèrent de se caser à Nouméa dans l'administration, la plupart repartirent pour la vieille Europe, emportant au cœur l'âpre rancune de leur espoir trompé.

À mentionner aussi Mérano, un brave Toulousain que les nécessités de la vie poussaient à aller faire le commerçant sous les tropiques et qui, dans son propre pays, eût fait un fort bon chanteur. Il avait une superbe voix de basse et, à tout instant de la journée, nous l'entendions trémoler :

La blonde enfant de la colline

. . . .

Charles Malato

ou :

Pourquoi passer si tôt, temps heureux des chimères ?

. . . .

D'autres fredonnaient *les Cuirassiers de Reischoffen, les Petits enfants de l'Alsace* ou des bribes de *la Fille de Madame Angot*, encore en vogue à ce moment. Pendant cette traversée pénible, dont la monotonie n'était guère coupée que par des disputes, hommes et femmes s'égosillaient à qui mieux mieux. Les chansons patriotiques et sentimentales dominaient, puis quelques compositions égrillardes d'une poésie douteuse ; les enfants organisaient des rondes comme à terre et répétaient les vieux airs ingénus que nous avons tous connus.

Près de vingt ans nous séparent de cette époque : on chantait encore et, bien que le stupide refrain du café-concert eût déjà conquis sa vogue, il ne primait pas comme aujourd'hui. La génération présente, ou bien raisonne à froid et ne chante pas du tout ou bien se vautre dans l'orgie grossière et alors se contente de brailler les premières insanités venues. La bourgeoisie tombe en déliquescence, entraînant avec elle une partie du prolétariat qu'elle a contaminée : il est temps que l'autre partie, la couche profonde, se soulève et bouleverse tout pour régénérer.

Il ne faut pas oublier, parmi les passagers remarquables, un coiffeur rochellois du nom de Pricot : il eût mérité de naître entre la Garonne et les Pyrénées. C'était un de ces douzièmes de savants qui, bavardant, sur tout à tort et à travers, passent pour aigles auprès des imbéciles. Malgré son bagout, la fortune ne lui avait pas souri et il allait au pays des Canaques, prêt à entreprendre tous les métiers. Cinq ans plus tard, étant gérant du bureau télégraphique de Thio, je l'eus sous mes ordres, — quel mot pour un anarchiste ! — en qualité de surveillant des lignes. Sa femme, petite, laide et tout à fait illettrée l'accompagnait, ainsi que leur enfant, pauvre créature qu'ils rudoyaient sans cesse.

Le côté féminin mérite aussi quelque description. Du 1er mars, jour de notre départ, au 28 juillet, jour de notre débarquement, la batterie basse fut animée par les querelles homériques de mesdames Boisgontier, Ardouin et Redon.

Madame Boisgontier était une petite et grosse commère qui

tranchait de la distinction parce qu'elle avait des cheveux blancs et portait une robe de soie. Elle se disait Espagnole et avait peut-être voyagé au pays des Isabelle, mais semblait plutôt originaire de la place Maubert. Rien n'était plus comique que les exclamations épicées qui lui échappaient au milieu de ses tirades les plus majestueuses, rien n'était plus amusant que ses pataquès qui décelaient une ignorance sans limites. Une nuit, la mer furieuse battait plus que de raison les flancs du navire, — « Ah ! gémit madame Boisgontier, au milieu de ses compagnes réveillées en sursaut, ce sont des bandes de requins qui assaillent le *Var* avec leurs cornes ! »

Le mari de madame Boisgontier, qui faisait partie des vingt-cinq déportés, en était certainement le moins sympathique. Digne de sa compagne, il avait, pendant que les autres se battaient, grappillé à l'intendance, tout juste assez instruit pour opérer des soustractions. Ce riz-pain-sel communard était dédaigneusement tenu à l'écart par les autres prisonniers politiques.

Mesdames Ardouin et Redon, dont les maris étaient aussi déportés, soutenaient contre madame Boisgontier, leur aînée de vingt-cinq ans, une guerre ininterrompue. Grosses injures et coups d'épingles, épigrammes, qui circulaient d'un bout à l'autre de la batterie, tracasseries variées, tout était mis en œuvre de part et d'autre. Sur le passage de la duègne, les deux jeunes femmes chantaient à la cantonade :

Dans la batt'rie, c'qu'il y a d'plus beau,
En vérité, c'est le vieux tableau

Inutile de dire qui était le vieux tableau.

La prison, — et n'étions-nous pas sur une prison flottante ? — aigrit le caractère. Il en est de même de l'exil : à Genève, à Bruxelles, à Londres, les membres des diverses proscriptions se sont toujours déchirés, se jetant à la tête les responsabilités de la défaite et les imputations outrageantes. La vie incessamment commune, sans possibilité de s'isoler à intervalles nécessaires, finit par exacerber les natures délicates. Partis de France avec un esprit unanime de tolérance et de solidarité, les passagers du *Var* se sont quittés sur le

Charles Malato

sol calédonien en s'écriant : « Au plaisir de ne jamais se revoir ! »

Faut-il mentionner encore madame G***, épouse laide mais infidèle d'un patron coiffeur, courant la prétentaine en compagnie de sa fille et d'un chérubin du rasoir, qui la planta là à Nouméa pour entrer dignement dans l'administration ? madame Gerf***, jeune et avenante blanchisseuse brestoise, qui, tout en devisant d'amour avec un beau caporal d'armes, s'en allait rejoindre son mari, ouvrier de l'État, à Taïti ? La pauvrette ! quelle ne fut pas sa souleur en trouvant à Nouméa une lettre l'informant que son conjoint, insoucieux des nœuds sacrés du mariage, venait de repartir pour l'Europe, histoire de fausser réception à sa légitime ! Et mademoiselle Marie Robert, jeune fille sans orthographe mais dont les beaux yeux captivèrent quelques années plus tard, le grand chef arabe Mokrani !

Mais il serait impardonnable de passer sous silence la mère La Fouine, ou plutôt la famille La Fouine, car ils étaient trois : la mère, la fille et le fils.

Tous trois horribles, repoussants de saleté et idiots par dessus le marché, devaient leur surnom à l'aspect caractéristique et animal de leur visage : front fuyant, nez allongé et crochu, petits yeux scrutateurs et pétillants d'une malice bête. Ils s'étaient embarqués sans autre bagage qu'un vase nocturne tenu à la main et renfermant, garde-manger d'un nouveau genre, les provisions de… bouche de la famille. L'homme qu'ils allaient rejoindre, était forçat de droit commun, quelque part à l'île Nou ou à Bourail. « Ah ! déclarait avec son intonation inimitable la mère La Fouine aux autres femmes de la batterie, vous faites six mille lieues pour aller coucher avec votre mari, je les faisons pour aller coucher avec le mien et avec bien d'autres encore… ma bônne ! »

Ah oui ! le gouvernement de la plèbe ne vaudrait pas mieux — quoique tout différent — que celui de l'aristocratie. Le ciel nous préserve, ou plutôt préservons-nous nous-mêmes, des princes et surtout des princesses du Quatrième-État ! Mais si la plèbe est encore si abaissée, si abrupte, à qui la faute, sinon à ceux qui l'ont maintenue éternellement dans l'abjection ?

La mère La Fouine avait environ quarante ans, son fils quatre ou cinq et sa fille seize. Cette dernière, j'en frémis encore, se prit à ressentir quelque sympathie à mon endroit. Il n'est guère convenable de se vanter de ses bonnes fortunes, mais celle-ci avait si peu le caractère d'une bonne fortune que je crois pouvoir en parler sans être taxé de fatuité excessive. De temps en temps, la pauvre idiote interrompait sa chasse à la vermine pour se diriger de mon côté avec un sourire qu'elle s'efforçait de rendre aimable et qui me glaçait le sang dans les veines. Pauvre fille, que les autres passagers eussent rabrouée et qui me persécutait de sa tendresse parce que je ne voulais la brusquer ! Elle a dû faire, à l'arrivée, le bonheur de quelque forçat libéré, car les femmes étant rares à la Nouvelle, les moins séduisantes trouvaient des admirateurs. Si ma timidité m'a nui souventes fois, d'autre part, ma peur de blesser m'a infligé, au cours d'une vie mouvementée, quelques semblables bonnes fortunes que je me suis généralement efforcé de ne pas pousser jusqu'au bout.

Tels étaient, mâles et femelles, les personnages les plus caractéristiques du bord. Nous séjournâmes, dans ce pandémonium, depuis le premier mars jusqu'au 28 juillet, c'est-à-dire cent quarante-sept jours.

CHAPITRE II
À NOUMÉA

Nous relâchâmes deux fois sur notre route : la première fois à Las Palmas, l'une des Canaries, pendant une demi-journée, la seconde fois à l'île Sainte-Catherine, sur la côte brésilienne, pendant près de deux semaines.

Retracer les divers incidents du bord serait fastidieux : ne les trouve-t-on pas dans tous les récits de voyages au long cours ? calmes plats, tempêtes, baptême de la ligne, passage du pot-aux-noirs, apparitions de poissons volants, pêche à l'albatros, funérailles de passagers d'après le cérémonial maritime. Par trois fois, nous vîmes un corps cousu dans un sac, boulet aux pieds, disparaître sous les vagues, pâture offerte aux requins suivant le sillage du navire. Nous marchions avec une lenteur désespérante, parfois ramenés brusquement en arrière par les vents contraires

Charles Malato

et tirant des bordées ou naviguant au plus près toute une semaine durant. Il y avait bien une machine, assez disproportionnée à la force du bâtiment, mais on ne s'en servait guère qu'au moment de mouiller en rade, pour se donner une allure coquette.

On voulut cependant l'allumer, une nuit, pendant les calmes plats du passage des tropiques : au matin, on releva mort un des chauffeurs ; il était cuit, littéralement cuit, jusqu'au cœur !

Nous mouillâmes, le 25 avril, devant l'île montagneuse et boisée, qui couvre l'entrée de la ville de Sainte-Catherine, située à quelque vingt milles de là. Après deux mois de ballottement entre le ciel et l'eau, il nous fut bien doux de descendre à terre, ce que nous fîmes en titubant comme des ivrognes. Déportés et transportés restaient, eux, confinés dans leurs batteries, avec la vue tantalisante de la terre ferme, pendant que nous courions sur la plage et dans les forêts, entrant dans les habitations clair-semées, en quête de ravitaillement. Inutile de dire que ceux d'entre nous qui parlaient l'italien ou le provençal se comprenaient avec les Brésiliens… trop bien parfois, car, un matin, nous vîmes revenir, pâles et harassés, tous nos Marseillais. Ceux-ci, partis la veille dans la sournoise intention de conter fleurette aux beautés locales, avaient dû, devant l'irritation des pères, époux et fiancés, fuir dans les bois et y passer la nuit. Ils étaient fort dévots, ces insulaires, comme en témoignaient les gravures religieuses appendues aux parois de leurs cases en torchis ; mais la religion ne semblait pas refréner à l'excès leur tempérament où couvaient toutes les ardeurs latines et africaines, car l'élément nègre était en forte proportion.

Ce fut un de ces fils de Cham qui m'apprit à occire ma première volaille. J'avais battu l'île en compagnie de ma mère et de quelques dames, sans pouvoir, au bout de deux heures d'investigations, trouver autre chose que deux ou trois *tortillas*, galettes de maïs mal écrasé, et une demi-livre de cassonade ; je ne parle pas, bien entendu, des oranges qu'on n'avait que la peine de cueillir et qui jonchaient le sol comme dans nos bois les feuilles mortes. À toutes nos demandes de comestibles, le commerçant de l'endroit, trônant majestueusement dans sa boutique vide, nous avait répondu avec un immuable sourire : « Naô tieno » (Je n'en ai pas). Aussi quel fut notre soulagement en tombant dans une case, habitée par un vieux pêcheur, ses deux filles, grandes et velues, et un serviteur nègre,

À NOUMÉA

lesquels consentirent à nous vendre un dindon ! Seul homme de la bande, je fus chargé de l'exécution, pour laquelle je m'armai d'insensibilité et d'un bon couteau. Mais, malgré tous mes efforts, je ne parvenais que très imparfaitement à faire naître en moi les sentiments d'un Troppmann ou d'un Gallifet et, dans l'intention presque charitable d'abréger le supplice de la pauvre bête, je lui sciai fiévreusement la nuque. Cet exercice, pénible sous tous les rapports, durait depuis deux bonnes minutes déjà, lorsque le nègre saisi d'indignation ou de dédain devant mon inexpérience, se leva, me prit, d'une main la victime, de l'autre l'instrument de supplice et, en un éclair de temps ouvrit la gorge du volatile. « Voilà comment on s'y prend, civilisé ignare qui pouvez être bachelier, mais ne savez pas venir à bout d'un dindon », me disait le regard méprisant du noir. Je n'oubliai pas la leçon et, les besoins de la vie aidant, ai fait périr, par la suite, bien que n'y trouvant guère de plaisir, un nombre assez respectable de gibier de plume ou de poil.

Incident à noter : nous avions à notre bord un ex-sous-lieutenant d'infanterie, tombé — à la suite de quelles frasques ? — surveillant militaire, c'est-à-dire garde-chiourme. Peut-être eut-il conscience de sa déchéance ou finit-il par appréhender pour sa jeune femme, qui l'accompagnait, le contact trop prolongé des « dames » de ses nouveaux collègues, sorties, en immense majorité, du *Chapeau-Rouge* de Toulon. Toujours est-il qu'au moment de lever l'ancre, le couple qui s'était fait conduire à Sainte-Catherine avec sa malle, sous prétexte de se reposer en ville quelque huit ou dix jours, ne revint plus. L'ancien officier avait peut-être compris qu'on peut gagner sa vie autrement qu'en se faisant geôlier.

Après avoir couru à l'ouest jusqu'à la côte américaine, il était dans la logique administrative de retourner à l'est pour gagner la Nouvelle-Calédonie qu'on pouvait tout aussi bien atteindre en doublant le cap Horn. C'est ce qu'on ne manqua pas de faire et je me demande encore la raison pour laquelle fut accompli cet immense crochet à angle presque droit. Parbleu ! pour chercher les vents alizés, m'ont dit maintes fois les gens du métier. Mais nous les trouvâmes si peu, qu'après avoir subi de furieux grains vers le cap de Bonne-Espérance, que nous doublâmes par une mer démontée, nous fûmes, dans l'Océan indien, le jouet de tous les mauvais génies de l'air et de l'eau. Les bœufs, que nous avions embarqués à

Charles Malato

Sainte-Catherine et qui étaient simplement attachés côte à côte, à l'avant du navire, exposés à toutes les intempéries, crevaient avec un ensemble admirable, ce qui avait le bon effet de leur épargner toute souffrance lorsque, fidèle aux usages, le boucher du bord venait saigner ces cadavres.

Deux mois après notre départ d'Amérique, nous étions à peu près morts d'inanition ; la vue de la Tasmanie, que nous longeâmes au sud, nous ranima : encore dix ou douze jours et nous arrivions à destination. Le 25 juillet, au matin, les scrutateurs les plus perçants, rassemblés à l'avant, signalèrent en effet, la terre, une vague ligne grisâtre tranchant à peine sur l'azur impeccable du ciel et le bleu moiré de la mer. La terre ! un immense soupir de soulagement s'échappa de toutes les poitrines : cent quarante-cinq jours de souffrances, de dénûment, d'humiliations, de disputes étaient déjà presque oubliés.

De la cabine du commandant aux cages des prisonniers, le branle-bas était général. Nous ne quittions plus le pont : peu à peu les contours de la terre se précisaient, la mer blanchissait à l'approche des récifs ; vers midi, nous passions devant le phare Amédée. L'île océanienne nous apparaissait alors avec ses superpositions de montagnes, dont l'une, le mont Dore, de sept cent soixante-quinze mètres, domine toute la côte sud-ouest. Sur notre droite, nous laissions l'île aux Lapins, simple banc de sable recouvert de quelque verdure, et nous pénétrions dans la rade de Nouméa, entre l'île Nou et la pointe de l'Artillerie. Une ville en amphithéâtre, assez grande mais irrégulière et dénuée de végétation, s'étendait devant nous : de maigres arbustes, poussant comme à regret dans un sol rougeâtre, faisaient semblant d'abriter des maisons en bois, hautes de dix pieds et couvertes d'une toiture plate en zinc. La réverbération du soleil sur ces plaques métalliques, qui rend les rues de Nouméa presque infranchissables de midi à trois heures, est une des principales causes de la fréquence des ophtalmies. Ajoutons cependant qu'en l'an de grâce 1894, l'aspect de Nouméa s'est considérablement modifié : la ville éclairée au *gaz* (!) compte maintenant de véritables maisons en pierres de taille, possédant non plus un simple rez-de-chaussée avec vérandah, mais plusieurs étages. En 1875, l'hôtel du gouverneur, situé au fond d'un très beau jardin, était à peu près le seul édifice qui rappelât en partie

À NOUMÉA

l'architecture européenne.

À peine eut-on jeté l'ancre, une embarcation du port, montée par quelques officiers, nous accosta. Elle était conduite par des rameurs canaques et nous dévorions des yeux, sinon en anthropophages du moins en curieux, ces bruns insulaires, vêtus d'un simple caleçon et porteurs d'une formidable tignasse crépue, rougie à la chaux. Les traits de leur visage manquaient, certes, de finesse, mais le torse était beau ; la poitrine et la croupe étalaient de vigoureuses rotondités qu'eussent, certes, enviées bien des femmes.

Les immigrants libres furent les premiers à quitter le bord ; puis commença le débarquement des trois cents forçats et de la troupe. Les déportés, à leur tour, furent séparés en deux bandes : les uns dirigés de suite sur la presqu'île Ducos, les autres réservés pour l'île des Pins.

Ce ne fut que le 28, au bout de trois jours, que ces derniers furent provisoirement débarqués à Nouméa, leurs familles avec eux. On remit à chaque proscrit une carte d'identité, en l'avertissant de répondre à la première réquisition de l'autorité, de se conduire pendant son séjour au chef-lieu selon les prescriptions rigoureuses de la civilité puérile et honnête, de ne pas circuler dans les rues après le coup de canon tiré tous les soirs à dix heures. Puis, on nous laissa libres… relativement.

Notre premier mouvement fut de tomber dans les bras les uns des autres : enfin, nous étions réunis, hors de la surveillance des argousins ! Notre second fut de chercher un domicile et, très heureusement, nous trouvâmes une chambre meublée dans la maison d'un déporté qui, chose doublement incroyable, était à force de travail, devenu propriétaire et, néanmoins, demeuré très brave homme. Je crois même qu'il fit des difficultés, pour se laisser payer la semaine pendant laquelle nous restâmes ses locataires. De semblables anomalies ne peuvent évidemment se voir qu'aux antipodes.

Mon père, comme la plupart de ses compagnons, avait, à l'arrivée, commencé par retirer sa livrée de prisonnier dont le port n'était plus obligatoire. Rien ne nous signalant à l'attention particulière de la police locale, nous jouîmes du plaisir d'aller et venir dans les rues de cette ville en miniature et même de pousser quelque peu sur les grandes routes. Nous croisions tantôt l'équipage emmenant l'épicier enrichi, qui était alors le maire, et la blanchisseuse arrivée qui était la mairesse, tantôt des groupes de sous-officiers ou de marins, flânant de café en café, ou bien des bandes de Canaques, appartenant aux mille archipels du Pacifique et qui, se tenant par le bras, erraient une fois leur travail terminé, en chantant une mélopée plaintive.

La Nouvelle-Calédonie, découverte le 4 septembre 1774, par le capitaine Cook, est une île longue et étroite, qui mesure à peu près quatre-vingts lieues de long et treize de large étant comprise entre 20°5' et 22°24' de latitude sud, et 161°39' et 164°35' de longitude est. Il y a un siècle, elle comptait quelque soixante mille habitants indigènes ; ce nombre est, aujourd'hui réduit à peu près au tiers, grâce à l'influence bienfaisante de la civilisation. Il faut ajouter à ce contingent environ quinze mille Canaques peuplant les dépendances, c'est-à-dire les îles Kunié (des Pins), Maré, Lifou, Ouyéa et le minuscule archipel des Bélep, au nord. Située entre les Nouvelles-Hébrides, au nord et au nord-est, les îles Fidji à l'est, la Nouvelle-Zélande au sud et l'Australie à l'ouest, la Nouvelle-Calédonie est toute dans la sphère d'attraction de la grande colonie britannique. Commercialement, elle est bien plus anglaise que française, dépendant de l'Australie pour le combustible, les comestibles et les communications avec le reste du monde. En 1887, pour se reporter à une époque relativement récente, le commerce d'importation s'est élevé à 8.053.378 francs, dont 3.767.218 francs seulement pour les marchandises françaises, La même année, le chiffre d'exportation était de 2.406.475 francs. Fidèle à ses traditions intelligentes en matière de colonisation, le gouvernement de la métropole se réserve l'honneur de supporter les charges et d'équilibrer le budget local.

Ce fut le 24 septembre 1853 que l'État français, représenté dans la circonstance par l'amiral Febvrier-Despointes, eut l'idée généreuse de communiquer sa civilisation et ses lois à de candides anthropophages qui s'en étaient jusqu'alors très bien passés. Le lieutenant de vaisseau Tardy de Montravel poursuivit cette tâche en choisissant, pour y créer le chef-lieu, le seul point de la côte où manquât l'eau douce. L'œuvre de colonisation, si bien commencée, ne pouvait que croître et embellir : des missionnaires, qui avaient

À NOUMÉA

devancé les marins, travaillèrent à la conversion des âmes en s'emparant des meilleurs terrains ; d'honorables forbans écumèrent cette partie du Pacifique sous la protection du drapeau français ; tout ce que la marine comptait de riz-pain-sel, de bureaucrates grincheux, de freluquets à galons et de Ramollots féroces s'abattit comme un fléau dévastateur sur ce malheureux pays. Il ne manquait plus à la colonie que des colons : les administrateurs s'efforcèrent d'en attirer par tous les moyens. Les racontars les plus insensés circulèrent en France sous forme de brochures touchant la fertilité vraiment extraordinaire de la Nouvelle-Calédonie, l'abondance et la variété de ses produits, la richesse de ses mines ; puis, comme les immigrants tardaient par trop à y affluer, on en introduisit malgré eux. Le 3 septembre 1863, un décret convertit l'île océanienne en pénitencier et, le 2 janvier de l'année suivante, un convoi de deux cent cinquante forçats partait de Toulon à destination de Nouméa.

Depuis, la colonisation libre et la colonisation pénitentiaire n'ont cessé de se livrer un duel à mort. Les forçats libérés sont obligés de séjourner dans le pays un temps égal à celui de leur condamnation : c'est ce que l'on appelle le *doublage*. Grâce à cette loi, aussi hypocrite que peu connue, un malheureux condamné à cinq de bagne ne peut recouvrer son entière liberté qu'au bout de dix années. Quant à ceux que frappe une pénalité d'un terme égal ou supérieur à huit ans, ils doivent faire leur deuil de toute espèce de retour : ils sont condamnés à vivre et à mourir au lieu d'expiation. Naturellement, les libérés astreints à la résidence sont obligés, ne pouvant vivre de l'air du temps, de s'employer à n'importe quel prix, faisant aux ouvriers libres, la même concurrence économique que, dans les pays de grande industrie, font les étrangers aux travailleurs indigènes. Même les transportés en cours de peine peuvent être engagés par des colons en qualité de *garçons de famille*, c'est-à-dire de factotums. J'eus, par la suite, auprès de moi le *garçon de famille* d'un de mes collègues du télégraphe : c'était un ancien instituteur qui, avant d'entrer au bagne, avait fait une pause chez le duc de Morny en qualité de cuisinier. Il maniait la casserole avec génie, mais ses fréquentations aristocratiques l'avaient à tout jamais corrompu : il était menteur comme un député et voleur comme un ministre.

Il ne faut pas s'étonner, si avec une civilisation apportée par les

Charles Malato

prêtres, les marins, les forçats et l'écume des chevaliers d'industrie, les Canaques, d'anthropophages honnêtes et hospitaliers, sont devenus progressivement fourbes, rapaces, ivrognes et pédérastes. Comme si ce n'était assez de dépraver ces indigènes après les avoir dépossédés, les fils de la vieille Europe se livrent à la traite des insulaires voisins, sous la protection du drapeau français. Pendant les huit jours que nous passâmes à Nouméa, entre notre débarquement et notre départ pour l'île des Pins, nous ne fûmes pas peu surpris d'entendre d'honorables habitants du crû nous engager à *acheter* un Néo-Hébridais ou, au moins, un Indien malabar.

En effet, une agence, dirigée par deux commerçants des plus notables, MM. Joubert et Carter, tenait débit de viande humaine. Des navires frétés par cette officine, s'en allaient aux Nouvelles-Hébrides, l'archipel le plus voisin, recruter des sauvages des deux sexes, désireux, comme les petits savoyards, de voir du pays et de subvenir à leur existence en travaillant comme esclaves, alors qu'ils n'avaient qu'à se laisser vivre dans une indolence béate, au sein de leur tribu communiste. Les moyens mis en œuvre pour amener ces pauvres diables à Nouméa n'étaient pas bien variés : lorsque le loup de mer se fichait des apparences, il se contentait de les attirer à son bord sous prétexte de faire des échanges ; puis confisquant leurs marchandises et coulant leur embarcation, il négligeait de les renvoyer à terre. Quand, au contraire, le digne marin avait le scrupule d'agir régulièrement, ce qui arrivait quelquefois, il entrait en pourparlers avec le chef de tribu qui moyennant un stock de calicot, de tafia avarié et de vieux fusils inoffensifs, lui remettait un certain nombre de ses sujets mâles et femelles, ne manquant pas, selon toute vraisemblance, d'y comprendre les fortes têtes, dangereuses pour son autorité. Dans les deux cas, les Néo-Hébridais étaient mis aux fers, à fond de cale, philanthropique précaution contre des tentatives d'évasion à la nage qui eussent pu leur coûter la vie, dans ces mers peuplées de requins. Une fois à Nouméa, on les débarquait encore tout ahuris de ce voyage accompli dans les ténèbres, on les immatriculait au bureau de l'*immigration,* nom euphémique donné à la traite, puis on les adjugeait au premier acquéreur pour une période de trois ans et moyennant une somme variant entre 150 et 300 francs. Cette vente s'appelait un *engagement* et l'esclave était censé contracter volontairement, en

À NOUMÉA

toute connaissance de cause : inutile de dire qu'il ne voyait jamais le prix de vente de sa liberté, que se partageaient généralement le chef du bureau de l'immigration et l'engageur. Pas plus, d'ailleurs qu'il ne voyait la fin de sa servitude ; d'abord, parce que la mortalité pèse d'une façon effrayante sur les *Néo-Hébridais*, arrachés à leur pays, à leurs habitudes, à leur indolence, affamés et roués de coups ; ensuite, parce que ces primitifs n'ont qu'une vague notion du temps (j'en ai vu, à Oubatche, qui, vendus depuis dix-neuf ans, attendaient toujours l'expiration de trois années) ; puis, enfin et raison majeure, parce que, si le recrutement est organisé, le rapatriement ne l'est pas du tout. La vie de ces serfs, chez leur patron, surtout en dehors de Nouméa, est un véritable enfer : dérisoirement nourris de maïs ou de riz, avec de l'eau pour boisson, roués de coups, pourchassés par la police indigène à chaque tentative d'évasion, ils sont censés recevoir un salaire mensuel de douze francs qu'ils ne touchent jamais, grâce à un ingénieux système d'amendes, que l'engageur peut infliger selon son bon plaisir.

Tels étaient les pauvres diables à teint cuivré et à physionomie généralement intelligente et triste que nous voyions le soir, errer par bandes dans les rues, en murmurant un chant sauvage et étrange, moins monotone, que celui des Néo-Calédoniens, car les exécutants observent entre eux des intervalles de plusieurs tons.

Du reste, nous n'eûmes pas, pour cette fois, le loisir de pousser ces études plus loin. L'ordre de nous diriger sur l'île des Pins, lieu d'internement des déportés simples, venait d'arriver : il fallait nous préparer à partir.

CHAPITRE III
ARRIVÉE À L'ÎLE DES PINS

Il y a douze lieues et demie de l'extrémité nord de l'île des Pins à l'extrémité sud de la Nouvelle-Calédonie et à peu près le double de Nouméa à la pointe Kuto, où résidait le commandant militaire de l'île. Aussi l'aviso le *Coëtlogon,* qui nous avait pris à son bord, dans la matinée, nous débarqua-t-il le même jour, vers les quatre heures de l'après-midi.

Charles Malato

L'île des Pins, en canaque *Kunié*, fut découverte, le 26 septembre 1774, par l'infatigable Cook qui, deux jours après, fit voile pour la Nouvelle-Zélande. La beauté majestueuse de ses arbres, dont une espèce conserve l'appellation donnée par le navigateur anglais (pin colonnaire), explique pourquoi le nom européen s'est peu à peu substitué au nom indigène. L'île, habitée par quelque trois mille Canaques sous l'autorité nominale de la reine Hortense et sous celle, beaucoup plus effective, des missionnaires, servait alors de résidence à quatre mille déportés, répartis en quatre communes. Des compatriotes d'Abd-el-Kader, insurgés de 1871, l'habitaient également, à titre forcé et constituaient à Gadji, une cinquième commune, dite *des Arabes*. Elle mesure, du nord au sud, environ vingt kilomètres et, de l'est à l'ouest, à peu près douze : le pic N'ga, la domine d'une hauteur de deux cent soixante-dix mètres. Le commandant militaire, homme intelligent, avait eu l'excellente idée d'installer au sommet de ce cône, dénué d'ombre et grillé du soleil, un poste d'observation où l'on envoyait les gardes-chiourmes coupables de peccadilles : ils s'y torréfiaient ainsi dans un ennui mitigé d'abrutissement.

Du reste, nous constatâmes avec plaisir que l'élément militaire et l'élément geôlier, tout aussi peu sympathiques l'un que l'autre, ne vivaient pas en bonne intelligence. Les surveillants de la déportation et de la transportation, recrutés soi-disant parmi les anciens sous-officiers, comptaient, à côté de quelques sergents authentiques, assez bonnes bêtes pour la plupart, tout ce que l'on peut rêver de plus canaille. Ils vivaient sur le forçat, l'exploitant de mille manières, comme le souteneur sur la prostituée. Avec le déporté, fier et méprisant son chiaoux, c'était autre chose ; aussi la rancune des surveillants rabroués se traduisait-elle par mille vexations et, même, au début, par des coups de revolver tirés sur les rangs à l'appel du soir, — attentats assassins que n'expliquait pas la moindre provocation. Étrangers à toute idée politique ou sociale, ils voyaient dans les communards non des ennemis vaincus mais des coupables qui refusaient obstinément de se repentir.

Les premiers déportés arrivés à l'île des Pins avaient trouvé un pays couvert de broussailles et de lianes, où il fallait, presque à chaque pas, se frayer un sentier la hache à la main. De maisons encore moins que de routes ! Ils débroussèrent, construisirent, ensemencèrent le sol et de cette terre de relégati0n, pittoresque et salubre, en somme, firent un séjour supportable. On leur laissa la latitude de s'organiser et, répartis en quatre communes, ils élurent pour chacune d'elles un délégué chargé de se tenir en rapports avec l'administration pour les distributions de vivres, d'habillements et les communications diverses. Cette ombre de régime municipal satisfaisait quelques loustics, peu exigeants en matière de revendications sociales et qui disaient plaisamment : « On nous a déportés parce que nous voulions la Commune en France et on nous la donne ici ! » D'autres, il est vrai, avaient vu un peu plus loin, animés d'un bon socialisme fraternitaire, tels que le père Asseline, ébéniste presque septuagénaire, qui chantait aux Arabes, souriants dans leur gravité :

Les peuples sont pour nous des frères,
Des frères ! *(bis)*
Et les tyrans des ennemis !

Après les difficultés inséparables de tout premier début, en Océanie aussi bien qu'en Europe, les proscrits avaient joui d'un instant de détente. On avait tant besoin d'eux ! Sans le budget de la déportation et le personnel qu'il permettait d'entretenir, la Nouvelle-Calédonie, en ce moment galvanisée, fût retombée dans son effacement et sa torpeur mortelle. Puis, où trouver des ouvriers, surtout des ouvriers d'art, comparables à ces Parisiens, enfants de Montmartre ou du faubourg Saint-Antoine ? Ce n'était certes point parmi les forçats, pour la plupart hommes des champs ou étrangers à toute profession. Depuis les routes de l'île des Pins jusqu'à ces coffrets de santal et de bois de rose, merveilleusement ouvragés, c'étaient les déportés qui faisaient tout. Aussi, le gouverneur Gaulthier de la Richerie se montra-t-il relativement bonasse envers eux : il toléra le séjour d'un certain nombre sur la Grande-Terre, autorisa les déportés de la presqu'île Ducos à se rendre à Nouméa, permit même des promenades en mer. L'occasion était vraiment trop belle : Henri Rochefort comprit que son devoir d'homme d'esprit était de ne pas moisir davantage dans la colonie pénitentiaire. Ses ressources pécuniaires le lui permettant, il s'échappa, le 18 mars 1874, au bout de trois mois de séjour, suivi par ses amis Pain, Grousset, Jourde, Ballière et Grantil.

Cette évasion fut un véritable coup de foudre. De la Richerie en tomba, le premier, assommé. En même temps son successeur intérimaire, le colonel Alleyron prenait des mesures draconiennes, renvoyant les déportés qui à la presqu'île Ducos, qui à l'île des Pins, tandis que le contre-amiral Ribourt, envoyé de France pour faire une enquête, expulsait de la colonie des négociants libres, comme M. Puech, parfaitement étrangers à l'affaire, mais suspects pour leurs tendances libérales. Les missionnaires maristes, déjà si influents, devinrent omnipotents ; tout dut se courber devant leur autocratie papelarde et, pour leur garantir place gagnée, le ministère envoya comme gouverneur le capitaine de vaisseau, bientôt promu contre-amiral, de Pritzbuer, protestant converti au catholicisme et, comme tous les renégats, fervent adorateur de ce qu'il avait autrefois brûlé.

De 1853 à 1880, les missionnaires maristes, lâchés sur la colonie océanienne, — les Néo-Hébridais les dénomment spirituellement « sauterelles noires », — ont tenu le haut du pavé. Pendant cette période, deux gouverneurs seulement ont osé leur faire obstacle : le premier, l'amiral Guillain en est mort ; le second, Olry, a vu son administration bouleversée par l'insurrection canaque de 1878, due, certes, en grande partie à des rancunes racistes et économiques, mais à laquelle l'influence tortueuse des missionnaires n'a pas été étrangère.

Les bons pères qui s'adressent si fructueusement à la pitié des fidèles en leur contant les pérégrinations héroïques entreprises pour l'amour du Christ, n'eurent pas grandes vicissitudes à subir en Nouvelle-Calédonie. Sans perdre un cheveu de leur tête, ils ont acquis terrains, troupeaux, richesses, et influence sur les noirs comme sur les blancs. À la vérité, leur subtilité tenace a été bien supérieure à l'esprit routinier du colon, lequel rabroue l'indigène en lui jetant dédaigneusement le mot « Sauvage ! » Eux, n'ont pas dédaigné de se faire canaques avec le Canaque pour l'amuser, le séduire et finalement le conquérir. Mieux que tous autres, ou plutôt seuls, ils se sont donné la peine d'apprendre les divers idiomes et l'un de ces missionnaires, le Père Roussel, établi à Wagap, passait pour posséder au plus haut degré l'éloquence du crû. Digne continuateur de Pierre l'Ermite, il se servait de son ascendant, pour entraîner ses ouailles à la guerre contre les infidèles. Ils se sont d'abord appliqués à capter les chefs avec des cadeaux, des tours de physique et de la médecine usuelle : une fois maîtres des potentats, ils ont eu les sujets.

À côté des maristes, des frères soit ouvriers soit enseignants, s'occupent des travaux matériels des missions et de l'éducation selon le Syllabus. Détail caractéristique, les Pères sont presque tous gras et fleuris, les frères ouvriers maigres et secs : cela doit tenir à la différence des occupations. « Nous avons fait vœu de nous consacrer à jamais à la conversion des âmes, déclarent béatement les missionnaires, nous ne devons plus revoir notre patrie. » Parbleu ! la plupart ont commis des frasques qui rendaient leur séjour en Europe impossible et, comme l'Église catholique a horreur du scandale, on les a expédiés sans bruit aux antipodes ! Nous aurons l'occasion de reparler d'eux à plusieurs reprises.

Des sœurs de Saint-Joseph de Cluny travaillent plus spécialement les âmes féminines. Elles dirigent, à Nouméa, une maison d'orphelines, pauvres filles ignorantes de tout, que l'on marie au premier rastaquouère venu qui en veut ! Elles ont également, à Bourail, la surveillance du *paddock,* sobriquet sous lequel on désigne la maison qui reçoit les femmes condamnées provenant des centrales de France. Ces recluses transportées sur leur demande dans la colonie, pour y trouver épouseur, constituent, la plupart du temps, de singuliers ménages ; en attendant, elles trompent le temps et leurs désirs comme elles peuvent ; d'où le surnom pittoresque de « paddock », donné à la maison : paddock en effet, désigne l'enclos où l'on enferme les bœufs… et les vaches.

Le chef suprême de ce clergé était, à l'époque, un petit homme gras et rubicond… comme la lune, ajoutaient les méchants, Monseigneur Vitte, évêque *in partibus* d'Anastasiopolis. Il ne semblait pas très fort, brave encore moins, car au premier coup de feu de l'insurrection canaque, il détala, rentrant en Europe, peut-être après avoir allumé la mèche, et oncques on ne le revit. Le provicaire apostolique qui le dirigeait, le révérend Père Fraysse, jeune, intelligent et ambitieux, le remplaça après son départ et ne tarda pas à être promu à l'épiscopat, au grand, quoique sourd, mécontentement des autres missionnaires épaissis par l'âge.

Mais revenons à notre arrivée à l'île des Pins, dont nous nous sommes passablement écartés.

Charles Malato

On nous débarqua, après les colis, vers quatre heures du soir, à la presqu'île Kuto, et, après un court speech du commandant Barthélémy, qui nous assigna nos résidences respectives : « un tel à la première commune, un tel à la deuxième, etc., » les surveillants militaires nous indiquèrent du geste la grand'route et nous laissèrent aller.

— Mais où coucherons-nous ? leur avait demandé candidement une femme de notre troupe.

— Dame ! fut-il répondu le plus sérieusement du monde, l'habitude est d'aller coucher chez ses amis et connaissances.

Chez ses amis et connaissances, à six mille cinq cents lieues de ses pénates ! Il ne pouvait y avoir qu'un garde-chiourme pour trouver celle-là.

Cependant, l'apparition du *Coëtlogon* avait causé chez les déportés une grande rumeur, la même qui se renouvelait tous les trois ou quatre mois. De nouveaux compagnons de malheur allaient arriver, apportant avec eux des nouvelles de la vieille Europe. Depuis César, les Gaulois sont restés un peuple de curieux, avides d'informations et, faute de mieux, on ne se montrait pas trop difficile, à l'île des Pins, en fait d'actualité. Les moindres faits et gestes des prétendants monarchiques et des marabouts républicains, transmis de bouche en bouche et défigurés par l'ignorance ou la naïveté, par le besoin de croire quelque chose, atteignaient des proportions stupéfiantes. Les condamnés de l'île des Pins, très braves gens, étaient cependant, en général, d'une culture intellectuelle inférieure à ceux de la presqu'île Ducos. Ces derniers comprenaient des membres de la Commune et du Comité central, des officiers d'état-major, de gros bonnets, enfin, bourgeois tout au moins d'éducation. À l'île des Pins, l'élément prolétarien dominait, non sans mélange car on y compta : un docte processeur, Charmat, un sculpteur de premier ordre, Capellaro, et quelques journalistes Bouis, Cos et Léonce Rousset. Ce dernier mérite une notice spéciale : nous reparlerons de lui plus loin.

En débouchant à Uro, sur le territoire de la première commune nous trouvâmes un groupe de déportés qui, n'ayant pas le droit de dépasser cette limite, étaient rassemblés là pour nous accueillir. La plupart attendaient un fils, une femme : « Auguste ! » crie une voix

ARRIVÉE À L'ÎLE DES PINS

émue. — « Me voilà ! » Et un grand jeune homme embrasse son père, avec lequel il s'éloigne aussitôt, tout joyeux. — « Tiens ! c'est toi, vieux ? » exclame un autre. Et deux amis, qui se retrouvent, se serrent la main. D'autres, qui attendaient quelque cher absent, nous dévisagent en silence, puis, déçus, se retirent tristement, sans mot dire.

Notre troupe s'égrène : quelques-uns ont retrouvé les leurs et, dans leur satisfaction égoïste, nous abandonnent.

Des habitants, peu nombreux, car ils sont pauvres et, à la longue, le sentiment de solidarité s'émousse, offrent l'hospitalité aux arrivants. Tant bien que mal, on se débrouille, on se case : deux ou trois seulement, qui nous avaient quitté pour aller à l'aventure, durent passer la nuit dans les bâtiments de l'école sur les bancs et les tables.

Le criminel qui nous offrit sa case et son lit de camp, allant lui-même partager celui d'un camarade, s'appelait Kahil et avait des manières fort avenantes. Nous apprîmes non sans surprise, deux ou trois jours après, qu'il passait pour légèrement suspect aux yeux de méfiants : son crime était de tenir les livres, l'administration délivrant les vivres aux déportés. Parmi ces proscrits républicains, imbus de la tradition jacobine, on était fort soupçonneux ; nous-mêmes, parfois, donnions dans ce travers. Ainsi, pendant nos huit jours passés au chef-lieu, ayant effectué une promenade un peu éloignée vers la mer, nous nous étions crus suivis pas à pas, par un mouchard : ce mouchard n'était autre qu'un débonnaire commerçant du Diahot de passage à Nouméa. Kahil se montra toujours aussi discret qu'obligeant envers nous. Du reste, nous n'entendions pas demeurer à sa charge : dès le lendemain, nous cherchâmes une paillotte.

On donne ce nom significatif, en Nouvelle-Calédonie, à toutes les habitations primitives, construites en torchis et couvertes d'un toit de paille. Quelques déportés industrieux, après s'en être élevé pour leur usage personnel, en édifiaient qu'ils vendaient aux nouveaux arrivants. De celles-ci, plusieurs avaient un véritable cachet de pittoresque et d'originalité.

On nous montra, entre autres, dans un bout de champ, au pied de collines rocheuses, une coquette habitation blanchie à la chaux et ornée d'un véritable perron : une manière de château rustique. Mais on y était exposé, nous dirent les voisins, à un complet immergement en temps pluvieux, les eaux ruisselant, par les crevasses des collines, dans la plaine qu'elles transformaient en véritable lac. Et si l'eau du ciel vous douchait lorsqu'elle se mettait à dégouliner pour de bon ! Les habitants de l'île des Pins ont conservé le souvenir d'une nuit où la pluie torrentielle, succédant à une tempête aérienne, transperça les toitures, comme l'eût fait la chute ininterrompue d'une masse métallique, et obligea les occupants inondés dans les lits à se réfugier derrière leur parapluie. Heureux ceux qui avaient emporté dans leur exil cet objet bourgeois mais utile !

Nous finîmes par trouver une paillotte dans une situation agréable, sur une hauteur à pente douce, à deux pas de la forêt qui s'étend le long du littoral ouest. Que de fois avons-nous suivi la route qui passait devant notre demeure, pour nous enfoncer dans la brousse, rêver sous les grands pins et devant la mer infinie, murmurant son éternelle plainte !

Sur cette terre, à peu près vierge, et où le terrain ne manquait pas trop, les déportés eussent pu expérimenter bien des systèmes sociologiques, depuis l'individualisme pur et simple qui, à la vérité, n'est guère un système, jusqu'au communisme étroitement autoritaire de Cabet, en passant par le mutuellisme, le fouriérisme et le collectivisme de Collins. Ils ne versaient cependant guère plus dans le socialisme pratique que dans le socialisme théorique : à l'exception d'une ferme exploitée par une dizaine peut-être de déportés, ils vivaient soit seuls, soit par associations de deux, associations harmoniques et durables parce qu'elles étaient basées sur les affinités.

Ceux qui nous vendirent notre paillotte, jolie case, de huit mètres sur cinq, entourée d'une vérandah, et que, peu après, nous fîmes blanchir à la chaux extérieurement, étaient deux associés qu'on eût juré créés l'un pour l'autre, tant ils se complétaient. Baury, grand, gros, parleur agréable et doué d'une écriture superbe, chantait du matin au soir, pendant que Boisselet, petit, sec, inculte et taciturne, au fond admirant son ami, besognait comme un nègre. Aucun des deux ne semblait mécontent de cette singulière division du travail, les chants de Baury galvanisant sans doute les forces de Boisselet et

ARRIVÉE À L'ÎLE DES PINS

l'aidant à trouver son labeur moins long ou plus agréable.

Moyennant cent cinquante francs, nous eûmes avec un assez vaste terrain en partie défriché, la séduisante paillotte à laquelle il ne manquait qu'un toit. La première nuit que nous passâmes dans notre habitation de terre, tenus éveillés par un murmure aigu, incessant, le cri des cigales — nous contemplâmes, au-dessus de nos couchettes, le firmament noir, brillant d'étoiles sans nombre. C'était un spectacle saisissant pour des bourgeois parisiens et il nous porta à faire bien des réflexions philosophiques que, dans l'intérêt du lecteur, je m'abstiens de reproduire ici.

CHAPITRE IV
L'ÎLE DES PINS ET SES HABITANTS

La Nouvelle-Calédonie, par sa constitution géologique et la direction de ses grandes chaînes de montagnes, se rattache au prolongement du système asiatico-océanien, passant par les îles de la Sonde, la Nouvelle-Guinée, les Salomon et les Nouvelles-Hébrides, parallèlement à la chaîne de montagnes qui longe la côte australienne au nord et à l'est. Un mur de corail, coupé par des passes, l'encercle, se prolongeant, évasé, au nord et au sud. À une époque reculée, l'île occupait certainement tout l'espace limité aujourd'hui par le grand récif ; elle se reliait aux Bélep, aux Loyalty, à Kunié ; bien plus, elle avait dû, vers la fin de la période crétacée, se trouver, par suite de l'exhaussement du sol et du retrait de la mer, rattachée à l'Australie. Un continent, bizarrement dentelé, occupait alors la surface de l'Océanie. Plus tard, vers le milieu de la période tertiaire, la mer reprit ses droits : les terres mal soudées se disloquèrent, d'aucunes s'effondrèrent et disparurent dans les abîmes liquides ; d'autres demeurèrent presque à fleur d'eau et servirent de rendez-vous aux innombrables polypiers qui vinrent y édifier des îles de corail. La découverte d'un débris fossile de grand pachyderme confirme l'existence de cet ancien continent austral, car, à l'arrivée des Européens, la Nouvelle-Calédonie ne possédait plus aucun quadrupède. Les Canaques du sud ont, en outre, une vague idée qu'autrefois, on allait à pied du pays des Touaourous

Charles Malato

à Kunié ; est-ce une croyance qu'ils ont reçue des explorateurs blancs ou un lambeau persistant de tradition transmise à travers les âges par quelques descendants des aborigènes d'alors ? C'est une question difficile à résoudre, car les Néo-Calédoniens d'aujourd'hui ne constituent pas une race ancienne : ils sont formés du mélange des Mélanaisiens, petits, noirâtres, médiocrement intelligents, et des Polynésiens d'Ouvéa (archipel Wallis) grands, souples et forts, au teint cuivre-doré, à l'intelligence ouverte, arrivés plus tard, il y a environ cent quatre-vingts ans. Savoir si la Nouvelle-Calédonie avait des habitants humains à l'époque tertiaire est un problème dont on n'a pas encore trouvé la solution.

L'île des Pins, géologiquement, se rattache à la Grande-Terre. Elle est la continuation d'une chaîne serpentineuse passant par l'archipel Bélep, au nord, Arama, Poum, Koumac, Gomen, Gatope, Koné, Pouembout, Tiaoué, Adio, Mou, Monéo, Houaïlou, Canala, Thio, Bourendy, Yaté, le mont Dore. Les hauteurs sont rougeâtres et arides : la végétation mord difficilement dans ce sol tout de nickel, de pyrites et de chromate de fer ; mais les parties basses, fertilisées par les alluvions, arrosées par de nombreux cours d'eau, sont, en général, verdoyantes. Sur certains points, la mer semble se retirer, laissant à découvert des plages marécageuses où croît le palétuvier : les femmes indigènes s'aventurent sans hésitation sur ce sol mouvant, pour y chercher des crabes, tandis que l'Européen risque à chaque pas de s'enliser.

Par le dialecte et les mœurs, les indigènes de Kunié se rattachent aux Nouméas et aux Touaourous. Ils ont eu avec eux de fréquentes guerres et les habitants de la grande terre les dépeignaient dans leurs légendes comme un peuple de géants. Le dernier grand chef de l'île des Pins fut Vandégou, brave potentat, qui, par amour des petits cadeaux, se laissa cajoler simultanément par les Anglais et les Français jusqu'au jour, où, la grâce des maristes aidant, il se déclara sous le protectorat des seconds. Sa fille Hortense fut proclamée reine, au mépris absolu de tous les usages : cette innovation révolutionnaire n'a qu'une explication, mais toute plausible : Hortense avait été élevée par les sœurs et devait être l'instrument docile des missionnaires. Les bons Pères savent violer les usages dynastiques lorsque leur intérêt les y pousse !

Le doyen des serviteurs de Dieu, à l'île des Pins, était le Père

Goujon. Un nom prédestiné, car il aimait fort le poisson et avait un moyen original de s'en procurer, il faisait venir ses fidèles au teint bronzé et leur disait : « Mes enfants, le bon Dieu m'avertit qu'il doit donner ce soir ou demain un grand pilou.[1] Partez à la pêche pour qu'il ne manque de rien. » Et les canaques de partir, et lorsque la pêche n'était pas satisfaisante ou que le révérend avait à traiter ses collègues il gourmandait paternellement ses ouailles : « Vous oubliez, leur rappelait-il, que le bon Dieu a beaucoup d'invités ; ses douze apôtres et un grand nombre de saints. » Les candides insulaires retournaient alors lutter contre le poisson.

Ce fait paraîtra à d'aucuns peu vraisemblable, forgé peut-être par l'esprit de parti. Pourtant c'est une des supercheries les plus anodines de ces bons Pères qui, sentant leur règne fini en Europe, s'en vont colporter chez les sauvages les bourdes qui n'ont plus cours chez nous. Aussi s'efforcent-ils jalousement d'empêcher tout contact entre leurs fidèles noirs et les blancs infidèles ou hérétiques. Ils sentent qu'à côté des cadeaux néfastes qu'ils leur font, les Européens communiquent cependant aux naturels quelques bribes d'examen et de scepticisme. L'ivrognerie, la syphilis, passe encore ! Mais la libre-pensée, jamais !

Stylés par d'aussi bons éducateurs, les indigènes de Kunié ne devaient guère frayer avec les déportés : « Méchant Tayo,[2] tu as tué le « bon Dieu de Paris ! » dirent-ils plus d'une fois aux communards. Il s'agissait de l'exécution de l'archevêque Darboy, imputable surtout à ses ennemis les ultramontains et au machiavélique Thiers, braves gens qui devaient se frotter les mains en chantonnant à la sourdine ces vers de Cavalier dit Pipe-en-Bois :

Et c'est ainsi qu'on creva la paillasse
À monseigneur l'archevêque de Paris !

Les directeurs spirituels de la reine Hortense avaient octroyé son cœur, sa main et ses dépendances à Samuel brave canaque à l'intelligence bornée, qui se distinguait de ses sujets en portant une paire de souliers. La chaussure est un des bienfaits de la civilisation

[1] Pilou-pilou ou simplement « pilou », grande solennité dansante, accompagnée de festins où jadis la viande humaine tenait la première place.

[2] Tayo, mot d'origine polynésienne qui veut dire « ami, camarade » et, par amplification « homme ». L'idée que les hommes sont des amis ne pouvait naître évidemment que dans un cerveau sauvage.

Charles Malato

auxquels s'accoutumeront le plus difficilement les indigènes. Les grands chefs qui, par amour de la fashion européenne, se soumettent à la torture du brodequin, perdent peu à peu leur qualité d'excellents marcheurs ; leur pied qui jadis défiait la morsure des rocs et des épines, devient sensible, en même temps que le soulier, auquel ils ne sont pas accoutumés, alourdit leur marche.

Nous eûmes le loisir d'étudier les hommes et les choses de l'île des Pins pendant à peu près un mois. Nous y connûmes intimement les Arabes, déportés parce qu'on leur avait volé leurs terres, leurs troupeaux, leurs femmes, parce que les spéculateurs algériens convoitaient leurs biens et que les officiers avaient besoin d'une campagne pour de l'avancement. Leur grand chef, Mokrani, parlait fort bien le français, voire même le parisien ; il descendait par les femmes, nous assura-t-on sérieusement, de l'aristocratique famille des Montmorency et son nom arabe n'était qu'une corruption du nom français. En tout cas, il possédait, ainsi que bien d'autres de ses compatriotes, les caractères physiques de race qu'on cherche en vain chez les descendants alourdis de nos seigneurs ; dents blanches, finesse des attaches, doigts fuselés aux ongles roses à faire crever de dépit toutes les duchesses du noble faubourg.

Aziz-ben-Scheick-el-Hadded était un chef religieux, fort aimable avec nous, — on devint bientôt amis intimes, — et qui, dans l'insurrection arabe, n'avait pas donné sa part aux chiens. Jovial et tolérant en matière de culte, ce qui peut surprendre, il était dévoré d'un appétit énorme : un jour, en prison, il avait parié avec son geôlier de manger tout un gigot de mouton et gagné le pari. Les gigots de mouton, à force de s'accumuler, avaient fini par lui donner un embonpoint inquiétant ; du reste, figure souriante et belle, que ne déparait pas une balafre, reçue dans un combat. Rencontre bizarre, Aziz et celui qui lui avait administré ce coup de sabre se retrouvèrent un jour, à Nouméa, et tombèrent… dans les bras l'un de l'autre. Cet ancien adversaire, devenu ami, était un ex-maréchal des logis de cavalerie lequel, couché en joue avec un pistolet qui rata, avait jugé indispensable de mettre le tireur, Aziz, hors d'état de récidiver. Tous deux, par la suite, finirent tragiquement : le Français, après diverses aventures comme prospecteur[1] et colon, mourut de faim ; l'Arabe, réussit à s'évader, revint en son pays en

1 Nom donné à ceux qui vont à la découverte des mines.

un moment de troubles, et, luttant naturellement contre les *roumis*, tomba dans une embuscade où il périt.

Un autre, Ahmed, beau comme un prince des Mille et une nuits, s'éteignit d'une maladie de langueur, regrettant, comme tous les autres, son pays et sa famille, mais résigné aux volontés d'Allah.

Et Nanouch, un brave fanatique, qui expliquait ainsi ses antipathies pour un coreligionnaire déporté : « Lui kabyle Alger, moi kabyle Constantine ». Conclusion : il faut s'exterminer ! En voilà un qui ne transigeait pas avec les prescriptions du Coran ! Constamment, nous ayant accordé sa sympathie, il s'invitait à déjeuner chez nous, et, à la tête d'une bande d'affamés, envahissait notre paillotte à l'heure des repas, mais : « Madame, disait-il à ma mère, toi, ni pas mettre di la graisse di cochon ». Comment donc ! fils du Prophète, nous enverrons à Nouméa chercher du beurre exprès pour toi ! Ce que nous leur en avons fait commettre à leur insu des transgressions aux sacrés préceptes culinaires.

Ces malheureux, victimes de la cupidité européenne n'ont jamais revu leur pays : il eût fallu faire semblant de leur rendre ce qu'on leur avait volé et cela on ne le pouvait.

Le macaroni à la sauce tomate, confectionné par mon père avec un brio tout italien, les attirait. La vérité m'oblige à déclarer que, à table, ces Arabes démentaient la réputation de sobriété qu'on a faite à leur race. Ils nous remerciaient, à la fin du repas, en tirant de leur gosier quelques-unes de ces éructations sonores qui sont prescrites en pareille circonstance, par leur code de civilité. Cette coutume m'a mis plus tard, dans un grand embarras : j'avais été, ainsi que mon père, invité à déjeuner par Tahar-ben-Resgui, musulman élevé à l'européenne et fils d'un officier d'ordonnance du duc d'Aumale. « Comment faire ? me demandai-je avec anxiété entre le dessert et le café. Si je demeure aphone, sa susceptibilité arabe se froissera. Si je fais fonctionner mon larynx, il est capable, en tant que francisé, de me traiter de cochon. » Je regardais mon père qui demeurait impassible et j'étais tenté de lui crier : « Mais rote donc, ou tu vas nous faire prendre pour des gens sans éducation ! » Il ne broncha pas, et moi je simulai un hoquet étranglé, que notre hôte était libre d'interpréter comme il le voulait. Escobar n'eût guère mieux trouvé.

Charles Malato

Nous eûmes bientôt un grand chagrin. Parmi les déportés qui avaient fait le voyage avec nous, se trouvait un ex-marin, Ponsard, garçon sympathique et d'à peu près vingt-huit ans. Fortement atteint de la poitrine, il s'était attaché à nous, avec cette affection mélancolique de certains malades, et mes parents qui le lui rendaient l'avaient invité, une fois arrivés, à vivre avec nous comme dans sa famille. Mais son état s'était tellement aggravé qu'on dut le transporter à l'hôpital. Nous allâmes l'y voir : justement, il y avait une amélioration sensible sur les jours précédents. Plus que jamais, nous parlâmes de la vie commune sitôt qu'il serait guéri définitivement, et Ponsard, pâle, la tête soulevée sur l'oreiller, nous suivait de son regard brillant. Il désirait une orange et en trouver n'était pas une petite affaire. Nous envoyâmes à la mission du Sud : le lendemain, ayant le fruit désiré, nous nous levâmes de bonne heure mon père et moi pour aller le lui porter. — « C'est inutile, nous dit ma mère, Ponsard est mort cette nuit, à telle heure : je l'ai senti. » Nous pâlîmes, car nous savions que ma mère, d'une intelligence affinée et d'une délicatesse de nerfs maladive, éprouvait, dans les occasions douloureuses, des pressentiments trop bien réalisés. Nous allâmes à l'hôpital : à l'heure dite, Ponsard était passé de vie à trépas !

Quatre ans s'étaient écoulés depuis l'écrasement de la Commune et l'on ne voyait encore aucun indice de changement : la réaction tenait la France et le monde. Plus d'un, parmi les déportés, commençait à regarder tristement en arrière. — « Ah ! si le petit Badingue pouvait revenir, on ferait l'amnistie et nous rentrerions ! » murmurait un mécanicien. Néanmoins, à l'exception de trois ou quatre pauvres diables qui s'étaient laissé ostensiblement convertir par les missionnaires, les proscrits se tenaient convenablement devant l'ennemi.

Le côté triste, c'était l'ivrognerie. À quoi bon cacher la vérité ? ce n'est pas ainsi que l'on fait triompher une cause. On buvait beaucoup pendant la Commune, un peu pour se donner du montant, un peu parce qu'on en avait pris l'habitude pendant le siège, alors que les vivres étaient introuvables et la boisson à bas prix. Du reste, les révolutionnaires sanguins de cette époque déjà vieille différaient beaucoup des cérébraux d'aujourd'hui. À la presqu'île Ducos et surtout à l'île des Pins, bon nombre, qui en avaient l'occasion,

L'ÎLE DES PINS ET SES HABITANTS

noyaient leur nostalgie dans le vin et quel vin ! Pas n'était nécessaire d'en boire beaucoup pour déraisonner ou rendre tripes et boyaux.

Deux officines d'empoisonnement sont restées célèbres parmi les anciens hôtes de Kunié. Elles étaient tenues, chose triste à dire, par des déportés que leur avidité avait retranchés de toute communion avec leurs frères d'exil, pour les ravaler au rang des plus âpres mercantis. En remplaçant le jus du vin par des mixtures infernales, ces mastroquets, protégés par l'administration, sont arrivés à la fortune au détriment de la vie de bien des malheureux. Le samedi soir, après la paie faite aux déportés employés aux travaux du génie, la route était jonchée d'hommes ivres-morts, qui n'avaient peut-être pas bu deux verres de ce liquide abominable.

Un de ces mercantis, séminariste défroqué, avait été homme de lettres et même secrétaire, non de Rochefort, comme on l'a écrit parfois, mais de son journal. Eugène Mourot était arrivé à l'île des Pins dans le plus grand dénûment. Ses camarades ouvriers, flattés de voir un homme de plume parmi eux, lui donnèrent qui des souliers, qui un pantalon, qui une chemise. Ainsi réquipé, il se présenta comme comptable chez le mercanti Pinjon, fut agréé et, à force d'esprit retors, s'implanta associé. Dès ce jour, le vin, très mauvais, devint exécrable. Mourot, non content d'empoisonner les déportés, spéculait sur eux de toutes manières.

Il y perdit les sympathies, mais il y gagna de l'argent, ce qui lui fut une ample compensation. Quelques années après, il arriva au chef-lieu avec soixante mille francs si honnêtement gagnés, spécula sur les mines et finit, bien après l'amnistie, par retourner dans la vieille Europe les poches à peu près vides, ayant perdu, bu ou mangé son saint-frusquin. Prêt à tous les métiers, il tenta de flibuster l'un, faire chanter l'autre, réclamant même à Rochefort, qui l'envoya promener, ses appointements de secrétaire de rédaction, au prix de quinze cents francs par mois, pour toute la durée des onze ou douze ans qui s'étaient écoulés *depuis la mort du journal !* Je le revis deux ou trois fois sans échanger avec lui plus de dix mots, courtoisement, du reste ; aussi, grande fut ma stupeur en apprenant, proscrit à Londres, que cet ex-empoisonneur, pressé de gagner un louis ou deux, avait bravement profité de mon éloignement pour bâtir sur moi une histoire tintamarresque. J'étais tout simplement représenté comme agent de Rothschild au fougueux directeur de

Charles Malato

la *Libre Parole,* qui voit l'ennemi juif jusque dans son vase de nuit, et cela avait permis de tirer deux ou trois numéros à grand fracas. La vengeance étant le plaisir non seulement des dieux mais même des hommes, je n'ai pu résister au plaisir de consacrer une page à ce littérateur d'affaires.

Il y avait peu de vie publique à l'île des Pins : l'appel fait par les surveillants militaires, le soir en temps ordinaire, et deux fois par jour lorsqu'il y avait un navire en vue, était, avec les enterrements la seule occasion de rassemblements. Au début, quelques vauriens, étrangers à toute idée politique ou sociale, s'étaient constitués en une sorte d'association malfaisante, *la tierce,* à l'effet de vivre sans travailler sur les autres. On supporta quelque temps leurs attaques et leurs déprédations, puis on leur donna la chasse et on finit par n'entendre plus parler d'eux. Il en avait été de même à la presqu'île Ducos. À leur honneur, les déportés ne voulurent pas recourir à l'administration pour ce lavage de linge : un seul, Saint-Brice, délégué de commune à l'île des Pins, frappé par quelques ennemis, les avait signalés, à tort ou à raison comme appartenant à *la tierce* et les malheureux, trois jeunes gens, furent fusillés. Pour ce fait, Saint-Brice se vit mettre à l'index : personne ne lui parlait plus et ce supplice se continua, après l'amnistie, à bord de la *Loire,* qui le ramenait en France.

La prison de l'île des Pins, — l'hôtel Bardoux, comme on l'appelait, du nom de son principal geôlier, — était bien remplie. Pour la plupart, ses pensionnaires étaient coupables de tentatives d'évasion. Après celle, si heureusement réussie de Rochefort, une véritable fièvre d'escampette avait travaillé les déportés : ils ne rêvaient plus que barques les transportant sur la côte australienne. Comme la plupart étaient d'excellents ouvriers, ils se mirent en mesure de réaliser ce songe. Chaque nuit, la forêt longeant la mer fut remplie d'hommes qui, furtivement, coupaient et façonnaient des arbres, puis au petit jour, les cachaient sous quelque amas de feuillage. Combien furent surpris par les rondes de surveillants et condamnés à des années de prison pour vol du bois appartenant à l'État et dont il eût été moins dangereux de faire des flûtes ! Mais les autres ne se décourageaient pas. De toutes ces tentatives, la plus célèbre et la plus malheureuse fut celle du docteur Rastoul qui, avec vingt-et-un camarades, partit de l'île des Pins par une nuit de tempête. Sans doute, comptaient-ils trouver à peu de distance au large un bâtiment qui les prendrait à son bord, car à ceux mis dans la confidence qui leur disaient : « Attendez au moins vingt-quatre heures ! partir par ce temps c'est aller à la mort, » ils répondaient invariablement : « Il faut que nous partions cette nuit. » Ils allèrent et on n'eut jamais de leurs nouvelles. Seulement, plus tard, l'autorité pénitentiaire exposa à la presqu'île Kuto des débris de bateau comme étant celui de Rastoul, à l'effet de doucher les ardeurs d'évasion.

Parmi les vingt-deux, se trouvait un Italien d'un grand courage, Palma, qui avait fait le coup de feu contre celui d'État, avec mon père. Je me rappelle ce dernier me narrant l'épisode : après la prise de la barricade du faubourg Saint-Martin, qu'ils défendaient, mon père, Palma, quelques Italiens et Hongrois s'étaient cachés dans une cave sous des sacs à charbon. La troupe victorieuse perquisitionnait partout : au moment juste où elle descendait dans le sous-sol, Palma, qui voyait plutôt le côté comique que le côté tragique des choses, partit d'un formidable éclat de rire, à la grande fureur de ses compagnons. Par un bonheur providentiel, les soldats, harassés de luttes et d'exécutions ne poussèrent pas leurs recherches à fond. Plus tard, Palma alla se battre avec Garibaldi, prit part à la fameuse expédition des Mille et continua de déployer pendant toute la guerre franco-allemande et la Commune, une bravoure souriante. Au moment suprême, il a dû narguer encore la mort de quelque insulte.

La navigation côtière est pleine de difficultés et de périls, tant devant la grande-terre que devant les îles qui en dépendent. Elle demande non seulement des hommes du métier, mais aussi des hommes connaissant à fond le littoral. Parmi ces loups de mer, — et la Nouvelle-Calédonie en comptait d'excellents : les pilotes Fabre, Leleizour, le capitaine Gaspard, etc., — il y en avait un d'une originalité sans bornes, le capitaine Hubert.

Hubert, qui se surnommait « de la Marmitte » parce que sa famille paternelle s'appelait Delamare ou de la Mare, était fils d'un directeur des postes et avait atteint, dans la marine de l'État, le grade d'enseigne de vaisseau. Il possédait toutes les aptitudes requises pour faire un marin de premier ordre, n'eût-ce été un désastreux penchant pour l'absinthe. Un jour, à bord d'une corvette ou d'un

Charles Malato

aviso, sur les côtes du Sénégal, Hubert, de service, probablement éméché, avait laissé clocher quelque détail. « Quel est le cochon qui a fait cela ? s'écria le Ramollot du bord, je le foutrai aux fers. » « Mon commandant, nasilla l'enseigne, qui semblait avoir le larynx dans les narines, le cochon c'est moi, et on ne fout pas aux fers un officier. » Mais on le flanqua aux arrêts pour trente jours. Cette punition expirée, Hubert, en grande tenue, s'en fut rendre à son chef hiérarchique la visite que doit tout officier puni : « Mon commandant, en vertu de l'article tant du règlement, je viens, etc. » Puis, comme ils étaient seuls, Hubert en profita pour administrer à son commandant une maîtresse raclée. À la suite de cette algarade, le jeune officier donna sa démission et, ne sachant trop que faire, s'en alla en Chine, d'où il vint en Nouvelle-Calédonie. Là, il courut un peu la côte, passa pilote et acquit une réputation hors de pair à la fois comme navigateur et comme ivrogne. Nul ne conduisait plus habilement un navire au milieu des traîtres récifs de la mer de Corail et à bord, il était d'une sobriété remarquable, — peut-être aussi l'empêchait-on de boire. Cette abstinence le rendait malade, mais comme, une fois à terre, il prenait sa revanche ! On le voyait passer dans les rues de Nouméa, tantôt raide et majestueux comme l'incarnation de la justice, tantôt décrivant les plus folles figures géométriques et fourrant sous le nez des passants ahuris un squelette de hareng saur dans lequel il mordait à belles dents : « Je n'ai encore bu que quinze absinthes ! clamait-il. Qui me paie la seizième ? Je crève de soif ! » Et, sans respect de l'étiquette ou de la discipline, l'ancien enseigne interpellait vertement, en leur tapant sur le ventre, lieutenants de vaisseau ou capitaines de frégate. Souventes fois, il irruptait dans les bureaux de l'administration, faisant entendre aux ronds-de-cuir de tout grade de dures vérités. Le chef de la colonie même n'était pas à l'abri de ses mercuriales qu'il tolérait par restant de sympathie pour un ancien officier de marine et aussi par ce sentiment qui portait les rois à recevoir sans se fâcher les remontrances de leurs fous. Lorsque, dans la bonne ville de Nouméa, si respectueuse des tyranneaux administratifs, on entendait une voix éraillée par l'alcool hurler : « Je les emm... tous, depuis le gouverneur jusqu'au dernier policeman », on se disait sans la moindre hésitation : « Tiens ! le capitaine Hubert qui passe ! »

L'ÎLE DES PINS ET SES HABITANTS

Nous aurons occasion de reparler de ce loup de mer, qui avait, à l'île des Pins, un rival en originalité aussi bien qu'en intempérance dans la personne du déporté Léonce Rousset. C'était un petit bossu, non pas tout à fait bègue, mais bredouillant fortement, d'où l'harmonieux sobriquet de Caracaca. Intelligent, instruit et d'un caractère fort serviable, il professait un amour immodéré pour la bouteille, qu'elle contînt du vert, du jaune, du rouge ou du blanc. Il en résultait des situations parfois comiques, parfois tragiques, parfois les deux : ainsi il faillit, un jour, disparaître dans une fosse d'aisance. Les surveillants militaires, lors même qu'ils ne l'entendaient pas répondre, deux ou trois jours durant, à l'appel de son nom, ne s'émouvaient pas outre mesure, certains de le retrouver endormi du sommeil d'Épimenide, au coin de quelque fourré. Ce passionné buveur possédait une plume alerte : il créa, en collaboration avec quelques camarades, le *Parisien illustré,* petite feuille lithographiée qui eut quelques numéros hebdomadaires et débita de l'humour à défaut d'informations. Après l'amnistie, Caracaca, rentré en France, prit femme et se lança dans le journalisme industriel, mais il ne renonça pas à son goût favori et, comme le capitaine Hubert, il est, je crois, mort d'avoir bu trop souvent et trop à la fois.

Un mois et demi environ s'était écoulé depuis notre arrivée à l'île des Pins. Des poules picoraient derrière notre cuisine, le jardin promettait beaucoup, mon père se tuait à arroser ses choux ; j'alternais, avec la lecture de mes vieux classiques, les excursions dans la forêt, d'où je rapportais de grands papillons aux ailes d'azur, lorsque, un soir, arriva de la presqu'île Kuto l'ordre de nous préparer à partir, le lendemain, pour Nouméa.

Nous nous regardâmes tous trois stupéfaits, n'ayant jamais rien demandé de semblable. Comment ! à peine avions-nous eu le temps de savourer les douceurs du propriétarisme rural et déjà il fallait nous y arracher ! Mon père qui se remémorait sans doute le vers virgilien :

O fortunatos nimium sua si bona norint agricola !

eut un mouvement de refus très catégorique qui fit hausser les épaules à tous nos camarades :

— « Ah ça, nous dirent amicalement ceux-ci, vous êtes donc les

Charles Malato

derniers des crétins ! Comment vous bénéficiez d'une mesure que d'autres ont sollicitée depuis deux ans et que vous n'aurez même pas eu la peine de demander, et vous iriez bêtement la refuser, préférant vous enterrer ici, loin de toute activité, de tous débouchés. Il n'est pas permis d'être stupides à ce point-là ! »

Ces conseils persuasifs firent leur effet. Parler à mon père d'activité, de mouvement, d'affaires, c'était faire vibrer en lui une corde sensible. Le lendemain, ayant chargé un ami de réaliser en temps opportun notre paillotte, notre jardin, nos poules, nous quittions l'île des Pins pour Nouméa à bord du vapeur « La Dépêche. »

CHAPITRE V
DE LA DÉPORTATION AU TÉLÉGRAPHE

Le coquet petit bâtiment qui nous emmenait, n'appartenait pas à l'État, comme on pouvait s'en convaincre par l'aménité de son personnel, lequel ne semblait faire aucune différence entre les déportés et les autres hommes. Deux proscrits, commués à cinq années d'emprisonnement en France, nous accompagnaient et représentaient assez bien *Jean-qui-pleure* et *Jean-qui-rit*.

Le premier, Balthazar, avait dû en voir de dures sur le pavé de Paris, aussi ne témoignait-il aucun enthousiasme à l'idée de revoir une mère patrie qui lui ouvrait non ses bras mais une porte de cellule avec un geste engageant comme pour dire : « Donnez-vous donc la peine d'entrer ! »

« — Nom de Dieu de nom de Dieu ! gémissait l'infortuné, en voilà une grâce que je ne leur demandais pas ! Je ne retrouverai jamais un patelin comme celui-ci ; quel chic pays ! on se lève avec le soleil qui vous chauffe : on va au bois couper des fagots ou des baguettes et, sa journée finie, on a quarante sous dans la poche : on était si heureux ! »

L'autre, Gilbert, ne semblait aucunement partager cette manière de voir. Ouvrier parisien, gai, bon enfant, avec une pointe de sentiment, il ne pouvait contenir sa joie à la pensée de troquer le grand air de l'exil illimité contre l'hospitalité d'un cachot dans sa chère France. Difficilement, il se retenait de piquer sur le pont du navire un cancan échevelé. Néanmoins, l'amertume de l'un et l'exhilarance de l'autre ne les empêchaient, pas plus que nous d'ailleurs, de faire honneur au confortable ordinaire du bord. Bien loin les immasticables fayots et la carne des longues traversées ! On est servi aussi copieusement et aussi bien qu'à bord d'un transatlantique : Gilbert engloutit une moitié de volaille et Balthazar arrose d'un nombre respectable de tasses de thé une montagne de riz à la créole.

Ce voyage, commencé sous des auspices aussi favorables, se termina sans accidents ni incidents. Le soir même, nous étions installés rue de Sébastopol, dans un logement meublé de deux lits une table et trois chaises. Notre propriétaire, une Anglaise, petite, rousse, bossue, qu'animait un double et désastreux amour pour la bouteille et pour l'accordéon, nous déclara avec un sourire épouvantable, que nous serions « all right ».

À Nouméa, les déportés se trouvaient délivrés de l'appel quotidien, mais ils devaient, chaque mois, signer sur un livre de présence. En outre, toute perambulation dans les rues, passé dix heures du soir, leur valait, au fort Constantine une retraite pleine de méditations salutaires, les goguettes nocturnes étant le privilège des officiers de toutes armes. Le commissaire de police Audet, type de satyre inquisiteur, qui est, je crois, maintenant au bagne, tenait la main à l'exécution de ce règlement. À la tête de sa police canaque, composée de huit ou dix sauvages à peine vêtus, armés de sagaïes ou de casse-tête, il parcourait fiévreusement la ville et lorsqu'il avait la bonne fortune de rencontrer un délinquant, quelle ivresse ! La meute se ruait sur le gibier avec une frénésie sans pareille et se retenait à grand'peine de le mettre en pièces.

Audet, qui n'était, en réalité, qu'un garde-chiourme de seconde classe, délégué aux fonctions commissariales vu ses merveilleuses aptitudes policières, fut, par la suite, révoqué. À force de platitudes, il reparut dans une place très subalterne, puis finit dans une affaire de viol. Il n'est aucun déporté qui n'ait gardé de lui un souvenir de haine ou de mépris.

Cet être avait pour digne supérieur le lieutenant-colonel Charrière, directeur de l'administration pénitentiaire. Après le gouverneur, autocrate qu'assistait pour la forme son Conseil privé, le commandant militaire et le directeur de l'administration pénitentiaire étaient les deux plus gros bonnets de la colonie. Aussi, tout tremblait-il devant Charrière, tyran cruel et chapardeur, parent par le caractère des Marcerou et des Gallifet. Il eût été de taille à faite écorcher un homme par plaisir, mais il n'eût pas manqué ensuite d'en vendre la peau : ironie des choses : il se prénommait Aristide !

Un exemple de ses vols, entre mille. Un transport venait de débarquer, à destination de l'administration pénitentiaire, un certain nombre de barriques de vin. Celui qu'on expédie de France à la Nouvelle-Calédonie est généralement bon ou, du moins, riche en alcool : autrement il ne supporterait pas la traversée. Charrière n'en fit pas moins refuser ce vin comme impotable et, fonctionnaire soucieux des deniers de l'État, le vendit, — à vil prix naturellement, — à un honorable commerçant qui se trouva là à point nommé. Quelques jours plus tard, le même commerçant revendit le même vin à la même administration, qui le trouva excellent, cette fois, et les deux compères se partagèrent la poire.

Les colonies ont toujours été la proie d'une écume de rastaquouères. À six mille cinq cents lieues de la métropole, la Nouvelle-Calédonie, sans presse, sans tribunaux indépendants, sans assemblées élues, sans libertés d'aucune sorte, devait être encore plus mise en coupe que les autres. La servilité, l'aplatissement étaient tout le fond du caractère du colon : le moindre petit sous-lieutenant, bombardé « commandant » d'un district grand comme une sous-préfecture, se donnait des airs crevants. — « Mon commandant ! » lui bredouillaient ses administrés… Mais, attention ! Voici un satrape à trois galons qui passe : vite ! la main au chapeau ! Attention encore ! voici venir monsieur le sous-directeur des travaux agricoles, monsieur le commissaire des fonds, monsieur l'ordonnateur, monsieur le commandant de gendarmerie… monsieur le gouverneur ! fléchissez le genou… monseigneur l'évêque ! Ici, on se prosterne et on baise la terre.

Cependant, plus roi encore que le gouverneur et l'évêque, trônait un bout d'Anglais souriant et affairé, qui avait commencé par tirer la brouette, à cinq francs par jour, et qui, Dieu sait à la suite de quelles mystérieuses affaires ! manipulait maintenant des millions.

DE LA DÉPORTATION AU TÉLÉGRAPHE

John Higginson était d'une habileté sans pareille pour nouer une affaire, compromettre un fonctionnaire en lui glissant un pot-de-vin et s'en faire un allié utile. À côté des grotesques chamarrés dont on adorait l'uniforme, ce petit homme, simple d'allures et coiffé d'un inamovible chapeau gris, représentait la puissance du capital.

Sa plus fructueuse opération fut celle qui, en 1878, lui valut du gouvernement la cession, pour vingt années, de trois cents forçats destinés à extraire le cuivre des mines de Balade. Ces esclaves blancs devaient être payés par le millionnaire anglais dix centimes par jour, nourriture et habillement restant aux frais de l'État. Du coup, le travail libre et le petit commerce furent tués dans la région : les mineurs de profession, les charpentiers, les mécaniciens, dont plusieurs gagnaient de douze à quinze francs par jour, durent céder la place aux transportés, travaillant gauchement mais autant dire pour rien.

Quelques amis m'avaient conseillé d'entrer dans le commerce : j'avoue que la perspective de métrer du calicot ou de peser de la cassonade n'excitait en moi aucune émotion agréable. Et cependant, l'épicerie mène à bien des choses ! à Nouméa, elle menait à peu près à tout, grâce sans doute à sa fusion intime avec la nouveauté, l'herboristerie, la parfumerie, la cordonnerie et le débit de boissons. Rien n'était plus commun que d'aller chez l'épicier, marchander un pantalon entre l'achat d'un clyso-pompe et l'absorption d'un verre d'absinthe. Ce soulagement non gratuit des besoins les plus variés avait rendu les épiciers des hommes considérables et considérés, la déférence que l'on refusait peut-être au détaillant d'oignons étant accordée au débitant de sinapismes ou de papier Rigollot. C'était déjà le bazar… moins le coup d'œil, la grandeur, l'agencement et le personnel.

Insensible aux séductions du Doit et de l'Avoir, n'ayant cependant pas l'intention de demeurer les bras croisés, j'entrai dans une distillerie avec la naïve prétention d'y mettre en pratique ce que j'avais de connaissances physiques. O vanitas vanitatum ! Au lieu d'être mis en rapport avec les alambics, les cucurbites et les serpentins, je fus gracieusement invité par les patrons, MM. Van Oklum et Malan, à rincer les bouteilles.

Je lâchai ce travail, honorable sans doute mais peu intellectuel,

Charles Malato

pour un autre plus dans mes cordes. Notre boulanger avait deux fils dont l'éducation, reçue à l'école des frères, laissait à désirer : il voulut bien me les confier et, *in petto* fier autant qu'ému d'avoir des élèves, je m'efforçai d'inculquer à leur jeune intelligence les beautés de mon répertoire classique. Le fils d'un ami déporté vint augmenter le nombre de mes disciples et mon ardeur professorale s'en accrut. Comme un vrai serin, au lieu de tirer à la leçon, je n'avais de trêve que mon jeune troupeau n'eût sauté à pied par dessus les obstacles les plus ardus : réductions de fractions, degrés de longitude et de latitude, règles des participes passés. Grâce à ce beau zèle, les parents m'adressèrent force compliments et me retirèrent bientôt leurs enfants, les jugeant suffisamment instruits et utilisables.

Un brave bibliothécaire, honnête et indépendant, aussi quoique personnellement estimé du chef de la colonie, est-il mort dans une situation modeste, m'avait déjà offert son appui pour entrer dans une administration publique. Nous avions, jusqu'alors, décliné cette offre, pensant que la nomination d'un fils de déporté à un emploi d'expéditionnaire ou de piqueur des ponts-et-chaussées ne pourrait que donner lieu à de fâcheux commentaires. On se montrait fort soupçonneux parmi les nôtres et bien des pauvres diables étaient tenus à l'œil pour le simple fait de n'avoir jamais pâti de la mauvaise humeur de nos capricieux geôliers. Je renonçai donc à m'armer de la plume et de l'équerre, mais une autre porte s'ouvrit bientôt devant moi. Une mission télégraphique ayant à sa tête un orientaliste distingué, Charles Lemire, était depuis quelque temps arrivée dans le pays dont elle se proposait de faire communiquer les différents centres par une ligne aérienne longeant entièrement la côte. Indépendante et scientifique d'allures, cette administration n'avait rien qui pût choquer les susceptibilités : en outre, il y avait la perspective bien alléchante pour un jeune homme nourri de Jules Verne et de Mayne-Reid, d'aller explorer cette *brousse* encore sauvage, de nouer des relations avec les derniers anthropophages, d'étudier sur place les dialectes et les mœurs. Quel beau rêve ! Aussi, cette fois, n'hésitai-je pas ; j'offris mes services et, le 14 janvier 1876, fus officiellement nommé employé colonial de troisième classe aux appointements de deux mille francs par an avec la ration de vivres en nature.

DE LA DÉPORTATION AU TÉLÉGRAPHE

Le service télégraphique était l'un des rares qui eût un bon personnel et fonctionnât convenablement. Son directeur, le « père Lemire », comme nous l'appelions, était très aimé. Quelques employés de la métropole, passés ici au rang de grands personnages l'entouraient. C'étaient : Guette, le contrôleur, grand et beau brun, aux victorieuses moustaches, habile, instruit et enclin au radicalisme ; Tant, excellent garçon, qui ne craignit pas d'épouser une fille de déporté… après l'amnistie ; Venturini, Corse de la vieille roche, irascible et pointilleux, qui remplaça plus tard avec avantage un de ses compatriotes à la direction des Postes ; Simonin, chef surveillant des lignes, fort gaillard à la barbe fluviale et dorée bien qu'il fût du midi ; ancien second maître de la flotte, il portait volontiers sa médaille et unissait la ponctualité d'un vieux militaire à un léger vernis de sentiments démocratiques ; du reste, intelligent, actif et n'ayant pas la langue dans sa poche. Clech, surveillant, travailleur et modeste, complétait le cadre métropolitain.

C'était juste assez pour assurer le service des premiers bureaux ouverts, et encore avait-on dû, à la presqu'île Ducos et à l'île Nou, confier la manipulation à deux surveillants. À la suite d'un voyage pédestre de reconnaissance, entrepris par Lemire tout le long de la côte, il fut décidé d'envelopper l'île d'un réseau circulaire, de créer des bureaux au delà d'Uaraï et de Canala, où s'arrêtait alors la communication télégraphique, et, pour cela, de recruter un personnel colonial. Trois ou quatre employés, deux ou trois surveillants des lignes et un facteur urbain, qui manquait d'urbanité autant que de tempérance, avaient déjà commencé l'apprentissage de leurs fonctions. Je vins compléter le nombre, avec deux des Marseillais du *Var,* rebutés de la colonisation agricole, et un brave garçon très fort en mathématiques mais que des malheurs avaient rendu Polonais, bien qu'il fût, je crois, du Maine-et-Loire. Nous prêtâmes le serment de garder fidèlement le secret de la correspondance et je me rappelle encore le trémolo ému avec lequel l'aîné des Marseillais prononça son « je le jure ! »

Trois mois environ s'étaient écoulés : la manipulation des appareils Moire et Bréguet n'avait plus de secrets pour nous ; peut-être ne nous avait-on pas assez accoutumés aux caprices des piles Leclanché, le soin de les monter et démonter étant réservé au seul

Simonin ; mais, théoriquement, nous étions de bonne force ; la comptabilité était des plus aisées. On nous déclara bons pour partir dans la *brousse*.

Le directeur de l'administration pénitentiaire n'avait pas vu d'un bon œil l'entrée d'un fils de déporté dans les télégraphes. Il s'était dit que, le cas échéant, j'eusse pu favoriser quelque évasion sur la grande terre, soit en interceptant des dépêches authentiques soit en en faisant circuler de fausses. Aussi se remuait-il des pieds et des mains pour me faire congédier : très heureusement notre service échappait à toute autorité de ce garde-chiourme en chef. Seulement, comme Charrière était homme à employer l'intrigue aussi bien que la violence, le père Lemire m'avertit que, pour qu'il me perdît de vue, je serais envoyé dans le plus reculé des nouveaux postes, au milieu des tribus encore indépendantes et peut-être anthropophages, à Oubatche.

J'en fus ravi : enfin ! j'allais donc voir des Canaques autres que ceux de la police indigène ou du port, déformés par une civilisation dont ils ne prenaient que les vices. Je disais adieu sans regrets à ce Nouméa torride et rougeâtre, où chiaoux et rastaquouères tenaient le haut du pavé ; je quittai d'un cœur léger cette ville sans bibliothèques, sans musées, sans groupements intellectuels, où l'unique distraction, pour ceux qui ne voulaient pas traîner du *Cosmopolitain Hôtel* au café Pacifique et du café Pacifique au café Oblet, était d'aller le dimanche, entendre la fanfare des transportés sur la place des Cocotiers, au milieu des Canaques des deux sexes, les hommes en pantalons ou en chemise, les femmes en peignoir éclatant. Le beau monde, c'est-à-dire les épiciers et les blanchisseuses parvenus, s'abstenaient soigneusement de paraître dans cette foule démagogique de déportés, de libérés et de sauvages : tout au plus, voyait-on fureter un galonné cherchant bonne fortune. Le beau sexe était rare sur la place de Nouméa et des vieilles de soixante ans trouvaient encore amateurs.

Le dimanche matin, il est vrai, nous jouissions d'un coup d'œil assez amusant. Fumant notre cigarette sous la vérandah pendant les moments de loisir, assez fréquents ce jour-là, nous voyions défiler devant nous, se rendant à l'église, tout l'élément féminin de la société nouméenne. Elles marchaient, ces pieuses dames et ces gentes demoiselles, raides comme si elles eussent avalé un paratonnerre, du reste impitoyablement coquettes et rivées, à un nœud près, aux modes de Paris, avec seulement six mois de retard. Et comme elles se sentaient dévisagées, même lorsque les stores de la vérandah étaient baissés ! Aussi se redressaient-elles encore davantage, marchant de la pointe des pieds avec une indifférence affectée. — Tiens ! disions-nous, les demoiselles Cheval. — Attention ! voici la tribu des Bataille, la mère et les filles, qui s'avance... comme dans la *Belle-Hélène*. — Madame G***, heureuse femme ! pauvre mari !

L'homme propose et les événements disposent ; j'attendais de jour en jour l'avis officiel de mon départ pour Oubatche, lorsqu'une insurrection des indigènes de Ti-Pindjié vint tout modifier.

Entre Hienghène et Touho, sur le littoral nord-est, s'étendaient les possessions du grand chef Poindi-Patchili : au sud de Touho, est la mission de Wagap, qui avait pour titulaire, le père Roussel. Ce point de l'île est rocheux, escarpé, bordé, néanmoins, d'une immense forêt de cocotiers, avec des torrents qui se précipitent de la chaîne de montagnes parallèle à la côte. De nombreux villages indigènes, occupant le territoire compris entre la demeure du mariste et Ti-Pindjié, résidence de Poindi-Patchili, servaient alternativement de tampon et de pomme de discorde entre ces deux personnages influents.

Le père Roussel était un homme énergique et d'une ambition remuante, qui, coiffé de la tiare, eût fait un pape Jules II. Il connaissait admirablement le dialecte du pays, assez différent des dialectes voisins, ce qui tient peut-être à l'origine disparate de ces tribus, formées il n'y a pas deux cents ans, de réfugiés d'un peu partout. Ayant établi son influence à Wagap, il rêva de la faire rayonner le plus loin possible et, quand la persuasion n'opérait pas, le saint homme, enflammant ses ouailles et se mettant courageusement à leur tête, allait convertir ses opiniâtres voisins, *manu militari*.

Comme nombre d'autres chefs, Poindi-Patchili n'aimait pas ces étrangers à robe noire qui, avec des dehors modestes, venaient substituer leur autorité à celle des autocrates indigènes. Non seulement, il professait le plus parfait dédain pour le mystère de la Sainte-Trinité, mais encore il était résolu à maintenir énergiquement ce qu'il considérait comme ses droits. Les catholiques de Wagap ayant, pour la dixième fois, molesté leurs frères infidèles, Poindi-

Patchili leva le drapeau de la révolte, — métaphore hardie s'il en fût, le seul linge usité par les canaques païens étant celui qui leur couvre les parties sexuelles.

Le père Roussel, malgré ses aptitudes guerrières, fut contraint de crier au secours. Poindi-Patchili, que j'ai personnellement connu depuis, était un gaillard d'au moins six pieds, à mine martiale, qui ne boudait pas devant les sagaïes ni même devant les chassepots. Un capitaine, avec soixante-quinze fantassins de marine et une centaine d'auxiliaires indigènes, accourut du chef-lieu d'arrondissement de Canala, situé à une trentaine de lieues par mer et à près du double par terre, aucune route directe n'existant. L'employé Fournier, qui devait, de Païta, aller ouvrir le bureau de Houaïlou fut adjoint à la colonne avec un appareil de campagne et, par intérim, je le remplaçai dans la gérance de Houaïlou.

C'était alors le poste télégraphique le plus avancé au nord, celui d'Oubatche n'étant pas encore aménagé. J'allais me trouver à deux jours de marche du pays insurgé, communiquant avec Fournier, au nord, et le bureau de Canala, au sud. Je ne détestais pas les aventures risquées et, cependant, j'étais enchanté de ne pas prêter le concours de mon appareil contre ces pauvres diables de Canaques, qui, résistant à la fois aux missionnaires et à l'armée, ne pouvaient qu'avoir toutes mes sympathies. Lorsque j'appris que Poindi-Patchili, sommé de se rendre, avait fait la réponse suivante : « Je sais que le P. Roussel possède beaucoup de beaux moutons dans sa mission et j'espère bien ne pas me rendre avant d'en avoir mangé quelques-uns, » je finis par être absolument charmé de ce guerrier sauvage, doublé d'un gastronome.

Mon ordre de départ étant enfin arrivé, je m'embarquai, le 21 avril au matin, à bord de *la Seudre*, en compagnie du chef-surveillant. J'avais déjà fait six mille cinq cents lieues en cinq mois de traversée, et celle de Nouméa à Houaïlou n'en comportait pas plus d'une soixantaine, mais c'était la première fois que mes parents me laissaient m'exposer loin d'eux aux traîtrises de l'Océan, même Pacifique. Un mois auparavant nous avions déjà eu un échantillon de ce que peuvent faire les éléments quand ils s'y mettent pour de bon ; un cyclone, annoncé par une forte dépression barométrique, s'était abattu sur la colonie, la balayant du nord au sud, déracinant les plus gros arbres, obstruant les routes, jetant bas comme de frêles châteaux de cartes, les maisons de Nouméa, qu'on était contraint d'attacher avec de gros câbles, de peur qu'elles ne prissent la fugue dans cette valse générale. Le déchaînement de la mer répondait au déchaînement du ciel : que de bateaux furent jetés à la côte et broyés ou engloutis au large dans le tourbillonnement éperdu des flots ! Ma mère, qui avait encore ce spectacle devant les yeux, contemplait avec angoisse la ligne bleue qui limitait notre regard et notre liberté. Ce fut avec une émotion profonde qu'elle me donna ses conseils et fourra du chocolat dans ma valise ; mon père y inséra entre un trousseau et une paire de chaussures une vieille bouteille de *Torino ;*tous deux recommandèrent chaleureusement mes dix-huit ans à l'expérience de mon compagnon de voyage, et après des adieux pathétiques rappelant ceux de Robert-Robert à sa famille (voir l'intéressant et moral roman de Louis Desnoyers), je pris place dans la chaloupe de *la Seudre.*

L'équipage de cette frégate était non breton mais provençal, comme on s'en apercevait forcément dès le premier pas fait sur le pont. Plus de « Ma Doué [1] ! » mais des « Troun de l'air ! » en veux-tu, en voilà, une animation, un entrain incessants. Peut-être, si cela avait duré cinq mois, m'en serais-je fatigué autant que de la lourdeur des marins du *Var,* mais n'étant resté que deux jours à bord de ce bâtiment, j'en ai conservé le meilleur souvenir.

Nos fonctions nous donnaient rang de premiers maîtres, c'est-à-dire d'adjudants. Cette équivalence des positions civiles et militaires était considérée comme très importante en Nouvelle-Calédonie, où le galon jouait et joue probablement encore un si grand rôle. Les employés métropolitains, qui nous regardaient d'un air supérieur, avaient rang d'officiers et mangeaient au carré. Plus tard, lors de remaniements administratifs, la même situation nous fut reconnue et les porte-épaulettes durent nous traiter sur le pied d'égalité. J'ai ainsi voyagé successivement avec la plèbe, avec les élus et avec leurs sous-ordres les maîtres : je dois avouer que c'est avec ces derniers que j'ai passé les moments les plus agréables.

Partis de Nouméa à huit heures du matin, nous atteignions, vers deux heures de l'après-midi, la baie du Prony qui, s'ouvrant à l'extrémité méridionale de l'île, est appelée aussi baie du Sud. C'est une région de lacs, de rivières et de forêts renfermant

1 Mon Dieu.

Charles Malato

toutes sortes de belles essences : le kaori, le tamanou, l'ébène, le milnéa, l'araucaria, le chêne-gomme, le hêtre-moucheté, etc. Il est regrettable que l'amiral de Montravel n'ait point songé à utiliser cette partie de la côte, ombragée, alimentée d'eaux vives et prête à donner une exploitation utile, pour en faire le chef-lieu de la colonie, au lieu de l'établir dans cette aride presqu'île de Nouméa. La situation stratégique, sans être aussi excellente, n'était pas mauvaise : une série d'anses sûres et profondes, protégées à l'ouest par l'île Ouen, à l'est par une multitude de petits récifs, ne laissant entre eux et la grande terre que le canal de la Havannah, facile à barrer. Même du côté sud, le plus ouvert à une escadre ennemie, un débarquement eût pu être fortement contrarié par des batteries établies sur les sinuosités du rivage et croisant leurs feux. Mais les intrépides guerriers auxquels la France confie la tâche de lui créer des colonies n'y regardent pas de si près : Nouméa avait un bel aspect défensif ; cette considération prima toutes les autres. La population urbaine en fut quitte pour ne boire que de l'eau de pluie pendant vingt-cinq ans.

Nous longeâmes la baie du Prony sans nous y arrêter et nous nous engageâmes dans la Havannah, mauvais passage où la mer, resserrée entre la côte et les récifs, fait sentir un très fort roulis. Nous dînâmes devant Toupéty, un joyeux dîner, égayé de chant, de lazzis et de contes rabelaisiens, dont quelques-uns ne manquaient pas d'humour : Simonin, méridional et ancien marin, était doublement dans son milieu parmi ces braves gens qui nous traitaient en frères. Le soir, on mouilla dans l'anse tout à fait déserte de Port-Bouquet, dont on partit le lendemain matin de bonne heure.

À mesure que nous remontions vers le nord, la côte nous apparaissait plus montagneuse, la chaîne serpentineuse qui meurt vers Yaté, au sud, projetant au centre de l'île des contreforts de mille à quinze cents mètres d'altitude. Le Humboldt, le Saint-Vincent, le mont Dô surgissaient majestueusement comme autant de géants, entourés à leur base d'un insondable abîme de verdure. Parfois, un mince filet de fumée s'en élevait, allant se détacher en gris pâle sur le ciel bleu. Informé par Simonin que là se trouvaient les repaires des *tayos broussi,* c'est-à-dire des plus farouches ennemis de notre civilisation, j'ouvrais de grands yeux, espérant toujours voir quelques-uns de ces primitifs s'avancer sur le rivage. Il n'en fut rien : la nature semblait inanimée, immobilisée dans une triplicité de couleurs : la terre rouge, la forêt verte, le ciel et la mer bleus.

Les indigènes de toute la Nouvelle-Calédonie peuvent se classer en trois groupements d'après la race et en cinq ou six d'après le dialecte. La première de ces divisions est celle que reconnaissent les Canaques du sud, qui distinguent les rouges (*aboui*), polynésiens, assez rares sauf dans quelques grandes tribus du nord — des noirs (*adinè*), — mélanésiens, — et des métis de ces deux races (*abouimié*), au teint marron. Ces trois variétés de couleur coexistant souvent dans le même village, par suite des migrations et des mariages, il n'est peut-être pas sans intérêt, au point de vue ethnologique, de donner en regard le classement par dialectes que l'on pourrait formuler ainsi :

Touaourou,

Canala,

Baye,

Touo-Wagap,

Hienghène et nord.

Les tribus de la cote ouest semblent avoir toutes été formées par celles de l'est, dont elles parlent la langue plus ou moins altérée.

Cette division idiomatique permet de reconstituer, au moins en partie, l'origine et l'histoire des diverses tribus. Elle nous montre, par exemple, que les Canaques de Touaourou (côte est), de Nouméa et de l'île des Pins sont étroitement de même famille. Les Nouméas avaient — car cette tribu est éteinte depuis un demi-siècle, — la prononciation plus gutturale que leurs voisins du littoral est. *Gô* (moi) en touaourou, devenait en nouméa *Kô* ; *dio* (eau) se changeait en *tio, aboui* (rouge) en *apoui*, etc. La différence du touaourou au kunié était peu sensible.

Le dernier grand chef des Nouméas, fut Damê, dont l'histoire, singulièrement ressemblante avec celle du *pius Æneas*, peut être dite en moins de douze chants. Fils, non d'Anchise, mais de Sésagni, — état civil aussi honorable, — Damê était un grand chasseur et mangeur d'hommes qui, à force d'exercer son terrible appétit sur ses voisins, les contraignit à des mesures préservatrices. Un soir, pendant que la tribu célébrait un solennel pilou à Watchio-Kouéta,

Charles Malato

les Kamb'was peuplade vindicative, que guidait le féroce Ouaton, tombèrent sur elle et la massacrèrent aux trois quarts. Damê échappa non sans peine avec Sésagni et son fils Capéia qui, tout comme Ascagne, promettait de marcher sur les traces paternelles. Il erra pendant quelques jours dans les montagnes du sud, s'y repaissant non plus de bonnes entrecôtes humaines, mais de racines presque aussi sauvages que lui. Cet ordinaire eût peut-être convenu à un végétarien : Damê ne l'était pas. Fort heureusement, le vieux Sésagni se rappela que, parmi ses nombreuses épouses, une, la mère de Damê, appartenait à la puissante tribu des Touaourous et il engagea son rejeton à aller demander l'hospitalité à ces braves gens. C'était une excellente idée, que Damê s'empressa de mettre à exécution. Les Touaourous, avaient à cette époque, pour monarque inconstitutionnel un nommé Kaâté qui accueillit les fugitifs non à estomac, mais à bras ouverts et leur fit accorder du terrain par les chefs voisins. Le fils de Sésagni n'était pas un empaillé : il se refit une nouvelletribu, accrue bientôt par des mariages et par l'arrivée constante de Nouméas échappés aux vainqueurs. Bientôt les exilés purent goûter, avec les douceurs de la vengeance, les tibias de leurs ennemis, plat éminemment national, — car, de temps en temps, ils franchissaient la chaîne centrale pour tomber sur les Kamb'was sans défiance.

Damê s'était tellement relevé qu'il finit par inspirer de sérieuses appréhensions à ses voisins, vis-à-vis desquels, cependant, il s'était toujours comporté avec beaucoup d'honnêteté. Deux petites tribus, celles des Tyas et des Dodgis, se liguèrent contre lui et, une nuit, tombèrent sur les nouveaux villages des Nouméas, tuant et incendiant partout. Damê, qui, décidément au milieu même de ses adversités, jouait de bonheur, fut réveillé juste à temps par un des siens qui lui cria : « *N'gon tôté, oushiot dé Dodgi iêt ghé !* » phrase mélodieuse qui signifie en pur dialecte touaourou « Vous, maître, levez-vous ! les Dodgi nous frappent ! » Le grand chef rassembla en hâte quelques-uns des siens, parmi lesquels Capéia, — Sésagni mangeait depuis longtemps les taros par la racine, — et gagna la forêt de Coronourou. Le lendemain avant le jour, Kaâté, informé sans retard, car le télégraphe n'existait pas encore, accourut avec ses guerriers au secours de son ami et Damê prit le commandement général en prononçant ces paroles mémorables : « Ils nous ont frappés de nuit et par surprise : nous les frapperons de jour et en face. » En deux combats, les traîtres furent exterminés : les survivants s'enfuirent dans leurs pirogues, les Dodgis à l'île Ouen, les Tyas à Kunié.

On pourrait arrêter là cette histoire de Damê, mais elle a un épilogue bien canaque : à perfide, perfide et demi. Les Dodgis, décimés dans leur exil par les privations et la nostalgie, chargèrent, au bout de quelque temps deux des leurs d'aller implorer du vainqueur la permission de revenir. Damê, persuadé, en gastronome océanien, que la vengeance est un mets qu'il convient de savourer froid, feignit de pardonner et accepta même les petits cadeaux que lui offrirent ses ennemis repentants. Ceux-ci, au nombre de quatre-vingts, s'étaient rassemblés sans défiance dans l'enclos palissadé entourant la case du grand chef ; accroupis sur des nattes, ils mastiquaient déjà, qui des bananes, qui des cannes à sucre, apportées par les femmes des Nouméas. Tout à coup, Damê fronça les sourcils : à ce signe jupitérien, quatre-vingts casse-tête s'abattirent sur les Dodgis, qui n'eurent même pas le temps de protester contre cette singulière façon de comprendre l'amnistie. Quelque temps après, les Tyas, poussés traîtreusement par le chef de Kunié qui voulait se débarrasser d'eux, partirent pour leur pays sans en demander préalablement la permission. Ils se croyaient invincibles, ayant payé fort cher à des trafiquants européens tout un stock de vieux fusils ; mais, quand ils voulurent s'en servir au débarquement, — car Damê était là qui les attendait, — ils ne purent en faire partir un seul et furent exterminés jusqu'au dernier.

Ces faits, « héroïques » autant que canailles, ont été coordonnés en légendes que se content les indigènes à la veillée et qui me furent apprises, quatre années plus tard, par un jeune Français élevé au milieu des Touaourous. Pour le moment, le brave Simonin, fier d'étaler devant moi ses connaissances encyclopédiques, me donnait sur les tribus néo-calédoniennes des notions vagues qu'il alternait avec le récit de ses campagnes au Mexique. Quand, le second jour, dans l'après-midi, nous mouillâmes devant Canala, il recommençait pour la dixième fois, l'histoire de la « bataille » de Tempico.

Charles Malato

CHAPITRE VI
EN ROUTE POUR HOUAÏLOU

La rade de Canala, belle et grande, est abritée, du côté de la terre, par des montagnes qui s'avancent dans la mer presque en hémicycle. Une rivière l'emplit dans toute sa largeur, fleuve à son embouchure, ruisseau marécageux en amont. Devant nous, s'étendaient des collines verdoyantes, où apparaissaient clair-semées, des habitations européennes.

Là, nous devions quitter le *Seudre,* qui n'allait pas à Houaïlou. Après des adieux humectés non de larmes, mais de vieux tafia, nous prîmes congé, Simonin et moi, des maîtres d'équipage pour remonter en canot la rivière de Canala. Au bout de trois quarts d'heure de navigation entre les palétuviers et les roseaux, nous atterrîmes près d'un *store* [1], dont les patrons vinrent aussitôt nous offrir leurs services.

L'habitation, assez spacieuse, était construite en torchis avec vérandah. À l'intérieur, devant un comptoir, des hommes grossièrement habillés buvaient et fumaient. Larges chapeaux de paille ou de feutre, multicolores, chemises de laine, ceintures rouges fortement serrées à la taille, pantalon de grosse moleskine, et lourds souliers ferrés, cet accoutrement, qui eût fait crier à la chienlit sur le boulevard Montmartre, indiquait de véritables habitants de la brousse, mineurs et *stockmen* [2]. Deux ou trois parurent contempler avec quelque surprise mon costume gris-tendre et ma cravate azurée à la Pyrame, mais le képi galonné de mon compagnon produisit, je dois l'avouer, encore plus d'effet.

Pendant que Simonin se rendait chez le chef d'arrondissement pour le prier de mettre la baleinière du poste à notre disposition, je rôdaillais autour du magasin, ouvrant les yeux et les oreilles, en voyageur qui brûle de damer le pion au jeune Anacharsis. Un client, flairant en moi quelque précoce potentat, vint lier conversation et, comme il me parlait poliment, je lui répondis de même. À peine avait-il le dos tourné, accourut la patronne : « Monsieur, me dit-elle, prenez garde : on pourrait vous voir causer avec lui. » — « Eh

1 Magasin.

2 Gardiens de bestiaux.

bien ? » — « Vous ne savez pas, monsieur : c'est un libéré ! » On salue tant de coquins dans la société que, bien avant d'être anarchiste, jamais je n'ai parlé autrement qu'à d'autres aux gens estampillés criminels par la justice. La recommandation de la bonne femme ne m'avait donc nullement ému, lorsque le libéré revint. Se doutant de quelque chose, il était allé chercher une liasse de papiers, livrets et certificats de bonne conduite, qu'il se mit à me lire avec orgueil. Je laissai tomber la conversation, un peu écœuré non de sa situation sociale, mais de son servilisme.

Je vis à ce moment, pour la première fois, des Canaques en costume primitif, c'est-à-dire en *moinô*. À quelle périphrase pourrai-je recourir afin d'expliquer, sans blesser la pudeur de nos chastes magistrats, ce qu'est le *moinô* ? Un doigt de gant… un peu gros, donnerait l'idée de cet étui, fait primitivement d'herbe, et aujourd'hui de linge, qui cache, non pas ce qu'on enleva à Abélard, mais ce qui est à côté. On pourrait appeler ce… vêtement, j'allais dire cette capote, le *baromètre de l'amour* : en effet, rien n'est plus commode aux beautés canaques, exemptes de préjugés, que d'y lire couramment les phases de la passion qu'elles inspirent.

Car l'amour est international ! Je fus tenté d'en douter lorsque, le lendemain matin, un dimanche, je vis s'approcher toute une bande de *popinés,* vêtues, non du *moinô,* et pour cause ! mais du *tapa,* jupon très court, tressé en filaments d'écorce, et qui s'étend de l'extrémité la plus inférieure du ventre jusqu'à mi-cuisse. Qu'elles étaient laides, avec leurs cheveux crépus, leurs mamelles pointues ou flasques, leurs membres grêles ! Depuis, je me suis habitué à leur vue, j'en ai même trouvé de fort jolies, mais je me rappelle encore l'impression réfrigérante que je ressentis, lorsqu'une de ces *popinés,* qui me parut certainement la plus affreuse, s'approchant de moi, me roucoula, les yeux dans les yeux : « Donne-moi… un *chiqua* [1] ».

Ils et elles aiment le tabac, pauvres sauvages auxquels nous avons pris la vie libre pour ne leur donner de notre civilisation que la fumée !

Ce jour-là je m'en fus rendre visite à Venturini, que je n'ose appeler mon collègue, car il était du cadre métropolitain et moi du cadre

---

1 Nom couramment donné par les Canaques de la brousse à la figue de tabac.

Charles Malato

colonial ; ce qui rendait sa politesse un peu anguleuse. La plupart des employés arrivant de France étaient ainsi : ils se considéraient comme fort supérieurs au personnel recruté sur place.

Cet antagonisme n'est pas le seul, beaucoup s'en faut, qui se manifeste dans un pays où toutes les situations sociales et toutes les races sont en présence. Le fonctionnaire tyrannise le colon, celui-ci combat ou exploite le libéré ; le blanc dédaigne le métis, qui méprise le Canaque indigène, lequel tient à l'écart le Néo-Hébridais, déteste l'Indien malabar et ne manifeste aucune affinité pour l'Arabe. Dans maints endroits, à Hienghène, par exemple, les Anglais étaient préférés aux Français : n'avaient-ils pas sur ceux-ci une grande supériorité, celle de n'être point les maîtres ? Il est présumable qu'en plus d'une tribu australienne, fidjienne ou maorie, les sympathies vont plutôt aux Oui-oui[1] qu'à John Bull.

Canala possédait deux grands monarques indigènes, rivaux d'influence, Gélima et Kaké, le premier sagace quoique résolu, le second qui avait, au physique comme au moral, toutes les allures d'un vieux sous-officier. Outre ces deux personnalités politiques, il en existait une troisième militaire, Nundo, le chef de guerre, mille fois plus féroce et plus ivrogne que Kaké. C'était un géant, de musculature herculéenne, à la figure épaisse et couturée de petite vérole, que surmontait une crinière rougie à la chaux, selon le procédé canaque pour la destruction des poux. Quelquefois, un turban d'écorce est enroulé, même chez les simples guerriers, autour de la toison : Nundo, lui, conscient de ses avantages physiques, dédaignait cet ornement. Il m'était réservé de faire, plus tard connaissance de cet Antinoüs bronzé ; pour le moment je fis celle de Gélima, auquel je trouvai bonne mine sous son uniforme de capitaine, de Pita, son jeune fils que je devais revoir un jour, en France, et de Kaké, lequel, après s'être fait payer largement la goutte, nous prêta six rameurs de sa tribu.

Nous avions l'embarcation du poste : une baleinière mâtée, dont l'unique voile devait seconder avantageusement les efforts de notre équipage, car le lundi matin, en quittant Canala, nous avions plein vent arrière. Les indigènes, dont la besogne était

---

1 Nom donné en maints endroits de l'Océanie, aux Français et que leur a valu leur tendance à répondre affirmativement même aux questions qu'ils ne comprenaient pas.

EN ROUTE POUR HOUAÏLOU

ainsi bien simplifiée, chantaient ces mélopées lentes et un peu mélancoliques, dont les paroles diffèrent parfois de celles usitées dans la langue courante. Simonin, assis près du gouvernail qu'il manipulait en marin consommé, me nommait les différents points en vue desquels nous passions.

Deux où trois grains brouillèrent le ciel sans inquiéter sérieusement notre voyage. Vers les trois ou quatre heures, nous mouillâmes à Kua. L'unique colon de la localité était un ancien officier de marine, M. V***, qui avait excité la réprobation générale des gens bien pensants en choisissant pour compagne illégitime une jeune femme d'allures peu sélect. Ce brave homme ne s'en émouvait pas, estimant l'opinion publique à sa juste valeur. Il se trouvait, du reste, assez heureux, n'ayant pas pour la compagnie de ses semblables un goût immodéré. Son habitation manquait du confort européen, mais il possédait une superbe plantation de café.

Bien plus que la pomme de terre qui, sous les influences du sol, se transforme en patate, et que le maïs, dévoré chaque année par les sauterelles, le café est, de tous les produits agricoles néo-calédoniens, celui qui semble appelé au plus d'avenir, bien que les cyclones le menacent périodiquement. Il rapporte une seule fois par an mais donne une récolte satisfaisante dès la quatrième année de plantation ; sa qualité est bonne et son prix sur place d'environ 2 francs le kilogramme. Les indigènes, qui se soucient peu de cultiver nos légumes et nos fruits, ont été moins indifférents devant le café ; ils en en ont planté à Nakéti, Canala, Pouébo, etc., et vendent la récolte aux Européens.

M. V... nous accueillit à bras ouverts, d'abord parce que l'hospitalité est une vertu de la brousse, — vertu qui disparaît à mesure que la civilité s'accentue ! — puis parce que la conversation de mon compagnon, ancien marin qu'il connaissait quelque peu, — qui ne connaissait Simonin sur la côte ! — lui était agréable. Pendant que sa femme tordait le cou à un poulet et que les deux loups de mer qui représentaient avec moi la population mâle, tant stable que flottante, de la localité se promenaient devant les pieds de café, en se remémorant de vieux souvenirs nautiques, j'allai me baigner dans la rivière voisine, dont la belle onde claire m'avait tenté. À mon retour, le colon m'apprit qu'il n'était pas rare d'y voir de jeunes requins se poussant de la nageoire.

Charles Malato

Ces « tigres de mer » semblent avoir un goût très prononcé pour les explorations. À la marée montante, c'est-à-dire dès que le volume et la salure de l'eau le leur permettent, ils passent sans hésitation de l'Océan dans les rivières néo-calédoniennes. De mon temps, l'administration pénitentiaire n'avait encore trouvé le moyen, avec une main d'œuvre de huit mille forçats, de construire un seul pont. Il s'en suivait que les voyageurs devaient, à chaque instant, soit se jeter à la nage, soit passer à gué avec de l'eau jusqu'à la poitrine, sous l'œil des jeunes requins. Ceux-ci ne se montraient pas toujours bons enfants : c'est ainsi qu'une popiné, traversant la Tiouaka, eut les deux jambes coupées net d'un terrible coup de mâchoires. Et combien d'autres ! Parfois, cependant, pour varier, lorsque l'Européen voyageait d'une rive à l'autre, à cheval sur un Canaque, l'anthropophage des mers, respectant l'anthropophage de terre, s'approchait délicatement de ses épaules pour cueillir sa proie. C'est ce qui arriva un jour à un pauvre docteur, lequel servit de pâture au vorace poisson.

On dîna aussi joyeusement qu'au café Riche, la bonne humeur complétant un repas des plus solides. Après quoi, notre hôte, nous conduisant dans un hangar, nous montra gracieusement deux bottes de paille bien fraîche, étendues à terre à notre intention. Nous y passâmes, habillés et entortillés dans une vieille couverture, une nuit excellente, agrémentée par la visite des petits cochons qui venaient nous mordiller les pieds.

Nous nous arrachâmes à ces délices vers cinq heures du matin et, prenant congé de la population blanche, nous allâmes réveiller nos Canaques, couchés dans un abri voisin et qui n'avaient jeûné ni de riz, ni de tafia. Nous mîmes à la voile et, suivant le système d'escales adopté par Simonin, arrivâmes à Poro pour l'heure du déjeuner. Là aussi il comptait des amis, un ancien quartier-maître, quelques mineurs. C'est dire que le repas fut sérieux et convenablement arrosé.

Poro, situé à dix kilomètres de Houaïlou, est une localité peuplée ou déserte, selon que l'industrie du nickel est en hausse ou en baisse. Pour le moment elle reprenait : aussi, la population s'élevait-elle bien à une douzaine d'habitants, logeant en commun dans une grande case sombre et couchant sur des caisses à peine recouvertes d'une natte. Touché de l'accueil de ces braves gens, je les invitai avec insistance à user et abuser de mon hospitalité lorsque leurs affaires les amèneraient à Houaïlou. Ils me le promirent et ils ont consciencieusement tenu parole. Beaucoup d'autres, que je n'avais jamais vus, attirés par l'accueil fait à leurs confrères, vinrent également et m'amenèrent de nouveaux contingents, toujours prêts à faire honneur à une bonne table. Cela dura tout le temps de mon séjour à Houaïlou, que je quittai, au bout de trois mois, avec un compte de douze cents francs chez un mercanti voleur en diable, que j'ai eu l'imbécillité de payer intégralement.

Après le pousse-café, Simonin jugea qu'il y avait assez de vent dans les voiles pour en profiter. Nous repartîmes croisant en mer plusieurs pirogues remplies d'indigènes qui nous regardaient curieusement. Qu'il y a loin de la pirogue néo-calédonienne, simple tronc d'arbre creusé au feu et réuni par deux perches à un balancier, à la pirogue élégamment sculptée des Polynésiens ! Cependant quelques grandes tribus : Hienghène, où domine la race venue de l'est, Pouébo, Canala même, ont possédé de longues pirogues doubles à voiles, bâtiments de guerre contenant jusqu'à cinquante hommes.

L'embarcation canaque, même de la forme la plus simple, pourrait revendiquer la devise armoriale de la ville de Paris : elle flotte, culbute même, mais ne s'engloutit pas. Son balancier la maintient constamment à la surface des flots. Chavire-t-elle, celui qui la monte la redresse presque aussi facilement que nous faisons d'un parapluie retourné par le vent ; il la vide et, tranquillement, continue son voyage.

Sur leurs pirogues, qui ne valaient certainement pas les trois grandes barques de Colomb, les intrépides Polynésiens ont traversé maintes fois l'immense étendue du Pacifique. De Taïti, ils sont venus porter leurs mœurs et leur langue à la Nouvelle-Zélande, rayonnant sur les Tuamotou, les Marquises, les Tonga. Le célèbre chef Taméaméa, après avoir étendu son autorité sur tout l'archipel hawaïen, rêvait, dit-on, la conquête de Taïti, situé à huit cents lieues au sud-est.

Les navigateurs que nous rencontrions n'étaient point animés de desseins aussi vastes. Ils péchaient tout bonnement autour d'un îlot et quelques-uns, marchant dans la mer avec de l'eau jusqu'aux épaules, immergeaient de longs filets d'une forme singulière. Qu'on se figure un engin en forme non de sac destiné à ramasser la proie, mais de rideau vertical, tendu par des pierres, fixées à son extrémité inférieure et barrant simplement le passage au poisson. Celui-ci, ou s'emprisonne dans les mailles, ou veut sauter par dessus le filet et rencontre la sagaïe de l'indigène. Les plus ordinaires de ces armes sont simplement des lances en bois, effilées à leur extrémité, que le guerrier brandit fortement à la façon des javelots antiques ; d'autres remplacent la pointe par de fortes arêtes ou même, — bienfait de l'introduction des métaux ! — par un trident de fer. Le poisson fugitif est ainsi transpercé au passage. La pêche se pratique de même dans les rivières. Les Néo-Hébridais, qui possèdent sur les Néo-Calédoniens la supériorité de l'arc, emploient fort habilement cette arme contre le gibier à écailles. Ils ne visent pas leur proie dans l'eau où la flèche lancée obliquement dévierait, mais fixent un but imaginaire au dessus de leur tête et le trait retombe perpendiculairement de toute sa force embrocher le poisson. On peut se demander, de même que pour le fameux *boomerang* des Australiens, comment des sauvages, si peu familiarisés avec les mathématiques qu'ils ne peuvent compter leur âge, ont résolu de problème de balistique.

L'aspect de ces naturels marchant, nageant et se jouant dans la mer, semblables à des Tritons de bronze, délectait ma jeune imagination, avide d'imprévu. Cependant, nous arrivions à l'une des embouchures de la Boima, rivière que nous devions remonter pendant plusieurs kilomètres pour arriver au centre même de Houaïlou. Chaque période de grandes pluies et d'inondations amène des changements dans le lit des cours d'eau : tel endroit s'ensable, tel autre, où jadis l'on avait pied, devient un gouffre profond. Pendant que Simonin tâtonnait pour retrouver la passe, la marée, qui commençait seulement à monter, nous emporta droit sur un écueil où le mascaret se brisait avec fureur. Un paquet d'écume vint nous couvrir et fit tournoyer notre embarcation. Mais mon compagnon a l'œil ; la voile est amenée, un tour de gouvernail donné, et nous voilà naviguant sur la rivière tranquille, hors des atteintes de Neptune.

EN ROUTE POUR HOUAÏLOU

CHAPITRE VII
HOUAÏLOU ET SES HABITANTS

« À beau mentir qui vient de loin », dit le proverbe. Si les progrès admirables de la géographie n'avaient fait connaître à ceux de mes compatriotes qui s'y intéressent, la Nouvelle-Calédonie et ses habitants, je pourrais enfler mes mémoires jusqu'au ton de l'épopée. Comme nombre de voyageurs procédant moins de Livingstone que de Tartarin de Tarascon, je pourrais raconter à des amis du merveilleux, d'imaginaires chasses au tigre et au serpent, entremêlées de combats héroïques avec les cannibales. Mais, vu le progrès des temps, une telle imposture n'est plus permise : même les académiciens, qui ne sont pourtant pas forts en connaissances encyclopédiques, savent aujourd'hui que les tigres et les serpents dédaignent d'habiter la Nouvelle-Calédonie ; aussi, la plus grosse victime de mes exploits cynégétiques a-t-elle été le pigeon-notou. Quant aux sauvages, j'en ai fréquenté intimement d'assez réussis ; j'ai même failli à deux ou trois reprises, pendant l'insurrection de 1878, y laisser ma peau ; mais, chaque fois, je m'en suis tiré sans bataille rangée. Ce fut, du reste, un grand soulagement pour moi de n'avoir pas à me reprocher le meurtre de pauvres diables bien payés pour haïr les blancs. Certes, ces primitifs avaient le tort de ne pas distinguer entre les riches propriétaires et éleveurs qui leur volaient la terre et les immigrants involontaires. Ils ont été les victimes de cette étroitesse : si, au lieu de se confiner à une guerre même pas nationale, car toutes les tribus ne suivirent point le mouvement, les indigènes avaient fait appel aux éléments pénitentiaires et traité avec les Anglais, jaloux de la domination française dans le Pacifique, ils eussent pu, tout au moins, éviter l'écrasement final.

Houaïlou, à l'époque où j'y arrivai, était, bien que dépendant administrativement de Canala, la localité la plus peuplée de l'île après Nouméa et Bourail. L'exploitation des mines de nickel y avait attiré près de quatre cents personnes, que gouvernait patriarcalement le surveillant militaire Cohuau, faisant fonctions de commissaire de police, et que rançonnait le mercanti Girard, d'autant plus victorieusement qu'il n'avait pas de concurrent.

Charles Malato

On gagne gros à vendre aux mineurs. Ceux qui, en Nouvelle-Californie, en Nouvelle-Zélande et surtout en Australie, pendant la grande fièvre de l'or, ouvrirent des stores ou des cantines, arrivèrent presque tous à une fortune que ne pouvaient fixer les âpres piocheurs dépensant en folles orgies le métal précieux qu'ils ramassaient. En Nouvelle-Calédonie, bien que sur une moindre échelle, la même exploitation d'un côté, la même prodigalité de l'autre, étaient dans les mœurs. Si l'argent monnayé est rond, c'est pour rouler, évidemment, et ce que les mineurs s'empressaient de le faire rouler !

Tout d'abord, on pouvait les diviser en deux classes : les travailleurs journaliers à salaire fixe, les moins rétribués gagnant cinq francs, les autres dix, douze et jusqu'à quinze, — puis les indépendants, les *prospecteurs,* qui, la pioche sur le dos, un sac de biscuits au côté, partaient dans les montagnes, à la découverte de filons. Quelle vie aventureuse était la leur ! Pendant des jours, des semaines, des mois, ils erraient, creusaient le sol, campaient à la belle étoile, vivant autant dire de rien. Leur biscuit s'avariait, ils le mangeaient quand même, additionné de quelques racines sauvages ; l'eau puisée au dernier ruisseau devenait fétide, ils la buvaient, cependant, et quand ils n'en avaient plus, ils ne reculaient pas devant l'absorption de leur urine. Mais aussi, lorsque, favorisés de la chance, ils avaient découvert un gisement et touché du généreux capitaliste quelques billets de mille francs contre la cession d'une propriété valant un million ou deux, quelle noce !

La côte est, essentiellement métallifère, était en 1876, parcourue, surtout de Momo à Yaté, par des prospecteurs allant soit isolés soit en petites bandes, à la recherche du nickel. Dans le nord, la présence de l'or avait déjà été constatée, le long du Diahot, mais combien ce roi des métaux était-il difficile à recueillir ! Les mineurs d'Australie ont émis, à cet égard, un axiome devenu populaire : « cuivre donne richesse, argent moyenne aisance, or ruine. » En effet, les frais d'extraction absorbent souvent le produit et au-delà. De 1871 à 1875, la mine *la Fern Hill* avait rendu pour 700.000 francs d'or ; mais après avoir exploité les couches supérieures, on se trouva, comme d'habitude, arrêté par l'eau et les matières étrangères, antimoine, sulfures. En 1877, sept de nos amis, presque tous déportés, découvrirent un important gisement aurifère à Galarinou, au sud d'Oubatche. L'adversité les avait unis, l'ombre de la richesse les brouilla : *auri sacra fames* !

Vers Touo-Wagap, finit le nickel et commence l'or, qui s'étendant vers le nord de l'île, doit évidemment traverser la chaîne des Oébias et le massif du Thô-non, car, sur le versant est, comme sur le versant nord, la plupart des cours d'eau contiennent des paillettes. Trois ans plus tard, Louise Michel et moi formions le projet, inexécuté, de parcourir à pied la côte, par le sud et l'est, de Nouméa jusqu'à Hienghène pour, de là, remonter dans l'intérieur, explorant les massifs de la chaîne centrale et déterminant le point de partage des eaux. Il est présumable que cette crête contient des richesses aurifères dont le Diahot et les rivières de l'est dérobent quelques parcelles. Je dois dire, — le lecteur me croira s'il veut, — que la perspective des richesses métalliques, enfouies dans les flancs de montagnes presque inaccessibles, nous tentait beaucoup moins que le pittoresque de ce voyage, auquel les circonstances nous contraignirent de renoncer.

Il serait presque impossible aux Européens et même aux indigènes de voyager pédestrement à de longues distances, si le *bichelamare* (langage des pêcheurs de l'holoturie ou *biche de mer*) ne leur permettait de s'entendre moins incomplètement que par signes. C'est un patois hétérogène, comprenant de l'anglais de cuisine, du français estropié et des mots empruntés à tous les idiomes du Pacifique. Maints déportés qui, après l'amnistie, ont écrit des mémoires, parfois inexacts, et cela se comprend car, outre qu'ils ne pouvaient voyager librement, ils devaient voir le pays de parti pris, se sont imaginé, par exemple, que les mots *tayo* (homme), *popiné* (femme), *picanini* (enfant), etc., étaient du plus pur dialecte néo-calédonien. C'est une erreur complète : le premier mot est taïtien ; le second, également d'origine polynésienne, semble une corruption de *Huahiné* ; le troisième est de l'espagnol presque pur *pique niño* (petit garçon). De même, les Néo-Calédoniens me soutenaient parfois, ne les connaissant pas dans leur langue, que les mots *caïcai* (manger), *mou'ye-mou'ye* (dormir) devaient être français ou anglais, et mes dénégations les laissaient assez incrédules.

Le *bichelamare*, où l'anglais domine, est analogue au *sabir*, parlé sur la côte barbaresque, et au *pidgeo nenglish,* usité dans l'Extrême-

Charles Malato

Orient. Qui sait, dans le cas où un bouleversement social de la vieille Europe romprait les liens l'attachant à ses colonies, si ces langues démocratiques et maritimes ne seraient pas appelées à fusionner pour constituer un volapük parlé du littoral marocain jusqu'aux îles Marquises, sur une étendue de six mille lieues !

La langue indigène de Houaïlou, certes moins utile que le *bichelamare* pour les relations internationales, est bien autrement mélodieuse. Elle contient de fort jolis mots, comme *ismami* (papillon), *nêva* (terre), *faroui* (lune, briller), *théô*(tonnerre), onomatopée qu'on retrouve dans la plupart des autres tribus. Comme dans tous les dialectes néo-calédoniens, la numération est semi-décimale : on comprend que l'homme de la nature ait été porté à compter avec les doigts, la main fournissait une base métrique toute naturelle. La numération décimale, usitée à Taïti, indique les facultés réflectives d'une race supérieure. De leur côté, les Néo-Calédoniens l'emportent à cet égard sur les misérables tribus australiennes, qui ne pouvaient compter au-delà de deux ou de trois.

Le houaïlou, plus musical que le canala, lui ressemble autant que le touaourou ou nouméa. Cette similitude apparaîtra en donnant dans les deux idiomes le tableau des cinq premiers nombres :

FRANÇAIS	CANALA	HOUAÏLOU
Un	Cha	Châga
Deux	Barou	Kwaourou
Trois	Basi	Kasili
Quatre	Kanafoué	Kafoué
Cinq	Kananini	Kani

Pour dire six, on énoncé « cinq et un » (*Kani non châga*), sept, « cinq et deux, » etc., ou même par abréviation, « et un », « et deux », etc. Après la dizaine, on recommence. Vingt, se dit « un homme » (*châga Komô*), pour l'ingénieuse raison qu'un homme peut compter juste ce nombre sur ses mains et ses pieds ; quarante « deux hommes » ; soixante « trois hommes », etc. Mais le Néo-Calédonien ne peut aller bien loin : au bout de quelques moments

HOUAÏLOU ET SES HABITANTS

de surmenage cérébral pour étendre les limites de sa faible numération, il se contente de dire simplement « beaucoup », terme vague qui peut s'appliquer aux centaines comme aux milliards.

Houaïlou, ancienne colonie de Canala, devenue indépendante à la suite de longues guerres, comptait, à mon arrivée, en 1876, des tribus encore nombreuses, soumises jadis à l'autorité du grand chef Aï. À la mort de celui-ci, les principicules vassaux s'émancipèrent un peu ; cependant Di-Magué, fort et beau gaillard dont les possessions bordaient la rive droite de la Boima vers son embouchure, me parut jouir d'un ascendant qu'il devait peut-être à ses mérites comme chef de guerre. Il mourut plus tard, empoisonné, ce qui prouve qu'on commençait à le regarder comme encombrant. Les candides Canaques, peu versés dans la science des Borgia, ont longtemps considéré comme un mystérieux privilège de leurs maîtres de pouvoir se débarrasser sans bruit de leurs ennemis. Ils appelaient cela « posséder les esprits. »

J'avais jusqu'alors été un collégien studieux malgré des tendances aventureuses ; la vigilance familiale tendre, certes, mais gênante à la longue pour un adolescent, ne m'avait jamais laissé bien libre de mes mouvements. À Houaïlou, j'étais, enfin, hors de pages : j'allais pouvoir, entre temps, vagabonder, chasser, me perdre dans les montagnes, coucher à la belle étoile, courir même le *tapa*, si toutefois les bouillonnements de la jeunesse réussissaient à l'emporter sur la répulsion ressentie dès le début.

Le bureau télégraphique, situé sur la rive droite de la Boima, était une véritable caserne ne comprenant pas moins de cinq pièces. Une fois les appareils installés, les meubles rangés, — un lit de fer, un lavabo, une commode, une table et quelques sièges, nous ne savions comment remplir le local. Il est vrai, que par compensation, la toiture n'existait pas encore. Le surveillant Cohuau, sous la direction duquel les forçats et les Canaques avaient édifié le bâtiment, nous fit judicieusement remarquer qu'il était indispensable de coucher pendant quelque temps à ciel ouvert, pour que le soleil séchât, dans la journée, le torchis des murs à l'intérieur.

La profession de garde-chiourme n'est pas des plus recommandables ; je dois, cependant, dire qu'à côté d'affreuses canailles, inférieures en moralité aux pires criminels, j'ai rencontré

Charles Malato

parmi eux quelques hommes honnêtes et, cela paraîtra une dérision, humains. Anciens sous-officiers, abrutis par la discipline ou victimes de l'éducation jacobine, ils s'imaginaient, de la meilleure foi du monde, servir une société, qu'ils acceptaient pour bonne, en la préservant du contact des malfaiteurs. Élevés dans le respect de l'autorité et de la propriété, ils défendaient ces deux principes d'une façon moins éclatante mais plus sincère que les magistrats fourrés d'hermine et les monseigneurs à robe violette.

« Que voulez-vous ? disait l'un d'eux, la vie est une loterie ; de pauvres diables ont pris un mauvais numéro, il n'y a rien à y faire. »

Et il commandait ses forçats sans brutalité, presque paternellement.

Un autre, un Corse, tout en étant strict sur le chapitre de la discipline, nous disait en parlant d'un homme de son escouade, son compatriote :

« Il a été condamné pour avoir tué le séducteur qui avait abandonné sa sœur. Eh bien, j'en aurais fait tout autant et, chez moi, il n'y a personne qui lui refuserait la main. »

Et, bien des fois, je l'ai vu traiter ce transporté en toute camaraderie.

Cohuau, appartenait à l'espèce pacifique et relativement honnête ; aussi l'administration, toujours intelligente, avait-elle fini par le révoquer. Son second, Bailly, jeune brestois de famille bourgeoise, dévoyé dans la chiourme, y gâtait des allures natives qui ne manquaient pas de distinction. Beau garçon, intelligent avec un vernis d'instruction, il eût pu devenir un élégant officier ; dans ce milieu pénitentiaire, l'abrutissement et l'alcoolisme le gagnaient peu à peu : il a dû finir par naufrager complètement. Pas méchant pour deux sous, il laissait, pendant l'absence de son supérieur, les forçats faire tout ce qu'ils voulaient et ceux-ci, par reconnaissance, sans doute, l'ont ramené bien des fois, ivre-mort, sur leur dos pour le coucher dans son lit comme un enfant.

Les surveillants occupaient, en aval de la rivière, une case distante de la mienne de trois cents mètres à peine. Une demi-douzaine de forçats et autant de Canaques de la police indigène vivaient auprès d'eux et, la nuit, couchaient dans deux misérables gourbis, près desquels s'élevait la *carabousse*, — la prison, — bâtiment carré aux madriers solides, dont on n'eût pu s'échapper que par le toit en paille, ce qui, du reste, arriva quelquefois.

HOUAÏLOU ET SES HABITANTS

Le chef de cette police indigène mérite une mention spéciale. Némoin, un des Canaques les plus intelligents qu'il m'ait été donné de connaître, représentait le type polynésien légèrement modifié par le sang mélanésien, tel qu'il existe aux Fidjies. Son teint était cuivré et ses cheveux crépus, mais toute sa figure respirait l'intelligence et l'audace : adroit tireur, il se glissait dans la rivière tenant seulement hors de l'eau sa tête et le fusil qu'on lui confiait. Il abordait ainsi un îlot, lieu de rendez-vous des innocents canards sauvages et pif ! paf ! Presque toujours, il nous revenait avec du gibier. La perte de l'index à la main droite ne le gênait ni pour tirer ni pour écrire, car il savait écrire, et presque sans fautes d'orthographe. Je me rappelle les billets typiques qu'il écrivait du store Girard au surveillant Bailly, chef du camp par intérim :

« Monsieur Bailly, je reste chez Girard parce que je suis soûl comme un cochon. Je vous envoie le Canaque (!) pour porter le courrier. Demain matin, je *serais* (sic) de retour au poste.   NÉMOIN. »

Pauvres insulaires ! on les a tellement bien civilisés que rien n'égale leur fierté, lorsqu'ils peuvent dire ou écrire cette phrase empruntée au vocabulaire de leurs professeurs blancs : « Je suis soûl comme un cochon ! »

Némoin, qui avait été alternativement planton de bureau, cuisinier, marin, avant de commander ses compatriotes enrôlés dans la police, avait appris beaucoup de choses et pouvait presque parler de *omni re scibili*. Je lui ai expliqué la théorie du télégraphe électrique, la production des courants par l'action chimique de la pile. Sur cent de nos paysans, quatre-vingts, au moins n'y auraient rien compris : lui saisissait tout.

Les indigènes ne fournissaient pas le personnel de la seule police, mais aussi celui des canotiers, là où il y avait une embarcation à la disposition du chef de poste, et celui des courriers et plantons de télégraphe. Mon bureau étant, après Nouméa, le plus surchargé vu le mouvement des mines, on m'avait octroyé deux facteurs indigènes : Coumoni, que j'ai regretté sincèrement, et Péronéva, moins intelligent mais qui n'était féroce que dans l'ivresse. Il avait alors une désagréable manie : c'était de vouloir tuer un Malabar. Je lui arrachai, un jour, le couteau des mains et, ne sachant que faire de mon incommode sous-ordre, l'envoyai porter une prétendue

Charles Malato

dépêche au commissaire de police. Ce message que le pauvre Péronéva alla présenter en toute candeur, contenait simplement ces lignes : « Vous voyez dans quel état se trouve mon Canaque, je vous prie de le loger à la carabousse et de ne l'en laisser sortir que dès qu'il aura cuvé son rafia. » Le lendemain matin, mon facteur me revint dégrisé et souriant du tour que je lui avais joué. Cet attentat à l'imprescriptible liberté pourra sembler singulier de la part d'un futur anarchiste, mais c'était le seul moyen d'éviter un meurtre, et j'estime que même dans une société débarrassée d'argousins, surtout dans celle-là, la défense, tant individuelle que sociale n'a pas à abdiquer ses droits.

En remontant le cours de la Boima, à un kilomètre environ de ma demeure, se trouvait celle de Girard, digne suisse aux allures patriarcales mais expert comme pas un dans l'art de *marquer à la fourchette*. Là était le centre des affaires, des transactions, des ribotes et des batailles ; aussi la police y faisait-elle de fréquentes visites, plus encore dans le but de s'y désaltérer que dans celui d'y maintenir l'ordre. Que d'intérêts se sont débattus dans cette case aux murs de terre, longue et sombre, devant ce comptoir, où le mercanti, poli, affable, souriant, versait à ses clients le poison vert, jaune, rouge, jusqu'à ce qu'ils roulassent ivres-morts ou qu'ils n'eussent plus d'argent ! Alors seulement son sourire s'effaçait, remplacé même, lorsque ses intérêts étaient en péril, par un rictus féroce, celui du tigre qui va bondir sur sa proie.

Là se rencontraient bien des types curieux. Thévenin, mineur débraillé et lucide seulement pour trouver des filons ; il achevait de boire, dans les soûleries les plus bêtes, soixante-quinze mille francs que lui avait valu la découverte du Bel-Air, revendu plus tard deux millions par l'acquéreur ; Santaromain qui, avec une patience de Peau-rouge, suivait les prospecteurs à la piste et, lorsqu'ils avaient rencontré un gisement, s'empressait d'y planter ses piquets et de faire à son nom la déclaration lui conférant droit de propriété ; canaille mais pratique ! F***, beau et bon garçon, un peu noceur, qui, ayant commis l'imprudence de convoler et s'apercevant qu'il était cocu, eut la sagesse de renoncer aux droits de propriété maritale que lui conférait l'article 212 du Code civil ; Dutheil, qui, créé trop sanguin par la nature, avait au cours d'une discussion, assommé un contradicteur d'un coup de bouteille et, pour ce fait,

HOUAÏLOU ET SES HABITANTS

tiré cinq ans de bagne. D'une honnêteté absolue au sens le plus étroit du mot, cet ex-forçat était le factotum de confiance du peu sentimental Girard qui, en s'absentant, ne craignait pas de lui laisser la clé de la caisse. Petit mais trapu et d'une force herculéenne, tireur de premier ordre, Dutheil apparaissait bien l'homme à poigne, nécessaire pour tenir en respect la bande hurlante des ivrognes et des batailleurs.

Simonin m'ayant dit adieu au bout de quelques jours, je restai seul au milieu de cette population peu attique. Je dois confesser que malgré l'absence de tous délassements esthétiques ou intellectuels, je n'eus pas le temps de m'ennuyer. D'abord, l'établissement de communications régulières avec l'acariâtre Venturini et le vagabond Fournier n'avait pas marché tout seul ; puis c'était une avalanche de dépêches que les mineurs expédiaient pour un oui, pour un non, sans regarder à la dépense. Ce que je les envoyais au diable *in-petto* ! Enfin, arrivaient par bandes, avides de contempler cette invention européenne qui faisait se communiquer les gens à distance, les Canaques des tribus environnantes : Canaques de Di-Magué, Canaques de Boulindo, Canaques de Kombo. Ils envahissaient le bureau avec un sans-gêne des plus primitifs, s'asseyant qui sur la caisse à pile, qui dans mon fauteuil, qui sur mon lit. Négrophile et sentimentaliste comme un vieux quaranthuitard, je les laissais faire tant qu'ils n'attentaient aux papiers qu'ils ne pouvaient lire, ni aux appareils dont la manipulation les inquiétait. « Tacata ! [1] » exclamaient-ils en me regardant opérer. Cependant, plus tolérants que les contemporains de Torquemada, ils n'ont jamais manifesté l'intention de me brûler. Parfois, pour les émerveiller, je tirais devant eux des étincelles électriques ou, leur attachant un fil métallique autour des membres, y faisais circuler un vigoureux courant. Quels cris sauvages s'échappaient alors de ces bouches d'anthropophages, béantes comme autant de fours, tandis que les corps se distendaient dans d'indescriptibles contorsions, non de souffrance mais de terreur, aux grands rires de leurs compagnons simples spectateurs ! Je poussais même la facétie jusqu'à les inviter à ramasser une pièce d'agent déposée au fond d'un seau en zinc, rempli d'eau et que je faisais communiquer avec ma pile. Leurs efforts pour saisir cette monnaie et leur dépit de ne pas y arriver

---

1 Sorcier.

Charles Malato

étaient assez comiques ; cependant, pour atténuer le mauvais goût de la plaisanterie, je finissais généralement par rompre la communication électrique et leur laisser emporter l'argent. Ce procédé m'a valu parmi ces hommes de la nature une certaine popularité ; au moins d'aussi bon aloi que celle des candidats qui paient à boire à leurs électeurs, sauf à les plumer après le scrutin.

Parmi les potentats indigènes qui m'honorèrent de leur visite, je dois citer le chef Kombo, dont la tribu s'étendait sur la rive opposée de la Boima. Il vint un jour me visiter, resplendissant dans un vieil uniforme de capitaine et accompagné de son tacata, sorcier et premier ministre, — d'autant plus premier qu'il était leseul. Ce dignitaire avait arboré également les magnificences de sa garde-robe ; une redingote qui flottait majestueusement sur ses fesses aussi nues que le crâne d'un sénateur. Il s'abritait ou plutôt abritait son maître sous un parapluie servant d'ombrelle, ce qui me parut l'indice de tendances orléanistes. Kombo n'avait pourtant pas toujours été un monarque constitutionnel : un jour, une femme de sa tribu disparut mystérieusement. L'administration française, chose étrange, ouvrit une enquête et finit par retrouver partiellement la popinée à l'état de lanières séchées en manière de conserves dans les poches de la culotte royale. Kombo avait pressenti les tablettes Liebig ! Tant d'intuition chimico-culinaire ne toucha pas le chef de la colonie, qui déporta le chef houaïlou à l'île des Pins, comme un vulgaire communard. Ses sujets eussent pu en profiter pour proclamer la république, ils n'y songèrent même pas, — les Canaques de la vieille génération tenaient à leurs chefs comme saint Labre à ses poux. Touché de leurs supplications, le gouverneur rendit, peu après, un maître à ces gens qui ne pouvaient s'en passer... Sont-ils les seuls ?

Tel était le personnage que j'avais devant moi. Notre entrevue fut des plus cordiales : Kombo eut la discrétion de ne pas tâter mes côtes ni soupeser mes steaks. Touché de tant de délicatesse, je lui offris un petit verre de tafia, qu'il vida instantanément ; puis ce fut le tour du ministre qui dans son empressement, faillit avaler le contenant avec le contenu. Après quoi, mes hôtes augustes prirent congé de moi. Je les suivis de l'œil et aperçus, à cent pas à peine de ma case, Kombo tombant évanoui dans les bras de son suivant.

Cette vue me fit sursauter : avais-je inconsciemment empoisonné

HOUAÏLOU ET SES HABITANTS

le vieil anthropophage ? Pour le coup, les Canaques, qui me traitaient déjà de sorcier, eussent pu dire que je « possédais les esprits »... y compris l'esprit de vin ! J'allais me diriger au secours de Sa Majesté, lorsque Péronéva et Coumoni me firent entendre qu'il n'y avait pas lieu de s'émouvoir pour si peu, que Kombo usé par les excès de toutes sortes, ne pouvait maintenant supporter l'absorption du moindre petit verre sans se mettre dans un état fâcheux, compromettant pour la dignité de la couronne. Dès lors, ma compassion faiblit considérablement, d'autant plus que déjà le mangeur de noires semblait vaguement revenir à lui. Aussi, laissai-je le pauvre ministre remorquer comme il put ce débris royal.

Quelques jours après, je voulus visiter à mon tour la tribu de Kombo. Dois-je avouer au chaste lecteur que j'étais mû par le désir d'y rencontrer non des rois ou des ministres mais des popinés ? On n'a pas toujours dix-huit ans et demi, une imagination capricieuse et des besoins physiologiques à satisfaire. Certes, les premières rencontrées à Canala m'avaient paru laides, mais j'eusse bien voulu voir à ma place cet imbécile de saint Louis de Gonzague, qui n'était peut-être qu'un eunuque de naissance. Sous ce climat torréfiant, qui embrase le sang dans les veines et fait déborder les sèves, alors que la nature semble incessamment en rut, le moyen pour un adolescent bien constitué de se tenir tranquille ! Joignez à cela une nourriture pimentée, excitante, nécessaire d'ailleurs pour stimuler l'organisme, et vous comprendrez, gens vertueux qui me faites l'honneur de me lire, ce que le célibat prolongé commençait à avoir d'intolérable.

Eh bien, oui ! Décidément les popinés sont moins laides : leur noirceur les habille, atténue les rides, cache les imperfections de la chair. Certes, les vieilles, — celles qui dépassent vingt ans ! — font peur, surtout si elles ont allaité plus d'un enfant, car l'allaitement dure ici bien plus longtemps qu'en Europe, leur échine est cassée par le port des fardeaux, puisqu'elles remplacent pour la tribu les bêtes de somme ; mais, ce n'est certainement pas à une vieille que je porterai mes hommages. En avant ! des habitants, aussi expérimentés que charitables, m'ont désigné les popinés de Kombo comme les plus accessibles, leur obligeance a été jusqu'à m'indiquer l'endroit de la rivière où l'on a pied. À deux cents mètres de mon habitation je pourrai traverser la Boima avec de l'eau jusqu'à la

Charles Malato

poitrine seulement.

L'heure de la clôture est arrivée : mon correspondant m'a communiqué le signal transmis depuis Nouméa de bureau en bureau, nous laissant libres jusqu'à deux heures. Cinq minutes pour expédier le déjeuner, le temps de garnir mes poches de monnaie blanche et de bâtons de tabac, non moins précieux pour les échanges… même de caresses, et me voici prêt.

On ne porte pas de chaussettes dans ce bienheureux pays. Arrivé au bord de la rivière, je tire mon pantalon, le roule sur ma tête et gardant mes souliers ainsi que ma chemise qui séchera sur moi, j'entre bravement dans la Boima.

À moins d'être disciple convaincu de saint Labre, il me semble qu'on doit toujours éprouver un certain plaisir à entrer le corps dispos et l'esprit de même, dans une belle eau claire et tiède, étincelant au soleil. La rivière est douce et caressante comme une maîtresse : si on s'écoutait, au lieu de marcher, on s'y étendrait comme sur un lit de repos.

Mais, c'est singulier : j'ai beau avancer, la profondeur de l'eau ne diminue pas, au contraire ! J'en avais tout à l'heure jusqu'au ventre, maintenant l'onde doucereuse effleure la ceinture, puis la poitrine, puis le cou… J'avance toujours et j'enfonce, je perds pied : que d'eau ! que d'eau !

Les vagues leçons de natation que m'avait données mon père, toujours affairé, n'avaient encore jamais été mises en pratique. Jamais il ne m'avait été permis de m'aventurer seul sur l'élément perfide. À l'âge de onze ans, j'avais cependant, sans le faire exprès, piqué une tête dans le bassin du Luxembourg. Cette expérience involontaire, qui eût dû m'éclairer sur mes prédispositions nautiques, n'avait jamais été récidivée. Cette fois, il s'agit non plus d'ablutions hygiéniques, mais de disputer ma vie à la Boima, autrement redoutable que le petit bain Henri IV.

Eh ! mais, il me semble que, pour la première fois, je ne m'y prends pas trop mal. J'ai laissé tomber mon pantalon en étendant instinctivement la main pour nager, c'est vrai, mais je garde les autres parties de mon habillement : souliers, chemise, chapeau de paille même et, tirant une coupe victorieuse, j'aborde la rive opposée.

HOUAÏLOU ET SES HABITANTS

Cette épreuve me rendit très fier, d'autant plus qu'après avoir traversé la rivière de droite à gauche, il me fallut la retraverser de gauche à droite pour regagner mes pénates, ce que je fis sans aucune difficulté et avec la majesté d'un jeune dieu marin. Des popinés de Kombo, il n'était plus question pour le quart d'heure : ma baignade m'avait rafraîchi le sang. J'émergeai de l'eau à mon point de départ nu-jambes et panet battant, accoutrement pittoresque qui eût pu nuire à mon prestige si Houaïlou m'avait contemplé, mais Houaïlou livré aux douceurs de la sieste, ne me vit pas.

Rentrer chez moi, semblait quelque peu difficile, mon trousseau de clefs reposant avec mon pantalon dans les profondeurs azurées de la Boima. Ce fut alors que je reconnus la sagesse de la Providence, dont les vues sont insondables. L'inachèvement de la toiture, que j'avais eu la folie de considérer jusqu'alors comme regrettable, me permit de pénétrer dans mon domicile, à l'aide d'une échelle.

Cependant, ce mode de communication avec l'extérieur me parut laisser quelque peu à désirer. Je ne pouvais constamment tenir la porte de ma demeure ouverte ou me condamner à des exercices acrobatiques plus amusants que commodes. C'est pourquoi, ayant recouvert mon déshabillé par trop canaque d'un pantalon de rechange, je m'en fus trouver la police indigène.

Némoin se mit immédiatement à l'eau avec ses hommes, partant du point même d'où je m'étais éloigné et scrutant le fond de la rivière en aval. Au bout de trois minutes, le Vidocq bronzé plongea et ramena à la surface mon inexpressible, transformé en éponge. La Boima avait respecté les poches dont j'abandonnai le contenu, sauf mes clefs, aux tayos mis en bonne humeur.

À mon retour de cette exploration sous-marine, je trouvai devant ma porte, en compagnie d'une jeune Française, jolie et sans préjugés, un quidam dont je me remémorai incontinent le nez de perroquet et l'accent nasal. « Je suis ce phénomène qui s'appelle le capitaine Hubert, » commença-t-il. Parbleu ! je l'avais si bien reconnu que, l'interrompant après avoir salué sa gente camarade qui me le rendit avec une œillade, j'offris sans tarder l'apéritif. Puis nous causâmes et, entraîné peut-être par le désir de faire parade de ma bravoure devant le sexe auquel nous devons la Goulue, je narrai mon aventure : me jette la pierre qui n'a pas eu dix-huit ans ! Il me sembla,

Charles Malato

ô effet du mirage ! que mademoiselle Augustine T***, tel était son nom, me regardait presque tendrement. Je puis sans fatuité évoquer le souvenir de ce commencement d'idylle, ébauchée en face de trois verres d'absinthe, car il n'eut pas de suite, l'importun pilote se montrant d'une jalousie stupide. La goëlette qui les avait amenés, mit à la voile le lendemain pour Nouméa. Plus tard, je reçus de ma bonne mère une lettre remplie de tendres reproches sur ma témérité nautique : « Où serais-tu, me disait-elle, sans ce brave capitaine qui est arrivé si à point pour te sauver la vie ? » Sauver la vie ! Quel mensonge infâme ce Tartarin brestois avait-il bien pu conter ? Quoi ? je perdais le prestige du péril surmonté victorieusement par mes propres forces ! J'étais déshonoré ! Je me doutai que le défaut favori de l'ancien enseigne était pour quelque chose dans cette déloyauté : j'en eus la confirmation plus tard, lorsque mon père m'apprit qu'il s'était présenté à ma famille éplorée comme mon sauveur. — « Je parie qu'il s'est fait payer l'absinthe ! m'écriai-je. » — « Il s'en est fait payer trois, répondit mon père. »

CHAPITRE VIII
SCÈNES DE LA VIE DE BROUSSE

Cette aventure ne fut pas la seule : après avoir échappé à l'eau, je faillis m'enliser dans la boue, ceci non au figuré, je vous prie de le croire.

À un certain nombre de kilomètres de mon bureau résidait un colon irlandais, nommé George Wright, qui n'avait jamais pu s'assimiler la question épineuse des frais d'exprès. Les bureaux télégraphiques, surtout à cette époque, étant plus rares en Nouvelle-Calédonie que les cocotiers, les facteurs avaient souvent à parcourir des distances considérables pour remettre les fatidiques « petits bleus » aux intéressés. Il s'ensuit que l'administration dans sa prévoyance maternelle autant qu'infinie, avait songé à indemniser les piétons indigènes de leurs fatigues, en leur allouant la somme déboursable par le destinataire, de cinquante centimes par kilomètre. Georges Wright, qui recevait fréquemment des télégrammes et qui, par conséquent était tenu de souvent débourser, n'avait jamais pu se mettre cela dans la tête.

Tenant à cumuler les relations cordiales de voisinage avec la régularité de mes devoirs professionnels, je m'en fus un jour, après déjeuner, visiter ce double insulaire, irlandais et néo-calédonien, avec le vague espoir de lui faire entendre raison. Il fallait encore traverser la Boima, mais cette fois, je m'étais fait indiquer un bon gué, et puis, d'ailleurs, ne savais-je pas nager ?

Je passai, en effet, d'une rive à l'autre avec de l'eau à peine jusqu'au bas-ventre. Je ne m'étais même pas déshabillé : à quoi bon ! Le soleil des tropiques ne chauffe pas pour des prunes.

Georges Wright avait tout l'aspect d'un vénérable patriarche doublé d'un marchand de cochons et telle était aussi son occupation lucrative. Je ne réussis pas à lui faire comprendre la justesse des réclamations administratives, mais je lui achetai une petite truie, charmante et mignonne bête, sevrée depuis peu du sein maternel, et qui me regardait avec des yeux langoureux.

Je n'ai jamais eu la passion propriétaire bien enracinée, mais il me semble que le prurit de la possession est bien plus avivé, bien plus triomphant lorsque cette possession s'étend à des objets non plus inertes, mais vous connaissant, vous comprenant, sensibles à vos caresses ou à vos rudoiements. Le potentat, le patron, le mari ne se sentent-ils pas délicieusement chatouillés dans leur orgueil de posséder des êtres vivants, capables d'aimer et de souffrir, devenus leur chose ?

Je ne me faisais pas alors toutes ces réflexions philosophiques à propos d'un cochon, d'un *poôca,* disent les Canaques qui ont adouci le mot porc, en lui ajoutant la voyelle *a* et en retranchant l'*r.* Je déambulais vers la rivière, après avoir annoncé à Wright que j'enverrais mon planton prendre livraison de la bête. Je me mis dans l'eau sans plus me déshabiller qu'à l'aller.

Ô étourderie de la jeunesse ? toi qui incitas Cham à manquer de respect au derrière paternel et Pâris à faire cocu Ménélas, tu faillis me coûter la vie. Je n'avais pris garde, deux heures auparavant en traversant la Boima, que la marée qui se fait sentir dans toutes les rivières néo-calédoniennes, était basse ; maintenant elle remontait.

Elle remontait même si vite que, tout d'un coup je fus emporté par

Charles Malato

l'irrésistible courant et, perdant tout à fait pied, dus nager, ce que je fis avec lourdeur, empêtré par mes habits. J'atterris cependant sur la rive droite.

Ce n'était point de là que j'étais parti ; je me trouvais maintenant plus en amont, plus rapproché de mon bureau, par conséquent, à ne considérer la distance qu'à vol d'oiseau. Mais dans quel endroit ! Devant moi, à ma droite, à ma gauche, s'étendait un vaste marécage où croissaient quelques palétuviers. J'eusse peut-être pu me remettre à l'eau et longer la rive à la nage, jusqu'à un endroit plus propre aux exercices pédestres : c'était peut-être le plus sage, mais j'aime peu me détourner de mon chemin à moins que l'obstacle ne me paraisse insurmontable et je ne voyais là rien de tel. Déjà trempé comme une soupe, le mal n'était pas grand de gâter encore tant soit peu ma toilette.

J'allai de l'avant, et doucement, mais je n'allai pas longtemps en dépit du proverbe italien *chi va piano va sano*. Au troisième pas, j'avais de la boue jusqu'aux chevilles, une boue molle dans laquelle on s'engloutissait comme dans du beurre ; au cinquième, j'enfonçai de vingt centimètres ; au huitième, je dus m'arrêter ayant les deux genoux pris comme dans un étau par l'immonde élément, ni solide, ni liquide, dans lequel je me sentais disparaître à vue d'œil.

J'avais fort admiré dans les *Misérables* la belle description de l'enlisement, c'est dire que je me rendais parfaitement compte de ma situation. Le soleil brillait au dessus de ma tête, à peine intercepté par les branches sombres des palétuviers ; le ciel implacablement bleu, semblait insulter à ma détresse ; derrière moi, à quelques mètres, coulait la rivière m'apportant doucement le murmure de la marée montante. Toutes ces choses inanimées m'entouraient de leur majesté puissante et je me sentais disparaître dans ce cloaque gluant et brunâtre, où, parmi le fourmillement des myriades d'infiniment petits couraient les crabes de marais, qui, dans un quart d'heure peut-être, allaient se repaître de ma chair, vengeant ainsi la race des crustacés sacrifiés à l'homme !

La position n'était pas gaie, pas du tout ! S'éteindre avant l'âge de la goutte ou des rhumatismes rien de mieux, mais dans un autre décor et surtout d'une façon moins lente, moins affreuse ! Dans cinq minutes, dix au plus, j'allais bien en avoir jusqu'à la poitrine et une fois là, la tête ne tarderait pas à suivre : c'était surtout pour la bouche et les yeux que la perspective me déplaisait.

Et, cependant, je ne poussai pas un cri, même d'appel : amour-propre mal placé ? Peut-être. Mais à quoi bon crier ! qui eût pu m'entendre ?

À défaut de cri, je jetai pourtant autre chose, le regard, autour de moi, et le regard fut aussitôt suivi des mains.

Je venais d'apercevoir, gisant à terre à deux pas de moi la verte branche d'un cocotier : le brin de paille du noyé.

Le cocotier, soit dit pour les personnes peu initiées aux mystères de la botanique, est un arbre droit, côtelé et spongieux, atteignant parfois soixante pieds et ne poussant de branches, si l'on peut employer ce mot, qu'à son sommet épanoui en un vert bouquet. Ces branches, larges et charnues à leur attache au tronc, se continuent en s'amincissant peu à peu en une simple tige d'où pendent de chaque côté des feuilles longues et dures, semblables aux multiples doigts de quelque vert géant.

J'avais justement devant moi la partie forte et arquée d'une de ces branches : je pouvais en m'appuyant des deux mains sur chaque extrémité, m'en servir comme d'un levier à bascule pour me hisser hors de l'abîme bourbeux. Je reconnus alors l'avantage de posséder des bras longs de quatre-vingts centimètres. J'atteignis la branche qui était pour moi celle du salut et grâce à quelques pression sur ce point d'appui, arrivai à me dégager : un moment après, j'étais à genoux sur ce radeau d'écorce, fait pour reposer sans y enfoncer à la surface des marécages, et le maintenant en équilibre.

Une fois sorti de ce mauvais pas, je respirai de bon cœur. Tout n'était pourtant pas fini : quitter mon radeau, c'était retomber au bout de deux pas dans les fondrières. Le mieux n'était-il pas de tâcher de regagner la rivière ?

Quoi qu'il en fût, je tins à honneur de ne pas m'en aller sans avoir repris mes souliers. Ils avaient tout doucement quitté mes pieds ou plutôt mes pieds les avaient quittés dans les efforts faits pour me dégager, et je dus, pour les reconquérir, plonger les bras jusqu'aux aisselles dans la vase.

Un bonheur n'arrive jamais seul : j'avais repris possession de ma chaussure et allais, avec des précautions infinies, me décider

Charles Malato

à abandonner mon minuscule refuge lorsque j'aperçus, venant à moi, une petite *popiné* d'une dizaine d'années. Les indigènes néo-calédoniens, sans atteindre le développement palmipède des Andamènes, ont cependant le pied assez sûr pour s'aventurer sur des fondrières où s'engloutiraient des Européens. La jeune enfant, qui me sembla, à ce moment, la plus charmante apparition, était attirée de mon côté par la recherche des crabes de marais. Moins farouche que d'autres picaninis, elle vint à moi sans se faire prier et me servit de guide pour trouver une mince lisière de terre ferme parallèle à la Boima. Au bout de quelques minutes, j'avais perdu de vue ce lieu maudit.

Mais dans quel état me trouvais-je ! Un égoutier, un vidangeur en pleine activité de travail eussent eu honte de fraterniser avec moi. Aussi, tenant toujours à la main mes deux souliers remplis de vase, je me précipitais tel quel dans la rivière, ce qui délaya un peu ma boue. Je rentrai chez moi dans un état de saleté indescriptible.

Ces excursions accidentées m'aidaient à passer le temps. Sans elles et la lecture de mon vieil Horace, que j'avais eu soin d'emporter, l'affectionnant tout particulièrement, je serais mort d'ennui ou aurais fini par me laisser aller à l'abrutissement du milieu. J'avais, il est vrai, quelques conversations philosophico-familières avec les forçats, et surtout avec l'un d'eux, Bonsens, un fort honnête homme, envoyé aux galères par une payse qui l'avait faussement accusé de viol. Ce pauvre diable, dont l'innocence n'était mise en doute par personne, n'en demeurait pas moins pour la vie au ban de cette société qui s'agenouille en prostituée devant les malfaiteurs de haute marque. Il avait cependant gagné la sympathie des deux surveillants militaires qui, l'employant comme boulanger, lui faisaient une vie tolérable. Les Canaques l'avaient surnommé le capitaine *Faraoua* [1], car, pour ces naïfs, témoins de notre amour du galon, tout était capitaine : un géomètre, qui arriva plus tard, fut incontinent baptisé, capitaine Lunette, et moi, j'avais acquis le titre flatteur de capitaine *Théô*(tonnerre), en langue canaque, ou de capitaine Télégraphe, en langue… française.

Ils n'étaient pas rares les forçats envoyés à la Nouvelle, comme Bonsens, par la rancune d'une péronnelle, souvent dédaignée. En général, leur innocence est connue, car ils n'ont pas le cynisme

1 *Faraoua*, corruption en bichelamare du mot anglais *flour*, farine.

orgueilleux du commun des criminels : ils n'en restent pas moins là ! La sacro-sainte justice peut-elle se déjuger !

Moins sympathique que Bonsens, mais bien curieux à étudier était le condamné Sanié qui, à la fois humble et souriant, vint, un jour, m'offrir ses services. « Merci, lui dis-je, je n'ai besoin de personne. » J'ai toujours détesté me faire servir et, en tous cas, les deux Canaques, cumulant les travaux domestiques avec leurs fonctions administratives, me suffisaient amplement.

Cependant, apprenant que Sanié avait été demandé comme garçon de famille par mon collègue Fournier, qui pouvait venir me relever d'un moment à l'autre et pensant que ce pauvre diable serait moins malheureux près de moi, qu'au campement, je finis par le prendre. Sanié avait été un peu de tout, au cours d'une vie non immaculée : enfant de chœur, instituteur, employé, cuisinier surtout. Avec un peu d'amour-propre, il eût pu finir comme Vatel, ce qui est beaucoup mieux porté que d'aller casser des pierres sous le tropique du Capricorne. Il se précipita, dès son entrée en fonctions, vers le gourbis servant de cuisine et, devant Péronéva émerveillé, confectionna une série de petits plats que n'eût pas désavoués le baron Brisse. Le second jour, mêmes prodiges, accompagnés de chansons comiques : Sanié cherchait à se rendre agréable. À cette époque, le sentiment l'emportait chez moi sur la réflexion ; je me fusse fait un scrupule de troubler le repos d'un pauvre diable de forçat : aussi Sanié, après s'en être convaincu, commença-t-il à se donner du bon temps. Le troisième jour, il était gris, le surlendemain il était ivre et il récidiva plus d'une fois ; ces ébriétés, explicables chez un homme longtemps privé de boissons fermentées, n'en étaient pas moins onéreuses pour ma bourse. Pendant les quelques semaines qu'il demeura près de moi, le scélérat fit danser à mon panier une sarabande épileptique et je le soupçonne vaguement d'avoir reçu des pots-de-vin du fournisseur. Bah ! sur une scène un peu plus pompeuse, quel est l'homme politique qui n'en fait pas autant !

À cette époque comme aujourd'hui, j'aimais beaucoup la lecture : j'étais resté, un matin, en chemise, dans mon fauteuil bureaucratique, absorbé par une mythologie orientale, lorsque la porte s'entr'ouvrit pour donner passage à mon directeur, le père Lemire ! Il ne parut pas surpris outre mesure de la légèreté de mon costume et, pendant que j'enfilais en hâte un pantalon, il commença l'inspection de mon poste.

L'insurrection de Poindi-Patchili touchait à sa fin : elle avait été une série plutôt de marches fatigantes que de combats. Quelques Canaques avaient mordu la poussière, deux ou trois soldats avaient reçu des meurtrissures de sagaïes ou de pierres de fronde, les flammes avaient dévoré une demi-douzaine de cases, et le grand chef, traqué, reculait toujours vers les gorges étroites de la Ti-Pindjié. Sa capture ou sa soumission n'était plus qu'une question de jours. Quelle différence avec la grande révolte de 1878, qui dura dix mois, couchant dans la tombe trois cents colons et deux mille Canaques !

Néanmoins, ce petit mouvement avait éveillé l'attention des administrateurs coloniaux qui, mus par l'intention d'éviter des conflits, ou par celle de déposséder davantage les tribus, nommèrent à ce moment une commission de délimitation. En faisaient partie : mon chef de service, celui du domaine, un géomètre, un riche colon négrophobe mais républicain, ce qui le faisait tenir un peu à l'écart, et un révérend mariste, le père Vigouroux, qui avait la réputation de ne pas bouder les popinés. Ce quintumvirat, arrivé à Houaïlou sans tambour ni trompettes, descendit chez Girard qui, du coup, mit ses petits plats dans les grands, et il commença, sans plus tarder, à délimiter à outrance.

L'indigène océanien n'entend rien à la culture intensive : muni des instruments les plus primitifs, il lui faut une surface considérable pour obtenir la même récolte qu'un Européen sur un terrain beaucoup plus restreint. Une fois le sol fatigué sur ce point, il se porte vers un espace voisin et, pour mieux le défricher, commence par mettre le feu aux herbes sauvages qui y ont poussé. Ces incendies couvrent souvent de très grandes étendues et présentent un beau spectacle. Armé de quelques branches en guise de balai, le Canaque s'entend d'ailleurs admirablement à diriger la flamme, à la circonscrire ou à l'étouffer. Menace-t-elle par trop un lieu habité ? vite il brûle d'avance les petites herbes voisines, et, lorsque la grande vague rouge arrive, elle ne trouve plus qu'un sol dénudé sur lequel elle ne peut mordre.

Tout ceci est fort curieux, fort pittoresque : cependant, les colons, gens pratiques ou du moins avides, s'indignaient de voir les primitifs gâcher un terrain qui eût suffi à un nombre cinquante fois plus grand d'agriculteurs européens. Ce à quoi, les tribus répondaient que le sol leur appartenant, elles étaient libres de le cultiver à leur guise et même de le laisser en friche. Si on eût écouté les colons, on aurait d'un trait de plume décrété l'expropriation totale des indigènes, mais cette mesure parut excessive et on s'en tint à une cote mal taillée.

La politique des missionnaires apparut alors, comme chaque fois, fort habile. Il est indéniable qu'après avoir abruti les indigènes, les bons pères les ont souvent préservés contre l'envahissement des civilisés : ceux-ci, même les plus grossiers, n'apportaient-ils pas avec eux quelques bribes d'incrédulité ? — on n'est pas pour rien les petits-fils de Voltaire ! — ne contaminaient-ils pas le troupeau naïf des ouailles ? En s'intitulant les protecteurs des natifs, les maristes acquéraient des droits à leur reconnaissance et, dans les conflits à venir avec les colons, pouvaient jouer le rôle de médiateurs, qui leur a toujours réussi. En outre, si l'immense majorité des immigrants volontaires, par platitude et crainte du gourdin administratif, se montraient catholiques fervents, il était à prévoir qu'il n'en serait pas toujours ainsi, qu'à cet élément servile et abrupt, succéderait un autre plus indépendant, plus éclairé et, contre celui-là, la multitude noire, le jour où elle serait convertie, pourrait constituer une force de réaction toute entre les mains du clergé. Si antidémocratique qu'apparaisse ce dernier, il a toujours attiré à lui une partie, — la plus inconsciente, — de la masse pour écraser sous son poids celle qui pense et qui s'agite. Il y eut par conséquent, dans la commission de délimitation de 1876, cette anomalie que les indigènes, menacés dans leurs possessions, eurent pour adversaire un républicain, radical s'il vous plaît, et pour défenseur un prêtre.

Mon chef de service, excellent homme, d'une érudition solide et assez progressiste dans ses idées politico-sociales n'avait cependant pas inventé l'anti-cléricalisme, — on n'est point parfait ! — Peut-être sentait-il qu'en se mettant le clergé à dos, sa situation eût été intenable dans cette colonie où tout, même la police, sentait l'eau bénite. À Nouméa, il faisait, le dimanche, pendant cinq minutes, acte de présence à la messe, à côté du gouverneur et des fonctionnaires grands et petits, pendant que ses employés,

Charles Malato

presque tous radicaux, discutaient avec chaleur le républicanisme de Gambetta, quelques-uns poussant même jusqu'à Barodet. Son collègue à la commission, le père Vigouroux, en profita pour lui quémander une des pièces de l'immense bureau, afin d'y célébrer le saint sacrifice, dont les malheureux habitants de Houaïlou avaient été privés depuis si longtemps. Lemire y accéda et, comme mon autorité de gérant intérimaire disparaissait devant la sienne, je n'eus ni à approuver ni à blâmer : je me bornai à ne point entrer dans le sanctuaire improvisé, observant du dehors le coup d'œil.

Il était vraiment curieux : Sanié qui, la veille, s'était grisé abominablement, buvant à même le saint ciboire, servait d'enfant de chœur et dégoisait fortdignement son latin devant une barrique vide servant d'autel.

L'élément féminin avait donné et se prélassait en rang d'oignons sur des chaises empruntées à Girard. Coquetterie et bigoterie vont généralement de pair : ces dames avaient arboré leurs plus pimpantes toilettes et se dévisageaient avec fureur, un œil rivé sur l'officiant et l'autre sur leur voisine. Cette mimique, grosse de jalousie et de dédains, ne les empêchait pas, en même temps, de se redresser sous le feu des regards masculins : l'une, sous prétexte de donner à téter à son enfant, s'était entièrement dégrafée et, sans la moindre gêne, exhibait intégralement les richesses de sa poitrine. De leur côté, les hommes, mineurs et *stockmen* abrupts, depuis longtemps déshabitués des choses saintes, exécutaient à contre temps les mouvements horizontaux ou verticaux inhérents à toute cérémonie religieuse et tourmentaient furieusement la poche dans laquelle se trouvait remisée leur bouffarde. Les membres de la Commission, présents, sauf le colon républicain, représentaient le plus selecthigh life et, à côté d'eux, Bailly, sanglé dans son uniforme de surveillant, tiré à quatre épingles, prenait des poses donjuanesques.

La pieuse cérémonie fut troublée par l'incontinence d'urine d'un chien de forte taille qui avait accompagné son maître jusqu'à la porte du lieu saint, et qui, au moment de l'élévation, s'en fut, le plus naturellement du monde, pisser sur la soutane du révérend père. Cet incident causa quelque tumulte : l'insolent quadrupède fut expulsé ; après quoi, tenant sans doute à donner aux gens de Houaïlou une idée favorable de ses capacités oratoires, le père

Vigouroux y alla d'un sermon.

Je n'eus pas le plaisir de l'entendre, mais je suppose qu'il fut touchant, car l'auditoire me parut donner des signes d'émotion. Une femme qui cocufiait son mari à… bouche-que veux-tu, fondit en larmes ; deux mineurs, qu'on ramassait ivres-morts tous les samedis, derrière le magasin de Girard, cachèrent leur visage dans leurs mains et lorsque, après l'*Ite missa est*, les fidèles eurent vidé les lieux, l'un d'eux s'approcha du missionnaire prêt à s'en aller et, dans un accent de lyrisme :

— Nom de Dieu ! mon père, lui dit-il, ce que vous avez bien parlé ! Voulez-vous que je vous paie l'absinthe ?

CHAPITRE IX
LES GENS D'OUBATCHE

L'opiniâtre Poindi-Patchili ayant été fait prisonnier et envoyé à l'île des Pins avec quelques-uns de ses guerriers, mon collègue Fournier vint me relever et, un beau matin, je partis pour Oubatche, à bord du vapeur qui, une fois par mois, faisait le service des courriers le long de la côte.

Nous étions à la fin de juillet, saison hivernale de ce côté de l'équateur, mais comme les rigueurs de la température se chiffraient par vingt-neuf degrés centigrades au dessus de zéro, nous n'avions pas peur de nous heurter en route à des banquises.

À bord du steamer se trouvait un télégraphiste métropolitain, du nom de Savin, jeune encore et de belle mine, qui eût été charmant sans une pointe de cette morgue, caractéristique des bureaucrates venus de France. Sa destination était le bureau d'Oégoa, au nord, qu'il devait ouvrir et gérer.

Je dis adieu sans regret à la vie abrutissante de Houaïlou. Mon nouveau poste, Oubatche, passait pour situé dans une région des plus charmantes de la colonie, région sauvage, fréquentée par des voisins peu commodes, les Oébias et les Pemboas, mais cela n'était point pour me déplaire. Le contact de ces farouches cannibales me paraissait infiniment préférable aux bruyantes ribotes des mineurs

Charles Malato

ou à la servilité de forçats.

À propos de ces derniers, je citerai un mot de Sanié, montrant jusqu'où peut aller l'obséquiosité développée ou engendrée chez certaines natures par le régime du bagne.

Fournier, jeune et amateur de cotillon, se plaignait amèrement devant le garçon de famille, de la continence à laquelle allait le condamner son état de célibataire.

— Qu'à cela ne tienne, Monsieur, interrompit Sanié, je pourrai, si vous voulez, demander à l'administration de m'autoriser à me marier avec une femme du *paddok*. Je la ramènerai ici et vous aurez ce qu'il vous faut.

Mon collègue laissa tomber cette proposition qui lui était faite le plus sérieusement du monde.

Le littoral est, presque uniformément aride et rougeâtre, depuis Yaté jusqu'à Houaïlou, devient, au nord de cette région, pittoresque et boisé. Une superbe forêt de cocotiers s'étend parallèlement à la mer, abritant de ses éventails d'émeraude les cases des Canaques, semblables à de grandes ruches, tandis que des cascades détachent leur nappe d'écume sur le bleu sombre des montagnes. Vers Touho, la côte devient escarpée ; à mesure qu'on avance au nord, dans la direction de Hienghène, des roches surgissent sous les aspects les plus bizarres, formant un immense parapet qui se continue dix lieues durant. Pour longer la côte à pied, il faut suivre une étroite corniche, au sommet de ces roches, à plusieurs centaines de mètres au-dessus du niveau de la mer. Malheur au voyageur que le vertige saisirait ou qui ferait un faux pas ! Il roulerait, brisé, dans l'abîme pour servir de pâture aux requins.

Deux roches que leur forme bizarre a fait baptiser « *Tours de Notre-Dame* », masquent la plage de Hienghène. Derrière ces masses énormes, le pays s'étend et verdoie. Des ruisseaux sans nombre y roulent leurs flots argentés sur des blocs de quartz et des pierres pailletées d'un mica qu'on prendrait pour de l'or. Des arbres et des arbustes de toutes sortes : cocotiers, pins, bancouliers, bananiers, goyaviers, papayers, manguiers, pandanus, y forment un élégant fouillis de verdure et fournissant pour la plupart, des fruits abondants. Le pommier-thia, au tronc massif et noueux, donne son fruit rose, si léger sous la dent qu'on le dirait formé d'une mousse fondante et humide. Le long des cours d'eau, croît la salsepareille aux contournements capricieux, des banians, assez larges pour couvrir de leur ombre tout un village rassemblé, projettent leurs épaisses racines qui sortent du sol comme pour aller se souder aux branches. Quant au *niaouli* (*melaleuca leucadendron*), l'arbre le plus abondant en Nouvelle-Calédonie, on le rencontre partout. Son écorce argentée aux couches multiples et malléables, semblables à des feuilles de parchemin, sert à recouvrir les parois des cases ; on pourrait en tirer un excellent parti pour la fabrication du papier. Ses feuilles vert-sombre, minces et rigides, exhalent, lorsqu'on les broie, une forte odeur de térébenthine. Beaucoup de personnes attribuent aux émanations purifiantes du *niaouli* la salubrité remarquable de la colonie. Parfois, un village indigène, dépourvu d'allumettes et fatigué de recourir au vieux système du frottement de deux branches sèches, embrase un de ces arbres : le feu rongeant les couches concentriques de l'écorce, dure des jours entiers. Le Canaque, en passant, y allume sa pipe et s'en va, tandis que le géant achève de se consumer lentement. Ce procédé d'incendier un arbre pour en approcher son brûle-gueule ne manque pas de grandeur.

La rivière de Hienghène offre une particularité remarquable : elle disparaît avant d'arriver à la mer et vient sourdre dans l'îlot de Yengabat, à une lieue et demie de la côte, entraînant dans son cours souterrain des feuilles d'arbres qui n'existent que sur la grande terre. Elle aboutit dans cet îlot à un puits de deux mètres cinquante de profondeur qui donne une excellente eau douce, tandis que les puits artificiels creusés à côté ne fournissent au bout d'un temps dépendant de leur éloignement de la mer, qu'une eau tout à fait saumâtre.

À Houaïlou, j'avais exploré les grandes tribus de Di-Magué et de Boulindo, erré dans les plantations, visité les cases : celles des hommes, coniques, à l'entrée basse, à l'intérieur obscur possédant au centre trois pierres plates formant foyer ; celles des femmes, longues et rectangulaires ; celles des chefs au toit immense, surmonté d'énormes coquillages et verticalement traversé d'une sagaïe. Mes promenades à l'aventure m'avaient fait assister à des scènes étranges, mais ce n'était encore qu'un avant-goût de la vie canaque. Absorbé par mes fonctions, je ne pouvais distraire chaque jour que quelques heures pour une étude qui eût demandé

Charles Malato

des loisirs continus ; à Oubatche, où j'allais avoir au plus deux télégrammes par jour à expédier, le temps ne me manquerait pas.

Nous arrivâmes devant cette localité vers les onze heures du soir. À peine le steamer avait-il jeté l'ancre, une chaloupe conduite par six rameurs indigènes nous accosta : elle portait le lieutenant de Beaujeu, commandant du poste, et deux sous-officiers. Je reconnus aussitôt l'un de ces derniers, qui avait fait la traversée de Brest à Nouméa sur le *Var*, et nous nous serrâmes cordialement la main ; Schmidt, ainsi se nommait-il, était un charmant garçon qui, sans professer de grandes idées politiques ou sociales, se sentait porté à fraterniser avec les déportés, malheureux et proscrits. Ce fut un grand plaisir de part et d'autre de nous retrouver dans ce coin perdu.

Le lieutenant de Beaujeu était un catholique renforcé qui entretenait les rapports les plus intimes avec la mission de Pouébo, située à douze kilomètres au nord. Tandis qu'il faisait grand accueil à Savin, nous échangions, cet officier et moi, quelques froides politesses : il me savait fils de déporté, je le savais réactionnaire ; de grandes effusions étaient difficiles. Cependant la solitude force les hommes à se rapprocher : au bout de quelques jours, une détente se produisit et, sans devenir intimes, nous finîmes par nous supporter, ayant le tact d'éviter les sujets de discussions qui nous eussent aigris sans nous convaincre.

Un officier, deux sous-officiers, dix-huit ou vingt caporaux et soldats formaient l'effectif militaire préposé à la garde, non seulement du poste, mais de l'arrondissement, c'est-à-dire depuis Touho jusqu'à l'extrémité nord de l'île. C'était minime, mais il est juste de dire que les indigènes sentaient si peu le besoin d'une protection militaire que à maintes reprises, ils tentèrent d'exterminer leurs protecteurs ; quant à la population blanche, elle était des plus clairsemées. Deux colons à Touho, un missionnaire à Hinghène, à Panié une ancienne élève de l'orphelinat de Nouméa, concubinant de son mieux avec tous les indigènes, qui l'avaient surnommée « la popiné blanche », — la malheureuse avait été épousée à la vapeur, puis abandonnée par un chevalier d'industrie, — à Oubatche une seule famille anglaise ; à cinq kilomètres plus loin, un colon radical, — il lisait le *Siècle !* — à Pouébo, une couvée de concessionnaires bien pensants, les Coste, deux missionnaires,

LES GENS D'OUBATCHE

assistés d'un frère ouvrier, et, plus tard, d'une sœur de Saint-Joseph de Cluny ; dans la vallée du Diahot, quelque deux cents personnes, attirés par l'exploitation des mines et que le poste, distant de 35 kilomètres, n'eût certainement pu défendre, tels étaient les habitants de race européenne, que les vingt fantassins de marine eussent eu à préserver des attaques de sept à huit mille sauvages. Il faut ajouter à cet effectif un médecin militaire de dernier ordre, le docteur Caillot qui, sous condition de faire tous les quinze jours une tournée à Oubatche, avait obtenu de résider à Oégoa (rive droite du Diahot), où les clients civils et, par conséquent payants, ne lui manquaient pas. Inutile de dire qu'il ne se conformait jamais à cette obligation ; tous les deux ou trois mois seulement, lorsqu'une bande joyeuse venait en chaloupe de Pam à Oubatche, gueuletonner avec le chef du poste, le docteur prenait place dans l'embarcation. Mais une fois arrivé, il se gardait bien d'inspecter l'état sanitaire des soldats : vraiment, il avait en tête d'autres soucis ! collectionneur enragé, il ne pouvait apercevoir un casse-tête ou un coquillage sans faire main basse dessus. Le reste de son temps était noblement consacré à boire. Un pauvre troupier tombait-il malade, le médicastre le traitait par télégramme, à trente-cinq kilomètres de distance, et, se trouvant lui-même fort bien de ses libations multipliées, en prescrivait de semblables à ses patients qui ne tardaient pas à rendre l'âme. Le grog au tafia et le vin chaud formaient toute la pharmacopée de cet aimable docteur.

Le poste militaire, enclavé entre deux ruisseaux, la mer et les montagnes de l'intérieur, comprenait une réduction de caserne, un jardin potager et une salle de police, détachée, bordant la route d'Oubatche au Diahot ; à mi-côte, deux cases habitées par les sous-officiers et, sur un plateau élevé, une habitation maçonnée avec vérandah pour le commandant. Dominant encore cette derrière, se trouvait le bureau télégraphique, réduit d'un peu moins de quatre mètres carrés, aux murs de pierre, extrêmement épais et blanchis à la chaux. Le toit était de paille sans quoi, on eût pu y soutenir un véritable siège. Deux gourbis voisins servaient l'un de cuisine, l'autre de domicile au facteur indigène fourni par la tribu catholique de Pouébo.

J'ai parlé d'une famille anglaise. Monsieur et madame Henry jouissaient dans toute la colonie d'une réputation bien méritée d'hospitalité. Aucun voyageur, fût-il forçat libéré, et ceci est à leur honneur, ne s'adressa inutilement à eux. Établis à Oubatche depuis quinze années, dans une luxueuse maison à perron et à tourelle, rappelant quelque peu le manoir écossais, ils avaient possédé autrefois une fortune dont ils conservaient encore les bribes. Le père, âgé de cinquante-huit ans, à tête et barbe blanches, mais encore plein de force, présentait l'aspect vénérable d'un patriarche ; sa femme, de dix ans moins âgée, avait dû être fort belle. Auprès d'eux, se trouvait la dernière de leurs douze enfants, Lily, âgée de cinq ans, qui eût été charmante si ses parents s'étaient occupés davantage de son éducation, mais la mignonnette vaguait du matin au soir, pieds nus, dans les marais, dans les ruisseaux, sur la montagne, en compagnie d'une ribambelle de popinés et de picaninis. À la couleur près, c'était une jolie petite sauvagesse.

Un terrain immense leur appartenait, concédé par l'administration mais contesté par les indigènes qui, peu à peu, étaient revenus s'y établir. Du reste, ils ne cultivaient pas, se contentant de fournir les vivres du poste, pour lequel, tous les jours, ils tuaient un cochon ou rarement un mouton. Leurs gros bestiaux, au nombre d'une centaine, erraient en liberté dans la brousse, sans que les propriétaires eussent l'idée d'utiliser le lait des vaches pour la fabrication de beurre ou de fromages. Les pauvres bêtes, souffrant de leurs pis gonflés, attendaient inutilement qu'une main secourable vînt les traire. Des flots de lait se perdaient ainsi : le peu qu'on se donnât la peine de recueillir, était envoyé gracieusement chaque jour au chef du poste, au gérant du télégraphe et aux sous-officiers. Une fois tous les six mois, c'est-à-dire lorsqu'un bâtiment de l'État passait pour relever la garnison, on abattait un bœuf. Autrement, on n'en eût pas trouvé le débit.

Tandis que beaucoup hasardaient leur fortune dans les spéculations minières, d'autres plus pratiques, se confinaient dans l'élevage du bétail. Le mot élevage est peut-être ici bien abusif, car les propriétaires se bornaient à laisser leurs troupeaux paître et vaguer à l'aventure, croissant et multipliant sans souci des lois de Malthus. Aussi, y eut-il bientôt, en Nouvelle-Calédonie quatre ou cinq fois plus d'habitants quadrupèdes que bipèdes. En 1877, après un krach général des sociétés minières, tout le monde se rejeta sur l'élevage et l'agriculture. Pour donner des concessions à

LES GENS D'OUBATCHE

ceux qui en demandaient, on empiéta sans façon sur le terrain des Canaques ; en même temps, les bestiaux errants ravageaient les plantations des malheureux indigènes. Ce double grief fut une des principales causes de la grande révolte qui, l'année suivante, mit la colonisation française à deux doigts de sa perte.

Depuis quelques années, les ruminants néo-calédoniens (ne pas confondre avec les budgétivores) coulent des jours moins heureux : une fabrique de conserves, établie à Gomen, permet d'utiliser la viande qu'on ne pourrait vendre fraîche faute d'acheteurs. Les grands bœufs, arrachés à leur quiétude, sont dirigés vers l'abattoir fatal et meurent en maudissant, sans doute, notre civilisation.

À diverses reprises, soit pour le terrain, soit pour le bétail, les Henry avaient eu maille à partir avec les indigènes. Secondés par une nuée de serviteurs néo-hébridais, munis d'armes et de tout ce qu'il faut pour soutenir un siège, ils avaient résisté victorieusement, sans toutefois pouvoir empêcher le pillage de leur magasin ; madame Henry s'était montrée fort brave, dans ces circonstances critiques, pansant les blessés et faisant même le coup de feu.

Pour en finir avec les menaces des indigènes, le gouvernement fit occuper Oubatche par un détachement d'infanterie de marine. Au début, cette troupe ne fut pas heureuse : quatre hommes et un caporal envoyés chez les Oébias pour réquisitionner des travailleurs, furent massacrés et mangés. Une autre fois, quinze soldats, commandés par l'adjudant Malzieux, furent cernés sur un pic par quinze cents guerriers qui, brûlant les hautes herbes et s'avançant sous l'abri des flammes, faisaient pleuvoir sagaïes et pierres de fronde. Les Français résistèrent comme des gens qui ont devant eux la perspective d'être cuits au four et servis sur des feuilles de bananier. Pas de vivres ! pas même d'eau, et la chaleur de l'incendie avivait encore leur soif ! « Les soldats *buvèrent* leurs urines », écrivit dans son rapport Malzieux qui n'en passa pas moins officier, léguant, en outre, son nom au pic sur lequel s'était accomplie cette défense. La mort d'un chef de guerre détermina la retraite des Canaques qui, bien que braves, ne jugent pas possible de continuer la lutte sans généralissime.

À en croire Henry, protestant et franc-maçon, la mission n'aurait pas été étrangère aux agressions commises contre lui par les indigènes. Les maristes de Pouébo, établis d'abord un peu plus loin, à Balade, étaient les premiers arrivés dans la colonie ; dès 1846, c'est-à-dire sept ans avant l'amiral Febvrier-Despointes, ils apparaissaient, séduisaient le grand-chef Bonou, à force de cajoleries et finissaient, après sa mort, par mettre entièrement la main sur son fils qu'ils baptisaient sous le nom de Napoléon — ces perspicaces hommes de Dieu prévoyaient-ils le coup d'État ? Naturellement, toute la tribu suivit cet exemple édifiant, et l'eau sainte du baptême ruissela sur les fronts cuivrés. L'influence des pères Rougeyron et Villars sur leurs ouailles était maintenant absolue, sans bornes. Napoléon, très respecté, n'agissait, cependant, que sous leur inspiration. Il avait jadis déclaré la guerre, non sans succès, au puissant grand-chef de Hienghène, Philippe Boirate, prêtrophobe endurci. Une pierre marquait maintenant à Garana, au sud du poste d'Oubatche, les limites des deux potentats.

Napoléon, à qui j'ai bien des fois offert la goutte, en dépit de mes sentiments antimonarchiques, était un robuste gaillard presque noir, au type fidgien bien plus que négrito, à la barbe neigeuse et au sourire mi-paterne mi-railleur. Avant sa conversion au christianisme, il possédait la réputation d'un terrible anthropophage et cette renonciation à la chair avait dû lui coûter.

Deux autres chefs, Douima et Mouaou, n'avaient pas l'air très tendre, bien que dissimulant leurs arrière-pensées avec une félinité sauvage. Le premier régnait sur le village de Tchambouène, entre Oubatche et Pouébo ; il est difficile de s'imaginer un lieu plus ravissant : fruits, fleurs, chant des oiseaux, murmure des cascades, fraîcheur des rivières, tout s'y réunissait pour donner l'illusion d'un véritable coin de paradis terrestre. Et les femmes y étaient belles ; bien plus : elles y semblaient propres ! Vassal, tout au moins nominalement, de Napoléon, enfermé entre la mission et le poste, Douima, dont les instincts étaient féroces, se livrait par nécessité à une politique de bascule, digne d'un ministre européen. Au physique, c'était un assez gros homme jaunâtre, capable de feindre la bonhomie et qui vous eût coupé en petits morceaux avec un plaisir immense. Il savait sourire, mais son sourire était cruel. Madame Henry l'appelait un « *turn coat* », expression anglaise équivalente à « retourneur de veste ».

Mouaou, chef d'Yambé, sur la route d'Oubatche à Hienghène,

offrait l'aspect d'un chat-tigre prêt à bondir. Il était cependant atteint d'éléphantiasis, ce qui ne semblait guère le gêner pour venir rôder autour du poste, mendiant un « chiqua » un verre de tafia ou un « dix sous ». Comme Douima, il cherchait à contraindre sa physionomie féroce, ce à quoi il réussissait moins bien que son confrère ; ses prières semblaient rouler des menaces : on le sentait brûlant de vous sauter à la gorge et de vous déchirer à belles dents.

Ces aimables pasteurs de peuples vinrent me visiter ou plutôt visiter mes appareils dont le maniement les intriguait : leurs sujets suivirent. Pendant des semaines, une foule de Canaques, entrant dans mon domicile à la queue leu-leu, vinrent manifester bruyamment leur admiration : « Tamé ! Kalô ! » (Viens ! regarde !) — « Boîma ! lio ! » (Oh ! que c'est beau !)— « Dalaen ! » (Que c'est superbe ! — littéralement : « que c'est *blanc !* ») telles étaient les exclamations que leur arrachait la surprise.

Je ne voudrais pas oublier un autre chef, Malakiné, dont l'autorité s'étendait sur la tribu de Diahoué, à trois lieues au sud du poste. C'était un charmant homme, hospitalier, aimable sans bassesse et qui faillit me faire égorger avec mes parents, pendant l'insurrection de 1878. J'aurais tort de lui en conserver rancune, s'il est toujours de ce monde, ce dont je doute : Malakiné était noir, nous étions blancs ; cette différence de couleur justifie bien des choses.

Cet auguste voisin possédait une progéniture : Alozio, beau garçon qui paraissait treize à quatorze ans, et dont le regard de gazelle, l'épiderme délicat eussent fait honneur à la plus séduisante popiné. Oignô, (ne pas lire oignon), qui comptait peut-être une « igname » ou deux (vulgo : une année ou deux) de moins, et que son père tenait fort à m'octroyer, — oui, j'eusse pu devenir gendre de roi ! Mes résistances sur ce point n'auraient, sans doute, pas été inébranlables, si je ne m'étais aperçu que cette jeune fille, douée comme son frère d'une jolie figure, n'était pas exempte du *tonga*, lèpre que les indigènes du sud appellent *bié* et qui cesse par époques d'être apparente mais ne disparaît jamais entièrement. L'habitude invétérée de ne pas se laver, celle d'aller tout nu, exposé au soleil et aux mouches, enveniment bientôt les plaies, les rendent épouvantables, impossibles à guérir. À certains moments, le flanc de la pauvre Oignô n'était qu'un ulcère à vif. Je déclinai poliment, si flatteuse fût-elle pour moi, toute alliance avec cette princesse du sang.

Le nord de la Nouvelle-Calédonie semble la terre de prédilection des maladies étranges : les éléphantiasis, les hydrocèles énormes, les taches syphilitiques s'y donnent rendez-vous. Le père du pattu Mouaou semblait porter une citrouille devant son ventre ; je n'ai jamais pu comprendre comment, avec une infirmité pareille, cet homme pouvait non seulement vivre mais se promener comme si rien d'anormal ne gênait sa marche. Dioman, frère du grand chef des Oébias avait sa peau jaune tachetée de blanc comme un serpent ou un tigre, animaux auxquels il ressemblait, du reste par le caractère.

Les médecins indigènes, les tacatas, ne manquaient pas, cependant, mais ils ne semblaient guère plus forts que le docteur Caillot. Le principal d'entre eux, Maréco, qui avait gagné son rang au concours, s'était rendu borgne en voulant se soigner, il n'en imposait pas moins le respect, plus peut-être par sa situation de frère de petit-chef, sa prestance superbe et sa multiple ceinture de *poum bouhé* [1], ornée de coquillages, que par ses connaissances thérapeutiques. Un autre Djalap, se contentait de prédire, d'après l'inspection des nuages, la pluie ou la sécheresse.

Tels étaient les voisins au milieu desquels j'allais passer deux années, qui sont restées les meilleures de ma vie. Mais, à l'exception d'Oignô, je n'ai encore parlé que du côté masculin : il convient de réparer cette injustice.

Tout d'abord, il y avait au camp, depuis des années, deux popinés cohabitant avec les sous-officiers. Elles faisaient partie du matériel, à titre inamovible, tout comme les paillasses et les moustiquaires. Tous les six mois, leurs maris partants les léguaient aux arrivants ; deux jours avant le départ du détachement, on entendait dans les cases proches de la caserne de grandes lamentations : c'étaient ces dames, qui, nouvelles Calypsos, pleuraient le départ de leurs Ulysses. À peine, la nouvelle troupe apparaissait-elle, clairon en tête, les larmes étaient séchées et, sans même attendre la présentation officielle à leurs nouveaux conjoints, les veuves commençaient à se battre pour accaparer soit le plus beau, soit le « sergent cambuse » (fourrier), très recherché sur la place.

---

1 Poil de la grande chauve-souris appelée roussette.

LES GENS D'OUBATCHE

De ces deux popinés, on appelait l'une Manjô ou quelquefois Rosalie, car elle avait été vaguement baptisée ; l'autre, Éva, était plus connue sous le surnom de « la muette ». Elle avait jadis reçu en pleine poitrine la balle d'un factionnaire, au « qui vive ? » duquel elle ne répondait point, et pour cause. Le médecin français qui la sauva, obtint, seuls honoraires qu'elle pût lui donner, ses premières faveurs. Elle prodigua les suivantes à nombre d'élus et la fréquence des corps à corps amoureux finit par émousser ses sens, au point quelle s'oubliait à attraper des mouches au moment le plus pathétique.

J'étais allé, un jour, prendre un bain dans l'Océan Pacifique, exercice hygiénique qui eût été tout à fait agréable sans la perspective des requins, lorsque je croisai sur la plage une popiné déjà mûre, mais qui avait dû être remarquablement belle. Elle portait non le simple *tapa,* mais un peignoir assez propre, ce qui m'inspira de la déférence : je la laissai passer sans attenter à sa vertu. L'ayant perdue de vue, je me déshabillai en un tour de main et allai me jouer sur le sein azuré d'Amphitrite, le seul qui s'offrît libéralement à moi. Comme il faisait bon s'étendre de son long sur ces vagues mourantes, qui vous berçaient avec une chanson, prenant du soleil ou de l'onde tant qu'on en voulait ! On sentait comme la caresse d'une invisible main : au large, la mer frangeait d'argent la ceinture madréporique des récifs. Qu'ils étaient beaux, aussi, ces récifs ! À mesure qu'on s'en approchait, l'Océan, diminuant de profondeur devenait transparent comme du cristal et laissait entrevoir ses végétations étranges, ses arbres de corail, bleu, rose, jaune, vert, entre les branches desquels se jouaient des poissons multicolores.

La baignade terminée, je repris terre et quelle ne fut pas ma gêne en voyant venir à moi, sans peignoir cette fois, la popiné que j'avais aperçue quelque trois quarts d'heure auparavant ! N'aggravons pas les choses : elle avait conservé son tapa, mais ses démonstrations significatives m'indiquaient qu'elle était prête à le relever.

Béata, ainsi s'appelait cette beauté majeure mais peu farouche, ne demandait qu'à me combler de béatitude pour une somme qu'elle laissait à ma générosité le soin de déterminer. Cette vénalité me choqua : je m'étais cru aimé pour moi-même ; déception qui arrive plus d'une fois dans la vie ! Néanmoins je ne voulus pas, pour une misérable question d'argent, perdre l'occasion d'étudier sur le vif

Charles Malato

les femmes canaques. Je m'exécutai et suivis dans sa case l'hétaïre bronzée. Avait-elle un époux ? J'avoue à ma honte que je ne songeai pas un instant à le lui demander. Plus tard, j'appris que, tout comme madame de Framboisy, elle était veuve de cinq ou six maris.

Les habitations indigènes n'ont point de portes, ces sauvages communistes ne se volant pas entre eux comme les civilisés. Pendant que j'étais en conversation intime avec Béata, le dernier né de celle-ci, gamin de quatre à cinq ans vint, du dehors, nous regarder avec une innocente curiosité. « Tabou [1] ! » lui cria la mère sans interrompre le moins du monde sa besogne. Et de la main, elle indiquait impérieusement le large à son rejeton qu'elle tenait sans aucun doute à élever dans les principes d'une morale austère.

Il n'est pas de bon ton, je le sais, de se vanter des faveurs octroyées par des dames, gratis ou non, mais j'ai cru remplir un devoir de reconnaissance en vouant à une immortalité plus ou moins solide le nom de cette brave femme, mon initiatrice à l'amour canaque. Elle avait deux filles très nubiles : l'une, Bouliac, apporta au surveillant de télégraphe qui vint me rejoindre, un cœur pas trop neuf et une jolie petite métisse procréée par un pilote ; l'autre Cahouane, grande et bonne fille peu farouche, me voua une amitié tout à fait désintéressée. De toute la famille, seul le jeune Piouk échappa au télégraphe.

CHAPITRE X
ÉTUDES LOCALES

Au bout d'un mois et demi de séjour à Oubatche j'eus une surprise bien agréable : mon père et ma mère vinrent m'y rejoindre. Ils avaient cru pouvoir sans bassesse demander cette unique faveur, que le chef de la colonie leur accorda immédiatement.

Ils arrivaient par un steamer, en même temps que le sous-lieutenant Blanchard, destiné à remplacer de Beaujeu, et le surveillant du télégraphe Dubois, fraîchement émoulu de l'infanterie de marine.

---

1 Mot usité dans toute l'Océanie pour signifier une interdiction et donné aussi aux objets qui la symbolisent.

Une vie très heureuse, après tant d'orages, commença pour nous. Mes parents avaient loué aux Henry, pour vingt francs par mois, une case perchée sur un monticule, à cent mètres de leur maison, qu'elle dominait. Elle ressemblait assez à notre habitation de l'île des Pins, pareillement blanchie à la chaux de corail et entourée d'une vérandah, avec deux pièces à l'intérieur. Un clair ruisselet, dérivé artificiellement des montagnes, murmurait devant notre porte et descendait se perdre vers la mer, après avoir alimenté la cuisine et la buanderie de nos voisins anglais. Des touffes de citronnelle sauvage, dont nous tirions une boisson remplaçant le thé, croissaient çà et là sur les plateaux voisins, auxquels se reliait le nôtre. En regardant de la plage vers l'intérieur le coup d'œil était, à la fois, pittoresque et imposant : au dessus du store, la maison Henry, ombragée de *flamboyants,* arbres aux fleurs pourpres ; plus haut la nôtre, tache blanche perdue sur un fond vert et bleu, plus loin, des montagnes en amphithéâtre, traversées horizontalement de la base au sommet, par des rangées de gradins, semblables à ceux d'un cirque immense. Ces gradins marquaient la place des anciennes tarodières, étagées régulièrement et arrosées par une ingénieuse série de canaux. La culture du taro demande beaucoup d'eau et les Canaques passés maîtres dans les travaux d'irrigation, en prennent aux torrents voisins. C'est à ces vestiges de plantations qu'on peut reconnaître la puissance des tribus aujourd'hui disparues ou en voie d'extinction.

Dubois ne tarda pas à prendre femme, occasion qui, à Oubatche, devenait tous les jours plus rare. Bouliac, fille de Béata, déjà mise à mal, cherchait à donner un père à son enfant. Le surveillant du télégraphe eût peut-être préféré une vestale, selon l'usage des hommes qui, ayant fort libéralement disposé de leur corps, n'entendent pas se mésallier à des roulures. Mais il n'y avait pas grand choix de sujets, puis Bouliac parlait couramment le français, cuisinait et lavait proprement : Dubois devint son heureux époux et le resta trois ans ; après quoi, il la congédia sans cérémonie, pour épouser de la main droite la fille d'un colon.

Ce ménage logeait dans un kiosque élevé en hâte, en attendant qu'on édifiât un bureau convenable que j'habiterais, abandonnant l'ancien à mon surveillant. L'administration coloniale était en veine de prodigalités : elle venait de voter un crédit de deux cent

Charles Malato

quarante mille francs pour la construction d'une route circulaire enveloppant l'île. Les chefs de poste et d'arrondissement, entre lesquels fut répartie cette somme, se contentèrent généralement de faire brûler les herbes recouvrant l'ancien sentier indigène et, en qualité de « gérants de caisse », mirent la caisse dans leur poche, vraisemblablement pour mieux la gérer. Trois ans plus tard, je fus, moi aussi, gérant de caisse et ne songeai pas un instant à attenter à la propriété de l'État. Pour un futur anarchiste ! j'en rougis.

Je prenais mes repas avec mes parents, mais regagnais ensuite mon bureau. L'ombre et la clarté se succèdent sans transition sous les tropiques : les nuits où la lune oubliait de paraître, on aurait cru errer dans la conscience d'un ministre, tant l'obscurité était épaisse. Quelles n'étaient pas les transes de ma mère, lorsque, tâtant du pied le sol pour me maintenir dans le sentier, je déambulais de notre montagne au télégraphe ! De fait, la moindre erreur d'itinéraire eût pu m'amener sur les bestiaux, couchés dans les hautes herbes, et me faire saluer d'un bon coup de corne. Il fallait, pour rassurer les angoisses, signaler par un cri mon arrivée sur la route, — car route il y avait de la maison Henry au poste, — puis, une fois rendu à destination, hausser et abaisser alternativement ma lampe allumée, le long de la vérandah, signal auquel ma mère répondait de même. Une fois cette télégraphie optique terminée, j'empoignais la *Henriade* et ne tardais pas à m'endormir profondément.

Le travail était insignifiant, dérisoire : mais il fallait rester à portée des sonneries, qui d'un moment à l'autre, pouvaient vibrer pour l'imprévu. La communication avec Houaïlou, à moins de quarante lieues à vol d'oiseau mais à plus de soixante par le fil, ne marchait pas toute seule, surtout par les temps orageux. Savin, bien outillé, arriva cependant à correspondre directement avec ce poste. Oh ! alors, les bons loisirs, car ils en avaient pour des heures à bavarder, faisant virer comme une folle l'aiguille de mon galvanomètre. J'en profitais pour pousser des excursions dans la montagne, bien sûr de ne décevoir personne, car l'officier galopait dans les tribus, en quête de popinés, les soldats n'envoyaient jamais de dépêches, Henry une tous les trois mois et aucune voile, aucun vapeur n'étaient en vue. Maintes fois, partant ainsi aux heures de clôture et appréhendant de revenir avec un fort retard, j'établissais d'avance la communication directe entre mon correspondant du nord et celui du sud ; puis, la conscience légère, je m'enfonçais dans la profondeur des fourrés ou des ravines, franchissant les torrents sur des carcasses d'arbres pourris, — ce qui me valut plus d'une dégringolade — ou m'égarant à la recherche des sépultures canaques.

Ces lieux de repos ont un aspect bizarre : ce sont généralement d'énormes pâtés de roches, entourés d'un inextricable réseau d'arbustes, lianes et plantes grimpantes. Les indigènes, antérieurement à l'arrivée des Européens, se contentaient, pour la plupart, d'exposer leurs morts, soutenus par des piquets sur les branches des arbres ou au sommet des roches ; quelques tribus devaient cependant, les enterrer ou plutôt les recouvrir d'une légère couche de cailloux. Aujourd'hui, sous la double influence des missionnaires et de l'administration, l'inhumation est devenue la règle. L'endroit choisi pour y mener les ancêtres dormir du dernier sommeil est écarté, d'un accès difficile : l'approche n'en est indiquée que par les fientes d'oiseaux et les débris de coquillages provenant soit d'anciens repas funéraires soit des provisions déposées auprès des morts et consommées par les rongeurs ou les rapaces.

J'avais un flair tout particulier pour découvrir ces cimetières et, une fois arrivé devant l'un d'eux, aucun obstacle ne m'arrêtait. Âmes sensibles qui me lisez et qui avez peut-être jeté l'anathème à Ravachol pénétrant dans la tombe d'une marquise, accablez-moi : j'ai violé des sépultures et chipé des crânes, que je déposais sur mes étagères comme de simples potiches.

Le désir indiscret d'aller taquiner d'innocents Mélanésiens n'était pas ce qui m'animait. Brûlant d'un malheureux penchant pour l'anatomie, l'ethnologie et quelques autres sciences naturelles, j'avais conçu l'ambitieux projet de reconstituer l'histoire des tribus néo-calédoniennes, qui ne m'en eussent probablement su aucun gré. Lorsque, un peu plus tard, j'appris la découverte encore récente par Henri Filhol d'un débris fossile de grand pachyderme, prouvant la jonction de l'île, aux temps préhistoriques, avec un continent austral, je me mis dans la tête de trouver, moi aussi, mon fossile de marque.

Les traces d'anciens êtres aquatiques ou emplumés, que l'on découvre dans le terrain crétacé de la côte ouest, principalement

Charles Malato

vers Uraï, ne me semblaient pas dignes de moi : il me fallait le squelette ou, tout au moins, le crâne d'un homme contemporain du mammouth. Je n'eus pas le bonheur d'arriver à mes fins, en dépit d'explorations aussi persistantes qu'accidentées ; les plus antiques débris humains exhumés dans mes courses aventureuses paraissaient, au plus, âgés de quelque dix siècles et, en tenant compte des intempéries atmosphériques auxquelles ils avaient été soumis, j'étais porté à réduire ce temps à plus de moitié. Le plus beau spécimen de prognathisme, un crâne blanc et poli comme de l'ivoire, que j'avais soigneusement déposé dans une malle, chez mes parents, périt — pour la seconde fois ! — en 1878, dans l'incendie de leur paillotte.

Il est difficile d'assigner une date à l'arrivée des Mélanésiens en Nouvelle-Calédonie. Très vraisemblablement, ils vinrent d'Australie : l'analogie de type est bien plus grande qu'avec les Néo-Hébridais, qui se servent fort habilement de l'arc inconnu aux Néo-Calédoniens. Il est vrai que ceux-ci n'ont pas davantage le *boomerang* qui a pu être inventé après leur émigration d'Australie. Les autres armes, fronde, sagaïe et casse-tête, sont identiques, de même le vêtement, si l'on veut bien appeler ainsi le *moinô* et le *tapa*. Enfin, il faut noter quelques vagues ressemblances des mots : une des plus bizarres est par exemple, l'appellation australienne *akariki,* chef, qui se retrouve non seulement dans l'appellation néo-calédonienne correspondante *aliki* et dans le nom propre *Aréki,* mais même à Taïti sous la forme *arihi*. Le changement de l'*r* en *l* et le remplacement du *k* par une forte aspiration sont fréquents ailleurs même qu'en Océanie.

Quelques savants linguistes ont trouvé de l'analogie entre le chinois et l'othomi, langue parlée dans une partie du Mexique avant l'arrivée des Espagnols. Sans prétendre leur faire concurrence je citerai une demi-douzaine de mots pris dans les divers dialectes néo-calédoniens et qui offrent une grande ressemblance avec les mêmes mots chinois et othomis.

106

Français	Chinois	Othomi	Canaque	
Je	Ngo	nuga, nga	go	(dialectes touaourou et canala)
toi	ni	nuy	ndiou	(— hienghène)
lui	na	na	né	(— touaourou et Canala)
vieux	kou	ko	kan	(— touaourou)
peu	sie	tsi	sié	(rien, pas, non — Canala)
diable	kouei	koua	kouémo	(la nuit, l'ombre — Canala)
(Mauvais génie)				

Du reste, il est curieux de constater comme, à côté des filiations naturelles, le hasard opère des rapprochements. Quelle plus grande dissemblance existe-t-il qu'entre le Grec antique, à l'esprit subtil, poète, philosophe, initiateur de civilisations et le primitif sauvage océanien ? Et quelle plus grande ressemblance, néanmoins, qu'entre le verbe néo-calédonien *Koundouc* (boire) et le substantif grec *kundukus* (une coupe) ?

Les Polynésiens arrivèrent les derniers dans la contrée, il y a un peu moins de deux cents ans. Leur principale émigration vint de l'île Ouvéa, du groupe Wallis, et, abordant à la plus septentrionale des Loyalty, ils lui donnèrent le nom de leur patrie. Leur grand-chef Ouanéguéï soutint des luttes homériques contre le chef noir Nékara, qui défendait son sol : à la fin, les deux éléments s'unirent et fusionnèrent. Ouvéa dut à cet apport de sang polynésien un développement considérable, elle passa même pour la terre des esprits et les descendants d'Ouanéguéï, élevés au rang de grands enchanteurs, furent consultés avec respect par les chefs de la grande terre, comme le prouvera l'histoire ci-dessous, un peu longue, mais curieuse :

Charles Malato

Il était jadis un puissant chef, du nom de Pahouman, qui régnait vers la Tiouaka, grande rivière qui a son embouchure à Wagap. Un jour, il alla se promener, suivi de quelques-uns de ses guerriers ; chemin faisant, ils arrachèrent des cannes à sucre, et Pahouman, avisant un gros banian voisin le montra à ses compagnons, leur disant : « Montons sur cet arbre pour manger nos cannes. »

Ainsi, firent-ils et comme une bande de singes, ils s'installèrent à califourchon sur les robustes branches, cachés par l'épais feuillage. À ce moment, Apitéhéguène, un potentat de petite marque vint à passer sous le banian sans apercevoir ceux qu'il portait. Pahouman, dédaigneusement, laissa tomber de sa bouche un morceau d'écorce mâché sur la coiffure de ce chef qui, ne sentant rien, continua tranquillement son chemin.

De retour dans sa case, Apitéhéguène déroula son turban d'écorce pour se peigner avec l'espèce de trident en bois que portent comme parure quelques indigènes. Grande furent sa surprise et son indignation lorsqu'il aperçut le détritus de canne à sucre. « Qui m'a fait cette insulte ? » se demanda-t-il, sans pouvoir trouver la réponse. La nuit venue, il s'endormit, mais d'un sommeil agité. Il eut un rêve dans lequel il voyait la tribu de Pahouman montée sur un banian et qui menaçait de le frapper à coups de cannes à sucre.

— « Je tiens, mon insulteur ! » se dit Apitéhéguène et, comme il était homme de décision, il partit, dès le lendemain, pour l'île d'Ouvéa, dans une petite pirogue, afin de demander l'aide du grand-chef Ouanéguëï, qui possédait les esprits.

Le voyage s'accomplit heureusement et Ouanéguëï, mis au courant par le pauvre chef, lui tendit deux feuilles de bois sculpté, en accompagnant ce cadeau des paroles suivantes : « Je ne te donnerai maintenant que ceci, car ta pirogue est trop petite (voulait-il dire par là que la visite d'Apitéhéguène n'avait pas été assez cérémonieuse ou qu'une misérable coquille de noix ne pouvait contenir un talisman de premier ordre ? c'est un mystère que je n'ai pu élucider). Mais va quand même et fais la guerre. »

Apitéhéguène revint chez lui, assembla les vieux de sa tribu et tint conseil avec eux toute la journée. La décision fut de commencer les hostilités, le présent d'Ouanéguëï devant assurer la victoire. Le lendemain matin on marcha contre Pahouman. Celui-ci, qui avait entendu parler du voyage à Ouvéa, se tenait sur ses gardes : il n'y eut donc pas surprise, mais lutte en règle. Néanmoins, les guerriers d'Apitéhéguène, bien que de beaucoup les moins nombreux, triomphèrent, grâce à leur confiance dans le talisman.

Le vaincu laissa brûler son village et sans perdre la tête, battit en retraite le long de la Tiouaka, renforçant sa troupe des hommes valides de toutes les localités voisines. Puis, il revint attaquer son ennemi qui, à son tour écrasé par le nombre, plia et regagna avec les siens Wagap.

« Ce n'est pas la peine de les poursuivre maintenant, déclara Pahouman : restons ici pour manger ceux que nous avons tués et demain, nous exterminerons les autres. »

Apitéhéguène était dans sa tribu, réfléchissant aux solutions : la nuit arrivait et il ne savait encore quel parti prendre. Tout à coup, une idée lui traversa le cerveau et, appelant un de ses hommes, il lui donna l'ordre d'aller à Amoua, informer les habitants mâles qu'il les demandait tous pour cette même nuit. Le messager partit sur-le-champ, remonta la rivière de Ti-yée et, arrivé près d'un lieu qu'on nomme Toumondou, s'arrêta pour se reposer : sans le vouloir il s'endormit.

Or, cette nuit là, le grand chef Ouanéguéï adressa à son protégé un caillou de guerre pour lui assurer la victoire. Il lança ce talisman, qui traversa la mer et entra dans la Ti-yée. À ce moment, le guerrier d'Apitéhéguène rêvait : il voyait un caillou qui montait dans la rivière et lui disait : « J'arrive d'Ouvéa, je viens faire la guerre : il faut que tu me prennes et me caches. »

Le dormeur ne tarda pas à se réveiller et, averti par le songe, il chercha autour de lui des végétaux avec le suc desquels il pût entièrement se noircir le corps. Cette œuvre accomplie, il s'attacha aux jambes des *ouatchitchis,* petits coquillages blancs et légèrement rosés, d'une grande valeur pour le Canaque ; autour des reins, il se passa une ceinture de poumbouhée, puis s'arma de son casse-tête et d'une poignée de sagaïes. Se trouvant alors en état de recevoir le précieux don d'Ouanéguéï, l'homme descendit le cours de la Ti-yée jusqu'à un endroit où il s'arrêta soudain, car c'était là que son rêve s'était terminé. Tout à coup, il s'exclama : « Qu'est-ce ? Oh ! un poisson » et il s'élança de ce côté, poussant des cris de guerre

Charles Malato

et dansant, avec le simulacre de lancer une sagaïe ; puis, nouvelle pause, pendant laquelle le Canaque invoqua mentalement les esprits. Le cérémonial n'était pas encore fini : après avoir fait mine de frapper le poisson avec son casse-tête, le messager prit cette arme de la main gauche et tendit la droite vers la rivière, en s'inclinant presque jusqu'au sol et en fermant les yeux.

Alors, fait qui paraîtra bizarre aux incrédules Européens, quoique beaucoup moins invraisemblable que le mystère de l'Incarnation, le caillou de guerre sortit de la bouche du poisson et vint se poser dans la main du guerrier qui, rapidement, l'enveloppa avec un lambeau d'étoffe indigène, c'est-à-dire de fibres d'arbres grossièrement apprêtées. Cette opération accomplie, l'homme se leva, fit une vingtaine de pas doucement, puis prit sa course et ne s'arrêta que devant la demeure d'Apitéhéguène. « Eh bien, demanda celui-ci, où est le renfort ? » — « Le renfort nous est venu cette nuit d'Ouvéa, » répondit le messager. — « Olée ! » exclama le chef ravi et, d'un cri terriblement rauque, il appela tous ses guerriers, auxquels, d'un ton grave, il dit : « Le caillou de guerre, le caillou sacré est arrivé d'Ouvéa. » Une grande clameur belliqueuse accueillit cette nouvelle et Apitéhéguène, vraisemblablement mis en veine d'exercices vocaux, continua en murmurant sur un ton bas et tout à fait sinistre : « Aoue ! ti ti ti ti ti ti ti ! » fermant les yeux et tournant la tête de droite à gauche, autant de fois qu'il y avait de « ti ti ti. » Les hommes répondaient par un cri sauvage et prolongé de « Ou ! »

Tout cela était bel et bon ; mais, pour vaincre, il fallait toucher le caillou de guerre après un cérémonial qui ne pouvait être accompli que la nuit, ce qui renvoyait la bataille décisive au lendemain. « Sous peine de mort, dit Apitéhéguène à ses sujets, que personne d'entre vous ne parle du caillou. Si Pahouman apprenait ce qu'il en est, tout serait perdu, car lui aussi possède les esprits. » Cette sage objurgation n'empêcha pas le moins du monde un traître d'aller trouver le chef ennemi pour lui révéler le secret terrible. La nouvelle qu'il lui apprit, non en particulier mais devant ses guerriers et ses sorciers, épouvanta ce monde qui, au lieu de poursuivre sa marche victorieuse, battit en retraite, malgré la répugnance de Pahouman, le seul qui se sentît d'humeur à lutter quand même.

Après une nuit d'incantations, Apitéhéguène, en présence de

sa tribu, toucha avec respect le caillou de guerre qu'un vieux sorcier sortit d'un panier richement orné. Un cri terrible de tous les assistants alla jusqu'aux oreilles de Pahouman qui, malgré l'avis de ses vieux conseillers, s'était rapproché, entraînant, tant bien que mal ses troupes nombreuses mais découragées. Bref, un combat eut lieu, mais de courte durée : le protégé d'Ouanéguéï remporta une complète victoire, à la suite de laquelle Pahouman et les siens disparurent sans plus faire parler d'eux. Sans doute, allèrent-ils se réfugier sur l'autre côte.

Un second récit, d'un genre différent, se raconte beaucoup le soir, à la veillée, dans la région d'Oubatche.

Un rat, un goëland et une poule sultane vivaient ensemble en camarades et s'étaient associés pour chercher leur nourriture. Or, il advint, une fois, que les vivres manquant, tous trois tirent conseil. « Allons pêcher, dit le goëland ; allons aux récifs, la marée sera bientôt basse ; nous prendrons beaucoup de poissons. » La poule sultane appuya cette proposition. « Ah ! soupira le petit quadrupède, cela vous est bien facile, à vous qui avez des ailes, mais moi comment ferai-je pour vous suivre ? » — « Construisons une embarcation, répondit le pratique volatile et tu viendras avec nous. » Cette idée ayant été adoptée, on se mit à l'œuvre : le rat rongeait, coupait et creusait des cannes à sucre, que les oiseaux disposaient ensuite en forme de pirogue : la coque, le mât, la voile, le gouvernail, tout était en canne à sucre. L'ouvrage fut promptement terminé ; les oiseaux mirent l'embarcation à flot, le rat y sauta joyeusement et partit, escorté de ses deux associés.

En arrivant au grand récif, alors à sec, les oiseaux dirent au rat : « Reste ici, nous allons pêcher et reviendrons tout à l'heure avec nos provisions. » Puis ils partirent à tire d'aile et disparurent bientôt à l'horizon.

Le temps se passait, le goëland et la poule sultane ne revenaient point. Pressé par la faim, le rat se mit à dévorer la voile, puis le mât, puis, las d'attendre toujours en vain, le gouvernail et, finalement l'embarcation. Il venait à peine de ronger le dernier morceau, lorsque les deux oiseaux parurent, tenant dans leur bec les poissons qu'ils avaient attrapés. — « Eh bien, cria la poule sultane, nous avons fait bonne pêche, mais où est ta pirogue ? » « — Hélas ! répondit

Charles Malato

le rat, ne vous voyant pas revenir et ayant faim, je l'ai mangée. »
« Comment ! s'exclama le goëland avec colère, nous travaillons à
te construire une embarcation et tu la dévores ! Tant pis pour toi !
Puisque tu es ici, restes-y ! » Et, n'écoutant que leur indignation, les
oiseaux s'envolèrent, laissant le rat se désoler, crier et pleurer.

Déjà, la marée commençait à remonter. « Je suis perdu, » se disait
tristement l'abandonné. Avisant un caillou qui était encore à sec,
il y sauta au moment où la mer commençait à gagner sa place :
« Hélas ! murmurait-il, tout à l'heure l'eau m'atteindra et il faudra
bien que je meure ! »

Comme il était en train de se lamenter, un poulpe passa et
l'aperçut ; « Que fais-tu là, petit ? » lui demanda-t-il ? — « J'attends
la mort, répondit le rat ; le goëland et la poule sultane m'ont
abandonné. » Et il raconta son histoire. « Ah ! ah ! fit le poulpe
qui était une bonne créature, te voilà dans une vilaine situation,
mais je vais t'en tirer. Saute sur mon dos et, quoique je n'aille pas
très vite, je te conduirai quand même à terre. » Le rongeur, tout
joyeux, sauta sur la tête de l'animal complaisant. Celui-ci, en effet,
ne nageait guère rapidement ; toutefois, on s'approchait de la terre
et, enfin, on n'en fut plus qu'à une courte distance.

Le rat, échappé à la mort, ne se sentait plus d'aise : il riait et
dansait comme un fou ; sans respect pour son sauveur, il lui urina
sur la tête. « Que fais-tu donc ? » demanda l'animal des mers, qui
sentait l'autre se trémousser. — « Ce n'est rien, répondit le rat ; c'est
la vue de la terre qui me réjouit. » Puis, comme on n'était plus qu'à
quelques brasses du rivage, le cynique exprima plus complètement
son allégresse en souillant de ses ordures son bienfaiteur, auquel il
cria, après s'être élancé à terre : « Maintenant, regarde-toi ! »

Le poulpe aperçut alors ce que l'ingrat lui avait laissé pour prix du
service rendu. Furieux il voulut se précipiter à sa poursuite, mais
les roches aiguës déchirèrent ses tentacules et, tout meurtri de ses
efforts, il dut regagner le fond des mers.

Ce conte, paraît-il, est symbolique : le rat, dans l'esprit du La
Fontaine noir, incarne l'imprévoyance et l'ingratitude canaques…
il aurait bien pu dire humaines !

CHAPITRE XI
DERNIERS RÉPITS

Le bonheur n'a pas d'histoire et c'est un exposé de faits et de choses constatés *de visu,* non une autobiographie que j'ai l'intention de présenter au lecteur.

Je passe donc sur les mois tranquilles écoulés dans notre oasis, les promenades aventureuses, les flirtages à l'ombre des cocotiers : Dyla, Hygué, Bouboute, Poune, Molah, Tamoui et, vous charmant essaim des Cabô, dont le nom aristocratique signifie « fille de chef », je n'évoquerai que pour moi votre souvenir : où sont les neiges d'autan ! Et Pangou, au sein sculptural, qu'un perfide Chinois, du nom de Jemmy Lai-Tchin, renouvelant les exploits de Pâris emmena un jour, à bord de son brick, pour la conduire à la fois à Nouméa et à Cythère ! Mais la morale eut le dernier mot : les missionnaires, bien que la popiné fût païenne, eurent la charité de s'en occuper : ils télégraphièrent au chef-lieu et, à peine avait-il mouillé, le concupiscent fils du Ciel se vit enlever sa captive… qu'on maria avec un complaisant Canaque de la mission de Saint-Louis.

Le lieutenant Blanchard, moins clérical, et plus négrophile que son prédécesseur, par amour des popinés, avait charitablement averti les missionnaires de mettre une sourdine à leur zèle qui menaçait de susciter au sein des tribus un conflit armé. Ne pouvant plus aller catéchiser les idolâtres, le père Villars y envoya son homme de confiance, Théophilé, dont les procédés, à l'en croire lui-même, ne manquaient pas de bizarrerie.

Le convertisseur bronzé commençait par emporter avec lui un stock de croix, chapelets et pièces de calicot, qu'il déballait, aussitôt arrivé dans le village païen. « Allons, demandait-il aux Canaques rassemblés, qui d'entre vous a la foi ? » Aussitôt, les âmes vénales commençaient à se révéler : tous ceux qui nourrissaient le désir immodéré de posséder une médaille de cuivre argenté ou une ceinture de toile, car le christianisme prohibait le moinô, renonçaient sans scrupules aux erreurs de leurs pères, sur quoi Théophilé commençait à les baptiser à tour de bras. Des popinés, pour obtenir un peignoir, consentaient à troquer le nom harmonieux de Dyla ou de Manjô contre celui de Sophie ou de Rosalie. Quand l'objet convoité était obtenu, les convertis, renonçant à leur nouvelle religion avec d'autant plus de désinvolture qu'ils ne la connaissait pas, se replongeaient dans les ténèbres de l'idolâtrie, quitte à ouvrir de nouveau les yeux aux lumières de la foi pour se remonter une garde-robe. J'ai connu de ces Canaques caméléon, qui avaient été baptisés jusqu'à trois fois, contrairement aux lois de l'Église, mais on sait que la fin justifie les moyens et qu'il est avec le ciel des accommodements.

Le grand chef Napoléon, par suite de conventions passées antérieurement à mon arrivée, fournissait au bureau un facteur indigène tous les mois, ou plutôt toutes les lunes, car je ne pus jamais faire comprendre à ces primitifs que notre mois avait trente ou trente-et-un jours, et une fois seulement vingt-huit, au lieu de s'en tenir toujours à ce dernier chiffre. De guerre lasse, l'almanach grégorien s'inclina devant l'almanach sauvage et je continuai à changer de facteur toutes les quatre semaines.

L'un d'eux, Donato grand jeune homme instruit, — il savait lire et écrire ! — me raconta, un jour, le fait suivant, digne de fournir un épisode de vaudeville : quelque temps auparavant, il était employé comme cuisinier ou plutôt relaveur de vaisselle chez les missionnaires, qui le payaient à raison de dix sous par semaine. Le dimanche arrivé, il allait à la messe, où les indigènes se rendaient avec d'autant plus d'entrain qu'une amende d'un dollar (5 francs) frappait les récalcitrants, système qui portait ses fruits et que je recommande aux gouvernements cléricaux. Après l'*Ita missa est*, la famille Coste, qui ne manquait pas les saints offices, se retirait : les portes de l'église, — à Poébo, la maison du Seigneur était une véritable chapelle, non une simple case, — se refermaient sur les ouailles de couleur, auxquelles, sous celle de sermon, le bon père débitait des bourdes trop usées pour avoir cours encore au pays de Voltaire. Puis, on faisait la quête et, de gré ou non, le pauvre Donato remettait la pièce de cinquante centimes, prix de son labeur d'une semaine.

Nos relations avec les missionnaires étaient assez curieuses. Il va sans dire que nous ne faisons point partie du saint troupeau : une fois, cependant, nous visitâmes l'église, la seule qui existât alors dans la brousse, et quelques paroles de pure courtoisie furent échangées

DERNIERS RÉPITS

en italien avec le père Villars, ancien officier de bersaglieri, avant l'annexion à la France de la Savoie, son pays natal. C'était, du reste, malgré sa profession, un fort brave homme, au physique avenant et même majestueux, qui avait dû être jadis fort aimé des dames et qui, maintenant encore, pinçait les oreilles des popinés avec une bonhomie autre que paternelle. Il dirigeait aux offices les chœurs des indigènes et donnait une attention spéciale à ceux des jeunes filles, vis-à-vis desquelles il se montrait rigide.

J'eus la curiosité, à la Noël, de voir une messe de minuit en pays canaque et le spectacle me parut si saisissant que je revins le contempler l'année suivante. Une animation extraordinaire régnait parmi la tribu ; dans les cases de tayos comme dans celles des popinés, les conversations décelaient un grand événement ; hommes et femmes avaient sorti leur linge, car il eût fait beau voir un fidèle s'approcher de la sainte table en moinô ou une dévote en tapa offrir son cœur à Jésus. Dans la soirée, les indigènes commencèrent à se rendre par bandes à la mission ; la lune était invisible, la vallée plongée dans une obscurité profonde. De cette épaisseur de ténèbres, surgissait brusquement, accompagné de clameurs retentissantes, le flamboiement d'une torche portée par quelque retardataire qui galopait rejoindre la procession. Cette torche, zigzaguant dans l'ombre, avec des bonds étranges, éclairait, l'espace d'une seconde, les cocotiers géants, les massifs de verdure et les roches aux contours fantastiques. En approchant de la mission, les torches devenaient de plus en plus nombreuses jusque l'entrée de l'église illuminée à *giorno*. L'autel resplendissait, une subtile odeur de parfum se mêlait à celle des fleurs et des plantes ; les deux prêtres se mouvaient lentement, drapés dans leurs blancs surplis, et prêts à officier avec toute la majesté de circonstance ; les bancs se garnissaient d'une foule recueillie, les tayos d'un côté, les popinés de l'autre.

La grand'messe s'accomplit selon le cérémonial ordinaire ; les Canaques montraient une grande expérience des divers mouvements de corps qui font partie essentielle du sacrifice divin. Aucun d'eux ne se levait lorsqu'il fallait tomber à genoux ou ne s'asseyait quand l'étiquette religieuse exigeait la station verticale : le confiteor, le credo, l'offertoire n'avaient aucun secret pour eux. Ils étaient réellement croyants, fanatisés même, ces pauvres

Charles Malato

diables dont beaucoup marmottent du latin de cuisine et ignorent complètement la langue de Francisque Sarcey. Cependant, ceux mêmes qui ne pourraient seuls trouver et combiner quelques mots français pour en faire une phrase, répètent assez bien, sans les comprendre les cantiques qui leur sont entrés dans la tête, grâce à la musique.

Mon impression fut bizarre et, je l'avoue, aucunement désagréable lorsque l'assistance noire se mit à entonner le fameux : « Minuit, chrétiens ! c'est l'heure solennelle... » Les voix étaient justes, celles des femmes sopranisant, celles des hommes profondes et fortes, se mariant d'une façon qui faisait honneur aux enseignements du père Villars. Les paroles n'étaient pas toujours distinctement articulées, les *u* se convertissaient fréquemment en *ou* et les *r* en *l*, mais l'ensemble demeurait harmonieux. La musique a toujours été une des attractions offertes par l'Église aux sensitifs et le cantique qui salue la venue du rédempteur est fort beau : je ne regrettai pas d'avoir, pour la première fois depuis longtemps, remis les pieds dans un sanctuaire. Inutile de dire qu'au moment de la communion, les Canaques se précipitèrent vers la sainte table avec l'avidité d'anthropophages qui n'ont pas mangé depuis quinze jours. Les laissant aux délices de ce festin eucharistique, j'allai réveillonner d'une façon plus substantielle.

On manquait terriblement de lecture à Oubatche. Jadis, possesseurs d'une superbe bibliothèque, il ne nous restait plus que quelques épaves : l'histoire de la révolution de Louis Blanc, dont les gravures faisaient l'admiration des Canaques, mon vieil Horace que je ressassais et ne lâchais pas, un volumineux traité de physique et deux ou trois romans. Il est vrai que, faute de journaux, les individus se faisaient eux-mêmes feuilles publiques. Madame Coste, brave femme, certainement peu faite pour la solitude, était surnommée jusqu'aux établissements miniers du Diahot « La Gazette du Nord » ; le chef de poste voulait-il apprendre une nouvelle ou faire circuler un bruit quelconque, il éperonnait son cheval et galopait vers Pouébo. Les Henry étaient une mine inépuisable de renseignements sur les missionnaires depuis l'arrivée de ceux-ci dans le pays, trente ans auparavant, sur les indigènes et les divers commandants territoriaux qui s'étaient succédé : le tout narré en dialecte écossais par le mari et en bichelamare par la femme. Les rares voyageurs européens qui, une ou deux fois par mois, s'arrêtaient à Oubatche, en route pour Houaïlou ou Oégoa, ne manquaient pas, comme au temps des Gaulois, de payer l'hospitalité reçue par le reportage, souvent enjolivé, des mille bruits courant la côte : « le missionnaire de Hienghène (pourceau que le gouvernement même fut contraint d'exiler à Lifou) avait pris une nouvelle femme en bas âge... ; la *popiné blanche* de Panié, qui, jusqu'alors, portait le simple tapa, avait dépouillé ce rudiment de costume, et se promenait maintenant en l'état de sa grand'mère Ève, tandis que son mari honoraire, Gil***, était accusé d'une nouvelle escroquerie. » Ancien sergent-major de zouaves cet individu, habitué aux « mangeages de grenouilles, » montrait un esprit aussi fertile que dépourvu de préjugés : au moment de la grande fureur des mines, il vendit de prétendues claims aurifères, simples excavations dans les parois desquelles il déchargeait un pistolet contenant de la poudre d'or, voire même d'infinitésimales pépites.

Ces nouvelles, si intéressantes fussent-elles, ne suffisaient pas à nous faire oublier qu'il existait un monde continuant à se mouvoir en dehors de nous. Que devenaient la France et l'Europe, si petites sur la mappemonde, si grandes dans les destinées de l'humanité ? Cette immensité bleue et sereine qui nous enveloppait, semblait quelque majestueux linceul, étendu par la déesse de l'oubli. Vivre de la vie contemplative des indigènes, de la vie ruminante des colons, on ne le pouvait : le Pacifique avait beau nous bercer du rythme monotone de ses vagues d'azur, là bas, plus loin que l'horizon, à des milliers de lieues, nous savions qu'il existait un vieux continent où toutes les forces vives de notre espèce jouaient leur œuvre. Où en était cette république qui pour nous, naïfs, avait toujours représenté l'idéal de liberté, de fraternité et de justice, remplaçant l'idolâtrie religieuse éteinte en nos cœurs ? La forme parlementaire l'emportait-elle sur la forme césarienne ? Mac-Mahon capitulait-il devant les libéraux bourgeois, poussés eux-mêmes par les bouillants démocrates ? Ces foudres du républicanisme montagnard et jacobin, Floquet, Lockroy, Barodet, Greppo et Naquet, aiguillonnés par le dantonien Gambetta gagnaient-ils du terrain ? Les despotes européens continuaient-ils à comprimer tout esprit révolutionnaire ? L'Espagne, l'Italie, dormaient-elles

Charles Malato

encore ? On annonçait des troubles sérieux dans les Balkans, — les « Ba-ta-clans », disaient sérieusement les colons érudits qui s'occupaient de politique, — l'éternelle question d'Orient allait-elle, une fois de plus convulser la vieille Europe ?

Fils d'un républicain révolutionnaire et d'une mère libérale dans le vrai sens du mot, j'étais naturellement admirateur passionné des immortels principes, mélangeant à ma foi politique un fond d'élans mystiques qui avaient failli, vers les onze ou douze ans, me jouer de mauvais tours. L'impressionnable cerveau humain, avide d'au delà et s'impatientant des lenteurs de la science exacte ne subit-il pas le besoin de se forger un idéal et d'y croire ? Et les religions de se succéder les unes aux autres, s'élargissant ou se subtilisant jusqu'au jour où, selon la fière parole de Jacoby, le descendant des animaux sera, lui-même, « devenu un dieu ». Notre espèce arrivera-t-elle jusque-là ? Qui sait ! Pourquoi pas ?

Idolâtrie des mot ! De la République, décrite au collège comme une hideur et montrée par mon père comme une terre promise, je ne connaissais que le nom et ce nom, je l'adorais. Le Jéhovah terrible étant relégué par moi à côté de Croquemitaine et des autres épouvantails démodés, le dieu de Victor Hugo me semblant par trop vague, j'édifiai en mon cœur un autel à la radieuse déesse Liberté.

Depuis l'âge de treize ans, échappant, grâce à mon ressort de caractère, au pli faussé de l'éducation classique, je rêvais de saintes insurrections de peuples, d'immenses internationales se donnant la main, de séculaires esclavages brisés, de gigantesques épopées dans lesquelles, naturellement, je ne jouais pas le dernier rôle, la justice et la liberté régnant sur la terre radieuse.

Oui, mais sous quelle forme ? Comment se concrèteraient-elles ? Par quoi s'exprimeraient, matérialisées, ces nobles abstractions ? Je ne savais et je dois dire que les trois quarts des déportés, proscrits pour la grande cause, ne le savaient pas plus que moi. Le socialisme, ils l'ignoraient ; l'anarchisme, ils ne le soupçonnaient pas : un mot avait suffi pour les entraîner, sans qu'ils se demandassent ce qu'il y aurait dessous : la république.

Et, dévoré d'une ardeur de propagande, je m'efforçais avec un incroyable machiavélisme, d'infiltrer aux soldats du poste mon

DERNIERS RÉPITS

démocratisme naïf, adjurant les plus intelligents, à leur retour au pays, de toujours voter pour les candidats du*Rappel.*

Ah ! si nous eussions pu avoir des nouvelles, autres que les ukases transmis par le *Moniteur officiel de Nouméa,* feuille insipide et hebdomadaire ! Mais comment ?

Les missionnaires de Pouébo, qui devaient entrevoir notre « état d'âme », pour parler le langage psychologue, estimèrent sans doute que la lecture de feuilles bien pensantes, accueillies faute de mieux, réussirait à nous convertir. Le père Villars nous rendit une visite de… voisinage et nous offrit le *Rosier de Marie,* dont nous déclinâmes la lecture avec politesse mais fermeté, puis l'*Univers* qui nous trouva moins dédaigneux. C'était un vigoureux styliste que Louis Veuillot, et il eût fallu être bien aveuglé par le sectarisme, pour faire fi de sa prose : par le journal ultramontain, nous possédions enfin des éléments d'informations et en étions quittes pour déduire des conclusions diamétralement opposées aux siennes. Nous eûmes, dès ce moment, des nouvelles fraîches… de trois mois. Plus tard, ô bonheur ! nous pûmes nous procurer le *Siècle,* qui passait pour un journal cramoisi : nous n'eûmes pas le bonheur d'arriver jusqu'au*Rappel.*

Un jour, me rendant à la paillotte familiale, assez hilare, car je venais d'être informé de ma promotion à une classe supérieure avec quatre cents francs d'augmentation, je trouvai chez nous trois déportés. Ils venaient d'Oégoa, leur résidence, et se dirigeaient vers Galarinou, à vingt kilomètres d'Oubatche, à la recherche d'un gisement aurifère vaguement signalé. Brunetti, Gomer, Barban étaient de charmants camarades qui, au cours de leurs fréquentes allées et venues, ne manquèrent pas une fois de s'arrêter chez nous, apportant avec eux un peu d'esprit parisien, des convictions et des espérances identiques aux nôtres. La chance sembla favoriser leurs efforts : ils trouvèrent, en lavant la terre, de nombreuses pépites, tombèrent sur une trace de filon, rencontrèrent l'appui de quelques amis qui se chargèrent de les ravitailler pendant qu'ils travaillaient. Puis ce fut tout : leur société devenant plus nombreuse, la désunion s'y mit, Barban qui trouvait que l'exploitation avançait peu, devint autoritaire ; les colons admis dans l'affaire essayèrent de duper les déportés et, après beaucoup de peine, tous se trouvèrent aussi pauvres que devant.

Charles Malato

Un de leurs compagnons, Bizien, était une des meilleures bêtes qu'il fût possible de rencontrer : un cœur d'or et un cerveau d'oie. Ne dirait-on pas que, souvent l'intelligence se forme aux dépens du sentiment ? Le raisonnement conduit bien des fois à l'indifférence ou à l'égoïsme. Bizien, homme à se jeter dans le feu pour rendre un service, eût été fort empêché de raisonner. Il ne recherchait pas, du reste, les jouissances intellectuelles, se trouvait fort heureux de son genre de vie et se glorifiait sincèrement d'avoir les plus beaux états de service. Le candide ! bien qu'il ne sût guère lire l'imprimé et pas du tout l'écriture, il avait fini, sur les affirmations fallacieuses de Gomer, son ami plus que son patron, par s'imaginer que lui, Bizien, avait accompli son service militaire avec le grade de sergent-major. Après quoi, il était librement venu en Nouvelle-Calédonie, garder les cochons de la Société foncière, situation qui l'avait rendu très fier.

Pauvre Bizien ! sa bêtise lui coûta la vie. Il était devenu possesseur d'une paire de gros souliers neufs, qui lui paraissaient les plus beaux du monde… si beaux que, pour ne point les détériorer, il les portait, non à ses pieds mais à son cou, suspendus par une ficelle et caressant délicieusement de leurs salubres émanations son nerf olfactif. Un jour, cependant, il se résolut à les mettre pour revenir de Galarinou à Oégoa, mais, au premier ruisseau, large de dix mètres, il trembla pour ses précieuses chaussures : il n'avait qu'à les retirer ou à passer outre, avec de l'eau jusqu'à mi-genou, le soleil néo-calédonien séchant victorieusement les objets mouillés. Au lieu de cela, il se détourna jusqu'à un endroit où le ruisseau, encaissé entre de grosses roches, perd en largeur ce qu'il gagne en profondeur. Bizien prit son élan et, avec la légèreté d'un hippopotame, sauta d'un bord à l'autre : il glissa sur la pierre et se brisa le crâne. Son corps fut retrouvé presque à fleur d'eau, déjà entamé par la morsure avide des crabes. Le pauvre diable était catholique fervent ; ses amis les déportés, respectueux des opinions individuelles, firent célébrer à son intention un service religieux auquel ils n'assistèrent pas : le père Villars vint bénir une croix sur sa tombe.

Une autre mort vint attrister la petite population d'Oubatche : au cours d'un accès de fièvre, madame Henry se tua d'une balle de revolver dans le cœur. Ce fut une grande perte pour les mineurs et stockmen de la région qui avaient toujours trouvé sous son toit la plus franche hospitalité. Son mari, le jour de son inhumation, apparut prostré, âgé de cent ans, et l'assistance, soldats et colons, se sentit remuée, tandis que le nouveau commandant ânonnait sur la tombe un discours appris par cœur.

L'année 1877 amena un krach formidable de l'industrie minière, krach qui, en se répercutant, finit par faire sombrer la Banque de Nouméa et la société Foncière de Gomen. On avait abusé du nickel : la spéculation était devenue effrénée, et les administrateurs de ces deux établissements n'avaient pas hésité à se servir des fonds confiés à leur intègre surveillance. Il fallut, après bien des répugnances, faire la part du feu : deux boucs expiatoires furent choisis qui, naturellement, n'étaient pas les plus coupables, leurs protestations étouffées et les autres gros bonnets purent se tirer d'affaire : n'est-ce pas l'invariable règle ?

Les vraies victimes furent les malheureux Canaques : les mines ne rendant plus, spéculateurs et colons se rejetèrent sur l'agriculture. L'administration, qui, pour attirer des Européens dans l'île, leur offrait des concessions, souvent dédaignées, se trouva tout à coup débordée de demandes de terrains : il fallut s'exécuter et, comme on ne peut donner que ce que l'on a, les maîtres de la colonie empiétèrent avec la plus grande désinvolture sur le sol des indigènes. La côte ouest, renfermant plus de vallées arables que l'autre, les tribus de cette région se trouvèrent les plus molestées, principalement autour d'Uaraï et de Bourail. Dès lors, un nouveau grief enflamma les Canaques contre leurs envahisseurs.

Le sauvage, comme la femme, comme toute créature faible obligée de recourir à la ruse pour lutter contre la force, sait admirablement dissimuler. « À quoi bon nous inquiéter de ces grands enfants ? » murmuraient dédaigneusement maints colons. Mais, parmi ces grands enfants, qui se faisaient tels parce qu'ils étaient forcés de tout subir, il se trouva des hommes.

Ataï était grand chef des tribus de Farino et de Poquereux, dans l'arrondissement d'Uaraï. C'était un homme de haute taille, noir de couleur et déjà vieux, au visage long et maigre, au front plat, aux yeux étincelants d'énergie et de résolution. Il conservait toujours une grande dignité : une fois, le gouverneur, en tournée, l'avait fait appeler au chef-lieu de la circonscription ; Ataï vint, coiffé d'un

Charles Malato

képi qu'il ne retira pas, — « Quand le gouverneur te parle, tu dois te découvrir », lui dit solennellement le commandant territorial, heureux de faire sa cour. Sans faire attention à ce quidam, le sauvage répondit directement au chef de la colonie : « Quand toi ôter ta casquette, moi ôter la mienne. »

Ataï, qui fut l'initiateur et l'âme de l'insurrection de 1878, du 19 juin au 1er septembre, semble avoir conçu le projet d'un soulèvement général, idée vaste et d'une exécution difficile, étant données les anciennes rivalités et les différences de langue des tribus. Il envoya des messagers aux principales peuplades de l'île, connues pour leur haine des blancs, notamment à celle des Oébias. Le plan était de s'insurger partout, le 24 septembre, anniversaire de la prise de possession. Tandis que les colons eussent assisté aux réjouissances de haut goût par lesquelles on commémore ce grand fait : courses en sacs, ascension de mâts de cocagne, jeu de ciseaux, les indigènes auraient, presque sans résistance, tout mis à feu et à sang. Sauf à Nouméa, gardé par cinqcompagnies d'infanterie de marine, des détachements d'artillerie, de gendarmerie et la division navale, les révoltés eussent pu tout balayer. Malheureusement pour eux, ce plan fut déjoué par l'imprévu.

Deux autres grands chefs du voisinage, Naïna et Aréki, luttèrent énergiquement avec Ataï contre les Français et, pourchassés, tinrent jusqu'au commencement de l'année 1879. Le premier fut tué, le second fait prisonnier et exilé à l'île des Pins : la période de grande répression était passée.

Ces trois hommes avaient peut-être l'étoffe de Toussaint-Louverture : il n'y a pas eu, parmi les Canaques, de Toussaint-Lavenette.

Une autre cause de l'insurrection fut le vagabondage du bétail, laissé libre dans la brousse et dont les déprédations étaient une ruine pour les indigènes. De temps en temps seulement, pour le recensement, le marquage ou la castration, les troupeaux étaient rabattus dans des enclos par des cavaliers armés d'un long fouet.

Quelques mois avant l'insurrection indigène, j'avais fait la connaissance d'un de ces stockmen, précédemment mineur, et même fort connu dans la région comme un des premiers découvreurs de filons aurifères. Victor Hook, robuste et avenant gaillard d'à peu près trente ans, avait noblement bu et mangé la somme rondelette de cent mille francs, prix de ses fructueuses explorations ; après quoi, il s'était remis au travail, ne conservant de sa splendeur passée qu'un petit singe acheté à un navire brésilien. Cet animal, — le singe, — stupéfiait les Canaques, qui semblaient reconnaître en lui tout au moins un cousin germain. Il avait contracté une manie bizarre : à force de voir les indigènes s'épouiller mutuellement la tête et dévorer avec un sourire béat le gibier capturé, il en était arrivé à pratiquer sur le premier venu cette chasse aussi nourrissante qu'hygiénique. Je le vois encore, sautant sur moi, retroussant insolemment manches et pantalons, cherchant et feignant de se délecter : que n'étais-je saint Labre !

Hook, fils de l'Helvétie, buvait beaucoup mais non en Suisse et ne se grisait guère. À sa dixième bouteille, ses yeux commençaient à papilloter ; il s'endormait généralement et se réveillait dispos, rose comme une jeune fille et caressant sa longue barbe d'or. Il semblait quelque dieu du Rhin égaré sous les tropiques et, de fait, il parlait avec amour du vieux fleuve germanique. Ce mineur-stockman était, en outre, un grand dépopulateur de rivières, mais non à la façon ordinaire : il dynamitait le poisson, procédé interdit par les fonctionnaires qui le pratiquent eux-mêmes. Mulets, loches, bossus, carangues succombaient ou s'évanouissaient, foudroyés au sein de l'eau par les terribles cartouches : la pêche miraculeuse était renouvelée et Hook en distribuait royalement le produit.

La côte nord-est demeurait son domaine. Fort comme un chêne, hardi, délié, parlant bien les dialectes locaux, il s'aventurait seul dans des endroits peu catholiques, où bien des blancs eussent hésité à le suivre, et il en revenait indemne.

Frotté de radicalisme et autrement instruit que la plupart des colons, Hook me plaisait fort : nous nous liâmes. Nous n'en étions point à notre première partie, lorsque, un soir de juin, il me proposa de l'accompagner à Diahoué, où se donnait un pilou monstre.

J'en avais vu de ces solennités sauvages ! Et non seulement des sauteries en déshabillé mais même des guerres intestines, peu sanglantes, à la vérité, causées, neuf fois sur dix par quelque rapt de popiné et terminées aussi souvent par une rançon de monnaie calédonienne. Je dis bien « monnaie », car ces indigènes, dont l'état

Charles Malato

social est un mélange de communisme et de féodalité, avaient adopté entre eux, principalement dans leurs transactions de tribu à tribu, un signe d'échange. Qu'on se représente un collier de simili-perles blanches qui n'étaient autres que les pointes nacrées de certains coquillages, détachées avec beaucoup de travail et enfilées à la suite les unes des autres. Avant l'introduction des dix sous, des francs et du dollar, cette monnaie, dont la valeur se mesurait à la longueur, était fort prisée sur le littoral : avec elle, on pouvait acquérir une pirogue, un cochon, une popiné même, la femme, chez les primitifs comme chez les civilisés, n'a-t-elle pas toujours été une marchandise ?

Mon premier mouvement fut de décliner la proposition de Hook : à quoi bon revoir sans cesse le même spectacle ? On se lasse de tout, même d'entendre des démons hurler en agitant frénétiquement leurs armes. — « Vous avez tort de refuser, me dit mon ami, il ne s'agit pas d'un pilou vulgaire. Vous savez que celui-ci est donné par les Oébias, ces farouches rois de la montagne, pour célébrer le retour de leur chef, de Koïma, après un traitement de deux mois à l'hôpital de Nouméa ; dans leur enthousiasme, ils sont capables de manger l'un d'entre eux : c'est chose à voir. »

En effet, le grand chef souffrant d'un éléphantiasis invétéré, avait obtenu la faveur de se faire médicamenter par ses anciens ennemis. Heureusement pour lui, il fut non livré au docteur Caillot, mais dirigé sur l'hôpital de Nouméa. Pendant son absence, ses sujets conçurent bien des inquiétudes, craignant que les Français ne prissent sur l'auguste malade une revanche des quatre soldats et du caporal jadis dévorés. Si le nouveau gouverneur Olry, qui venait de remplacer de Pritzbüer, avait voulu goûter d'une cuisse oébia ! Dans la perplexité générale, Dioman, frère du malade, se fendit d'un télégramme que lui rédigea le chef de poste et que j'expédiai séance tenante : ce fut la première dépêche envoyée par un Néo-Calédonien.

L'incurable Koïma étant revenu non à la santé, mais à sa tribu, celle-ci se mit en devoir de célébrer sa réapparition par un pilou monstre auquel furent conviées toutes les peuplades du littoral nord-est. Depuis plusieurs jours, les Pouébos, les Pemboas, les Bondés, les Aramas, ne faisaient que défiler sur la route, tatoués, coiffés de plumes blanches et vêtus (?) de leurs plus neufs moinôs ou de leurs plus belles ceintures ; leurs femmes, selon leur fonction de bêtes de somme, portaient des provisions et des nattes, de quoi camper au moins une semaine.

À la fin, je me laissai tenter. Il fut convenu, pour donner du piquant à la chose, que nous prendrions part au pilou, déguisés en Canaques. Un militaire, nommé Pinson, se joignit à nous sans en demander l'autorisation à son chef : s'il ne fût tombé sous les prescriptions de l'homicide docteur, Pinson serait peut-être devenu anarchiste !

Lui et Victor Hook partirent les premiers, emportant un quartier de porc frais et deux bouteilles de vin, car c'était le cas de se répéter : « Mangeons ! nous ne savons qui nous mangera ». Dès huit heures du soir, je me mis en route pour les rejoindre, suivant rapidement la côte, car la marée était basse : tout au loin, brillaient déjà les feux des Canaques.

J'arrivai dans la case où nous nous étions donné rendez-vous ; un bon feu y flambait, éclairant un groupe de dormeurs : un Européen et deux Néo-Hébridais, arrivés devant Diahoué en embarcation et descendus pour se ravitailler. Une vieille popiné, compagne intermittente de Hook, — en voyage, on fait comme on peut ! — et deux indigènes du crû étaient accroupis sur une natte auprès du stockman.

— Commençons par nous donner des forces, dit celui-ci.

Creusant le sol, il en exhuma, au milieu d'une chaude buée, le quartier de porc, dont l'aspect eût fait agenouiller le plus difficile gastronome. Selon la méthode canaque, il l'avait préalablement enveloppé de larges feuilles de bananier, puis enterré dans un trou et recouvert de cailloux rougis au feu. Cette cuisson à l'étouffée, s'étendait jadis à la viande humaine, qui n'en était pas moins savoureuse, son goût naturel ne se trouvant point altéré par des sauces suspectes.

Hook réveilla l'Européen et nous présenta le rôti, accompagné d'une montagne de bananes bouillies. Les deux bouteilles furent vidées ; puis nous procédâmes à notre déguisement, non sans que notre ami nous eût dit :

— Ne craignez pas que la mèche soit vendue : Marie est incapable d'une indiscrétion, Poindi est sourd-muet de naissance et Cathô le sera pour cette nuit : ses abattis m'en répondent.

Le voyageur européen se rendormit et nous nous déshabillâmes de la tête aux pieds. Jamais je n'aurais cru que Hook, avec sa chevelure et sa longue barbe blondes, pût représenter un Canaque : à ma grande stupeur, cette transformation s'opéra. À force de frictions avec du noir de fumée, du graillon et autres ingrédients *ejusdem...* *carbonis,* le muet finit par effacer toute teinte blanc-rosé sur le corps du stockman. Sa barbe, ramenée en nattes sous le menton, offrit miraculeusement l'aspect d'un collier de poil de roussette. Pour pousser la témérité jusqu'au bout, Hook changea de sexe : il prit un tapa.

Pendant ce temps, Pinson et moi passions également de la race blanche à la noire et remplacions notre pantalon par un simple moinô. Quand tout fut fini, nous nous nous regardâmes, pétrifiés : nous étions hideux.

La fraîcheur des nuits amène souvent les Canaques, au cours du pilou, à s'envelopper d'une étoffe indigène apprêtée avec l'écorce filandreuse du cocotier ; les Rothschilds vont jusqu'à se payer le luxe d'une vraie couverture. Justement Hook en avait trois sous la main ; il donna la plus longue à Pinson qui, peu fait aux allures locales, courait quelque risque d'être remarqué, il en garda une pour lui et Marie, qui devaient entrer ensemble dans le pilou : j'eus la troisième, fort courte, avec notre grimeur Cathô. Aucun de nous trois n'ayant cheveux et yeux noirs, il était indispensable de se rabattre sur le chef un pan de couverture.

Pour ne pas éveiller les soupçons, nous nous séparâmes : Cathô et moi partîmes les premiers. J'étais muni d'un gros bambou creux servant à frapper le sol en cadence. Qui m'eût dit, alors que j'ânonnais le *De Viris,* qu'un jour nu et charbonné de la tête aux pieds, je ferais ma partie dans un bal de sauvages ! Ô avenir ! qui peut te prévoir !

La lune venait seulement de se montrer : quelques jeunes Canaques, les plus impatients, étaient seuls à chanter et gambader sur une pelouse qu'avaient battue, avant eux, les pieds de plusieurs générations. Au centre de la clairière, s'élevait un poteau, obliquement planté et surmonté d'un énorme coquillage conique. C'est là que vinrent, enfin prendre place les musiciens, quatre individus armés chacun de deux palettes d'écorce creuses à l'intérieur qui, frappées l'une contre l'autre, résonnaient comme des tambours : un cercle se forma et le pilou commença.

Nous nous étions mêlés aux danseurs : je vis arriver Pinson, fièrement drapé et brandissant une sagaïe. Lentement, nous tournâmes autour du poteau, tandis que les tambourineurs, joignant la musique vocale à la musique instrumentale, entonnaient une complainte lente et mélancolique, qui me rappelait en plus sauvage celle de Fualdès. Peu à peu, la scène s'anima, les chants s'élevèrent, tous les assistants en répétaient le refrain ; les rires et les plaisanteries s'échangeaient en groupes. Nous passions de la marche cadencée, durant laquelle je frappais la terre de mon bambou sonore, au pas de course de guerriers qui préparent leur élan sur l'ennemi et réciproquement du pas de course à la marche. Les femmes parurent, sur une seule ligne d'abord ; parmi elles, je cherchai du regard et reconnus Hook qui, toujours avec la vieille Marie, imitait la popiné à s'y méprendre. On s'y méprenait si bien, qu'un peu plus tard, les deux sexes s'étant insensiblement mêlés, je commençai en toute bonne foi, à jouer amoureusement du coude avec une grande diablesse aux manières délurées, dont un flot de danseurs me sépara, et que j'appris le lendemain... ô ciel ! être mon ami.

Comme maintes fêtes sacrées de l'antiquité, les pilous, non les parodies grotesques que, pour un peu de tabac, exécutent aujourd'hui devant l'Européen gouailleur les Canaques dégénérés, mais les grands pilous, réunissant parfois cinq mille assistants, et dont j'ai pu voir les derniers, étaient un prétexte de débauche. Peu à peu, les deux sexes, rompant l'ordre primitif, s'étaient rapprochés ; beaucoup cheminaient, amoureusement enlacés sous la même couverture. Parfois, des couples d'hommes nus et de femmes ou même d'hommes seuls disparaissaient vers les buissons pleins d'ombre !

Devant moi, se tenant par la taille, allaient, l'œil au guet, trois popinés habituées à venir au poste, par conséquent, me connaissant. L'une s'étant retournée, me regarda avec stupeur. — « Kérapoin » ? (Eh ben, quoi ?) lui demandai-je, imitant de mon mieux l'intonation canaque. Elle ne me répondit pas et, ses deux compagnes m'ayant examiné, je les entendis murmurer le mot

« poupoualé » (étranger blanc).

Fort surpris d'avoir été découvert, je jetai un coup d'œil sur ma toilette : le pan de ma couverture frottant sur ma jambe gauche avait enlevé peu à peu la couche artificielle de noir ; je n'étais plus qu'aux deux tiers Canaque. Et, cependant, ce qui me restait de teinture, il me fallut trois jours et quinze bains pour le faire partir !

En vain essayai-je de me couvrir de façon à cacher mon déplâtrage. — « Câpo telegraph ! » (Le chef du télégraphe), murmura une des trois femmes, constatant mon identité.

De son côté, Pinson venait d'être reconnu : il me rejoignit. Les indigènes nous regardaient avec plus de stupeur que de colère, peut-être notre calme nous tira-t-il d'un fort mauvais pas ; peut-être aussi l'idée que nous pouvions être toute une bande armée empêcha-t-elle une attaque. Les danseurs, sans la moindre absorption d'alcool en étaient arrivés à ce point de griserie où la bête reparaît sous le masque humain. Nombre d'entre eux tout au moins les chefs et leurs familiers, devaient être au courant du grand mouvement insurrectionnel qui se tramait : pour défense contre deux mille guerriers, nous possédions, à nous trois, un coup de poing-revolver, laissé hors de notre portée dans une poche du vêtement de Hook.

Nous l'échappâmes belle, cette fois, car, au matin, nous étant rhabillés et mis en route pour Oubatche, nous apprîmes que les indigènes avaient pourchassé, à coup de pierres quelques soldats maraudeurs, presque à l'entrée du poste. Quelques semaines plus tard, nous ne nous en serions pas tirés à si bon compte.

CHAPITRE XII
GUERRE DE RACE

Les causes de l'insurrection de 1878, la plus terrible qu'aient à enregistrer les annales de la colonie, furent multiples.

D'une part, la spoliation des terres et les ravages des bestiaux errants : nous en avons parlé.

D'autre part, l'antagonisme naturel entre l'Aryen civilisé (?), spéculateur individualiste, et le Mélanésien demeuré à l'âge de pierre et au communisme primitif, antagonisme parfois assoupi ou latent, jamais éteint.

Enfin, les intrigues des missionnaires.

Ceux-ci, depuis le remplacement de l'amiral Guillain, leur bête noire, avaient été les maîtres incontestés du pays. De la Richerie se laissait gouverner par sa femme, que gouvernaient les prêtres ; Aleyron était forcené réacteur et, par conséquent, clérical ; de Pritzbuer semblait le subordonné de l'évêque. Le capitaine de vaisseau Olry, qui fut, vers le milieu de l'année 1878, envoyé pour nous régir, était, sinon communard, du moins, aussi avancé, bourgeoisement parlant, que pouvait se montrer un officier supérieur de cette marine où l'autocratie absolue est un dogme. Il ne collaborait pas à la *République anticléricale* du renégat Léo Taxil, mais sa première mesure, très commentée dans la colonie, fut d'affirmer par décret la prééminence du gouverneur sur les autorités ecclésiastiques.

Celles-ci déclarèrent aussitôt à l'audacieux une guerre mortelle.

Quelle plus mauvaise note pour Olry, auprès de ses chefs hiérarchiques, que de passer pour un administrateur incapable, réduisant les indigènes à la révolte et mettant la colonisation en danger, la perdant même ? Les missionnaires, qui, tous les ans, avaient aux environs de Nouméa de mystérieux conciliabules, pieusement appelés la « Retraite, » furent certainement au courant des menées d'Ataï, les encouragèrent sans se mettre en vue et eurent cette suprême habileté de pousser à la révolte les tribus infidèles par l'intermédiaire de tribus chrétiennes, celles de Thio. Ces dernières, après avoir participé aux premiers massacres, firent brusquement défection et finirent même par marcher contre leurs frères de race.

Forcément contradictoire, cette dualité de direction, celle d'Ataï et celle des missionnaires, sauva les colons en faisant éclater prématurément l'insurrection. Celle-ci eut pour prologue, le 19 juin, le meurtre du libéré Chêne, à vingt-cinq kilomètres de Bouloupari. Le pauvre diable vivait, depuis de longues années, avec une popiné dont il avait un enfant : tous trois furent massacrés. Pour connaître les meurtriers, la brigade de gendarmerie de La

Foa arrêta les chefs des tribus voisines et, pour délivrer leurs chefs, les Canaques massacrèrent les gendarmes, dans la matinée du 25.

La guerre était commencée, impitoyable de part et d'autre. Les insulaires, qui voulaient reconquérir leur sol et leur liberté, montrèrent autant de décision que d'adresse. Au lieu d'attendre, devant leurs villages, le choc des soldats européens, ils prirent l'offensive, se divisant en deux fortes bandes, dont l'une marcha sur Bouloupari, tuant et incendiant tout sur son passage, menaçant même Nouméa, où s'enfuyait une cohue affolée de concessionnaires, tandis que l'autre, massacrant une quarantaine de colons échelonnés entre La Foa et Uaraï, poussait jusqu'à cette derrière localité et brûlait la briqueterie. Sans l'arrivée toute fortuite de *la Vire,* avec le commandant Rivière, qui mit aussitôt à terre une compagnie de débarquement et prit la direction supérieure des opérations, ce chef-lieu d'arrondissement important pour le pays, subissait le sort de Bouloupari.

Pendant que ses guerriers traversaient Uaraï comme une trombe, Ataï, qui était allé seul reconnaître la position ennemie, passait devant le poste. Le vaillant ne subit point, cette fois, la peine de sa témérité : se jetant à la mer à l'endroit où elle forme une petite baie, il gagna en nageant le bord opposé, où l'attendaient les siens. Quelques soldats le prirent d'abord pour une souche d'arbre flottant sur l'eau : ils s'aperçurent de leur erreur en voyant une pirogue se détacher de la côte et venir le chercher. Ils voulurent tirer, mais il était trop tard : Ataï, hors de portée, disparaissait déjà dans les marécages.

Sur leur passage, les révoltés ne manquaient pas de renverser les poteaux télégraphiques, de couper les fils et même d'emporter des sections de cent à deux cents mètres. Ils savaient que les bureaux de l'intérieur étaient pauvrement fournis de matériel et que plus longtemps les communications seraient interceptées, mieux cela vaudrait pour eux. En effet, pendant un bon mois, j'eus à faire le passage des dépêches de la côte est à Uaraï, d'où un vapeur les portait quotidiennement à Nouméa. Je couchais non plus dans mon lit mais dans mon fauteuil, en face l'appareil Morse, la tête alourdie et la main démesurément enflée par une manipulation incessante.

GUERRE DE RACE

Mon collègue de Bouloupari, ancien sergent-major, mourut très bravement à son poste : il transmettait un télégramme au chef-lieu, lorsque les Canaques envahirent son bureau. Il comprit ce qui l'attendait et eut la présence d'esprit d'établir instantanément la communication directe entre Nouméa et Uaraï, ce qui se fait par l'introduction de deux fiches métalliques dans un commutateur. Aussitôt après, il fut tué ; son surveillant, Clech, courant à son secours, eut les mains et la tête brisées comme il enjambait une balustrade. Madame Clech fut saisie, garrottée avec les draps de son lit et violée, après quoi on lui fendit l'abdomen et coupa les paupières. Ces détails paraîtront affreux : on ne pouvait cependant attendre autre chose de sauvages exaspérés dont on avait pris le pays et méconnu la liberté ; la guerre n'est-elle pas logiquement l'atrocité même ? Tuant sans pitié et poussant l'ironie cruelle au point d'ouvrir le ventre aux femmes qu'ils avaient violées, pour y déposer le cadavre d'un enfant égorgé par eux, ou bien encore enfonçant lubriquement une bouteille, pointe en avant, dans des matrices sanglantes, les indigènes néo-calédoniens subissaient les influences ataviques et espéraient, à force d'horreurs, dégoûter les Blancs de leurs velléités colonisatrices.

Les plus à plaindre, au milieu de cet égorgement général, — car les représailles ne se firent pas attendre, — étaient les déportés, amenés malgré eux chez un peuple qui poursuivait de sa haine tous les Blancs, — quelles que fussent leurs opinions politiques ou sociales. Un grand nombre, établis aux environs de Bouloupari, tombèrent, non sous les flèches empoisonnées des sauvages, comme le racontèrent des journaux européens, car les Néo-Calédoniens n'ont pas de flèches, mais sous le casse-tête et le tamioc.[1]

Quelques jours plus tard, marchant en tête d'une colonne de reconnaissance, le commandant militaire de la colonie, le colonel Gally-Passebosc, était mortellement atteint de deux coups de feu. Il expira comme venait d'arriver en rade de Nouméa le navire qui devait le ramener en France où l'attendait, à quarante-deux ans, le grade de général de brigade. Brave, humain et généreux, cet homme qui fut *pleuré* de ses soldats, semblait le frère aîné de ceux-ci bien plus que leur chef : il était digne d'exercer une autre profession.

1 Nom donné à la hachette américaine vendue par les blancs aux indigènes.

Charles Malato

Sa mort produisit une grande impression de stupeur. Comment, ces sauvages si méprisés osaient se soulever et même venir à bout de leurs maîtres ! Les bourgeois libéraux de Nouméa, affolés, jetaient feu et flammes et parlaient d'atroces représailles ; ils me rappelaient les hommes d'ordre de Paris à l'entrée des Versaillais, ces *honnêtes et modérés* infâmes, dignes de boire du sang dans des crânes : l'être humain est bien vil lorsqu'il a peur !

Une insurrection canaque, si vigoureuse dès le début, si différente des insurrections antérieures, me surprit. Très inquiet pour mon père et ma mère fort exposés sur leur montagne solitaire, je les fis venir chez moi, en dépit des criailleries du sieur Gaillard qui prétendait, comme chef d'arrondissement, s'arroger le droit de régir mon bureau. Il était temps ; quarante-huit heures plus tard, la paillotte flambait avec tout ce qu'elle contenait, car mes parents n'avaient emporté que leur linge de corps et quelques effets.

C'était un dimanche, vers dix heures du soir : nous revenions, Dubois et moi, d'une promenade pédestre et, comme cela lui arrivait quelquefois, mon surveillant était légèrement éméché. Nous venions de franchir le maigre torrent desséché limitant le poste au sud-est, quand une sentinelle nous arrêta avec ces paroles alarmantes :

« Monsieur Malato, regardez donc ? on dirait qu'il y a le feu à la maison de vos parents. »

Je bondis vers le plateau du télégraphe, suivi de Dubois, et jette un regard vers la paillotte abandonnée : c'est vrai, elle flambe ! Et, pour enlever tous doutes, de la maison Henry partent trois ou quatre détonations.

— Ils sont attaqués ! Ils appellent au secours ! s'écrie Dubois.

Je me précipite à mon appareil : la boussole des deux galvanomètres *renverse* comme une folle et pas de réponse !

— Le fil est coupé des deux côtés ! exclamai-je.

Je me trompais : il ne l'était que d'un seul, sur la ligne d'Oégoa. Sur celle deTouho, il demeurait intact, comme je le vis, le lendemain ; mais un violent orage ayant éclaté dans la journée, le titulaire de ce bureau avait rompu la communication et ne la rétablit que le matin suivant.

— Les pauvres Henry ! Il faut aller à leur secours ! opinait Dubois.

Mon surveillant m'émerveillait : d'habitude il n'était rien moins que brave, mais son plumet lui eût fait rendre des points à César. Il brandissait un diminutif de sabre, acheté naguère dans une vente aux enchères publiques, et semblait prêt à tenir tête à une légion de diables noirs !

De fait, nos voisins anglais ne devaient pas être à la noce. Deux filles, l'une de dix-sept ans, l'autre de quatorze, et un fils d'à peu près quinze étaient venus rejoindre leur père, et la petite Lili. Quelle belle proie pour les Canaques, grands appréciateurs de femmes blanches ! Malgré les sympathies auxquelles avaient droit les révoltés, pouvait-on laisser torturer et massacrer tout ce monde ?

Il est vrai qu'avec leurs nombreux serviteurs, leur arsenal et leurs munitions, de guerre comme de bouche, les Henry pouvaient, une fois de plus, soutenir un siège. Peut-être même eussent-ils résisté mieux que les jeunes soldats du poste, méprisant un ennemi qu'ils ne connaissaient pas et commandés par un officier peu brave, en revanche fort imprévoyant. Mais, avaient-ils eu le temps de rassembler leurs gens ? En tous cas, ce n'était pas l'heure de se perdre en réflexions. Mon Canaque, Hilario, me semblant à peu près sûr, je le plaçai en sentinelle à quelques pas du bureau, armé d'une poignée de sagaïes, et sans prévenir mes parents, de peur de les alarmer sur mon compte, je m'éclipsai pour voler au secours de la vieillesse et du sexe faible.

Peut-être, eût-ce été le rôle du lieutenant Gaillard, qui pouvait distraire une escouade sur ses vingt hommes et l'envoyer soit par terre soit par mer dans la baleinière du poste, là où Dubois et moi allions au pas de gymnastique. Mais cet officier, perdant la tête, avait réfugié sa précieuse personne à la caserne, après voir fait noyer une provision de poudre.

Nous ne courions pas au combat les mains vides : Dubois avait son coupe-choux et moi une façon de mousquet prêté par les Henry quelques jours auparavant, en prévision d'éventualités. À la vérité, je manquais de balles, aussi les avais-je remplacées par des cailloux : on fait ce qu'on peut ! Et un seul coup à décharger ! Enfin, au petit bonheur !

À mesure que nous avancions, nous distinguions notre pauvre

paillotte ou plutôt l'amas de flammes qui la dévorait. La nuit était à demi-obscure, la lune ne montrant parcimonieusement qu'un quartier de sa surface ; nous ne voyions âme qui-vive : sans doute, les Canaques étaient-ils tapis dans les buissons. Comment ne nous apercevaient-ils pas ?

Une voix nous arrêta soudain, à quarante mètres de la maison Henry :

« Qui vive ? »

— Amis ! répondis-je, très rassuré pour la famille anglaise.

La sentinelle était un libéré, employé des Henry, qui montait la garde, armé d'un fusil meilleur que le mien. Nous échangeâmes rapidement quelques mots : j'appris que les indigènes s'étaient bornés à l'incendie, sans pousser jusqu'à une attaque, sans même se montrer, que, d'autre part, les Henry, en même temps qu'ils tiraient pour donner l'alarme, s'étaient mis en état de défense.

Tout allant pour le moins mal, je manifestai l'intention de retourner sur nos pas.

— On doit nous chercher et nous croire tués, dis-je à Dubois. Ici, on peut se passer de nous : rentrons vite.

Je me représentais l'inquiétude de ma mère, courant après moi et m'appelant dans tous les recoins du poste.

— Vous avez raison, me répond le surveillant que le grand air avait dégrisé et, par suite, rendu à son léporisme habituel. Allez tout doucement, je serre la main au fils Henry et vous rejoins dans deux minutes.

Confiant dans sa parole, je m'en retournai à petits pas, la main sur la gâchette de mon fusil, scrutant de l'œil l'épaisseur des fourrés. Cependant, les deux minutes se passent, puis cinq, puis dix, et Dubois ne reparaît pas. Il ne se montra que le lendemain au petit jour, ayant passé la nuit à boire du vin chaud avec les Anglais pour se donner du courage.

Je compris bientôt de quoi il retournait et résolus d'accélérer mon allure. À ma gauche, s'étendaient quelques maigres bouquets de cocotiers ; à ma droite, se reliant en pente douce aux montagnes de l'intérieur, couraient d'épais buissons où il me semblait entrevoir des lueurs inquiétantes. Je lève le chien de mon fusil, bien décidé, malgré toutes mes sympathies pour les insurgés, à me défendre à outrance s'il plaît à ceux-ci de se payer du rumpsteak sur ma personne.

C'est la première fois que je vais être engagé dans un vrai combat pour mon compte. La mise en scène n'a rien d'encourageant : les ténèbres et des ennemis invisibles, disposés à ne faire aucun quartier.

Justement, ils sont bien là, car, au poste, éclate une fusillade nourrie : on les a donc aperçus ; il va falloir en découdre !

Je regarde mon arme : malédiction ! la capsule a faussé compagnie, je n'ai plus en mains qu'un manche à balai. Et comme je le brandis avec indignation, voici la platine qui s'échappe du bois et tombe à terre.

Tous les bonheurs ! Et le feu roulant des soldats continue dans ma direction : il ne me manquerait plus que d'être tué par une balle intelligente !

Dans les temps reculés, une escouade de forçats avait creusé le long de la route un large fossé servant à l'écoulement des pluies. Je m'y précipitai comme dans une tranchée et, le dos courbé, le pas rapide, arrivai à l'entrée du poste.

« Halte-là ! Qui vive ? » Et j'entends le factionnaire armer son fusil.

— Télégraphe !

Les soldats ébahis, mes parents qui, désespérés, me cherchaient partout, m'entourent, ne comprenant pas comment j'ai pu échapper à l'œil perçant des Canaques.

La nuit se passe en alertes continuelles, mais non en paniques : les soldats rient comme de vrais Gaulois ; leurs sentinelles se jettent des plaisanteries grasses. Quant au lieutenant, toujours calfeutré dans la caserne, il n'en mène pas large. Ah ! si l'ennemi avait un peu de décision, comme avec deux ou trois attaques simultanées sur différents points, et un peu d'élan il aurait raison de nous !

L'ennemi ! Faut-il donc l'appeler ainsi ce peuple noir qui combat pour son indépendance ? Proscrits pour la cause de la liberté, allons-nous passer du côté des oppresseurs ?

Telles sont les questions que mes parents et moi nous nous posons

Charles Malato

avec amertume.

Hélas ! la réponse n'est que trop claire.

Oui ces hommes, en se soulevant contre l'autorité ont pour eux le droit naturel. Ils veulent vivre à leur guise, sur le sol où ils sont nés : rien de plus juste. Mais ils ne distinguent pas, — le pourraient-ils d'ailleurs ! — entre le fonctionnaire qui les opprime, le colon qui, lentement le dépossède et le paria bouclé de force dans leur île, de par la rancune politique ou la vindicte sociale.

Forçats, déportés, femmes, enfants, vieillards, aussi bien que galonnés et messieurs ventrus, tout ce qui a visage blanc leur est odieux et mérite non seulement la mort, mais la torture la plus cruelle. Et, au milieu de leur œuvre inexorable de destruction, jamais l'éclair de pitié ne jaillit.

Il faut bien se préserver, préserver les siens : tout ce qu'on peut faire c'est de rester sur la défensive.

Cette étroitesse a d'ailleurs perdu les insurgés canaques. Eussent-ils ouvert leurs rangs à ceux des Européens qui n'avaient rien à craindre ni à espérer, aux forçats plus encore qu'aux déportés qu'un scrupule patriotique eût retenus pour la plupart, négocié sous main avec les Anglais qui pouvaient les approvisionner d'armes, ils auraient été les maîtres du pays, y compris peut-être Nouméa.

Mais, pour cela, il fallait un sens exact de la situation et, par dessus, la volonté de transformer cette guerre de race en guerre sociale : la victoire était à ce prix.

Les Anglais, qui avaient laissé prendre la Nouvelle Calédonie et qui n'ont point perdu l'espérance de la rattacher un jour à leur grande colonie australienne, eussent certainement favorisé le soulèvement indigène s'ils avaient pensé y trouver des avantages. Il y eut de la part des marins britanniques quelques tentatives, très peu, restées généralement ignorées pour fournir des armes aux insurgés ; mais pour enseigner l'entretien et l'usage de ces armes il eût fallu des cadres européens. L'emploi de la hausse du chassepot était un mystère et, au bout de six ou sept coups, l'arme encrassée, considérée comme inutile, était souvent jetée. Les révoltés, d'ailleurs, ne possédèrent jamais plus d'une cinquantaine de fusils, enlevés en différentes fois aux surveillants militaires, aux gendarmes et aux colons massacrés.

Le lendemain de l'incendie de notre paillotte, quelques Canaques se montrèrent timidement aux environs du poste. Mon correspondant de Touho était rentré en communications avec moi. Je lançai sur cette ligne la nouvelle alarmante. La journée s'écoula tranquille, le lieutenant avait réintégré son habitation : il faillit y être tué. Un geste de la *popiné* qui vivait avec lui, le fit se retourner comme un sauvage, approché en tapinois allait le frapper, l'indigène disparut aussitôt. Dans la soirée, la montagne à moins de deux cents mètres du télégraphe, se hérissa de lueurs étranges : les insurgés, rampant comme des couleuvres tentaient d'incendier les herbes sèches qui eussent communiqué le feu au poste. Aussitôt une demi-douzaine de soldats grimpèrent sur le plateau et commencèrent à tirailler sur les torches qu'on voyait avancer ou reculer à ras du sol. Fusillade inoffensive, les guerriers ayant eu l'ingénieuse précaution de ne pas porter à la main leur torche, qui devait servir de cible, mais de la fixer au bout d'une sagaïe longue de deux mètres dont ils tenaient l'autre extrémité. Néanmoins, ces coups de fusil, qui ne tuaient personne, empêchèrent une attaque.

Les Oébias, ces farouches rois de la montagne, voulaient la guerre aux blancs ; les petites tribus de la côte la désiraient et la craignaient à la fois. Quelques Canaques revinrent au poste, les jours suivants, se déclarant tous innocents de l'incendie de notre paillotte dont ils ne pouvaient soupçonner les auteurs. Les tentatives d'enlèvement du poste à les en croire, n'existaient que dans notre imagination ; pour preuve de leurs dispositions amicales, ils apportaient des poules, des bananes, des ignames. Le commandant profita de notre malheur : se montrant tantôt sévère, tantôt conciliant, il arracha aux indigènes nombre de ces cadeaux en nature. Lorsque, plus tard, on accorda des indemnités aux victimes de l'insurrection, nous ne reçûmes jamais un sou, non plus que d'autres déportés : les grosses sommes allèrent aux riches propriétaires ou éleveurs qui en avaient le moins besoin.

En dépit de la détente apparente, le fil télégraphique était sans cesse coupé. Dubois, qui eût mieux aimé se trouver ailleurs, ne partait pas plutôt réparer une rupture vers Hienghène qu'une autre se produisait vers Oégoa. L'intérêt commun exigeait le maintien de nos communications : je faisais alors un métier qui n'était pas le mien. Je partais avec mon indigène, en réquisitionnais deux ou

Charles Malato

trois autres sur ma route et traversais avec eux montagnes, vallées, forêts et rivières, ayant bien soin de les faire marcher devant moi et portant négligemment la main, de temps à autre, à la crosse de mon revolver.

Pauvre revolver ! J'eusse été aussi en peine de le faire fonctionner que mon fusil. Après le massacre des télégraphistes de Bouloupari, nous avions été pourvus par l'administration de revolvers de fort calibre ; le chien du mien qui avait probablement oublié de grandir, se rabattait obstinément auprès du percuteur de la cartouche sans parvenir à l'atteindre. Trois fois, je l'envoyai à la Direction de l'artillerie, en demandant réparation ou changement et trois fois on me le renvoya intact. De guerre lasse, je le gardai et le mis à mon côté, comme le sabre de la Grande Duchesse, pensant qu'il pourrait toujours faire peur aux malintentionnés.

Du reste, nous étions terriblement pauvres en matériel. Un jour, le fil de fer manquant, car une portée avait été enlevée par les Canaques, Dubois dut s'emparer de toute la ferraille qu'il put trouver y compris les anses de marmites, et s'en servit, soudure faite, pour opérer le raccord. Une autre fois, manquant de chlorhydrate d'ammoniaque pour ma pile Leclanché, j'envoyai mon Canaque puiser de l'eau de mer, remplaçant le sel qui me faisait défaut par celui contenu dans l'Océan et, d'une manière ou d'une autre, nous marchions toujours.

Le 1er septembre fut une date joyeuse pour les blancs et un deuil pour les insurgés : Ataï, qui avait réussi à tenir campagne contre les colonnes mobiles partant de Canala et d'Uaraï, fut surpris ce jour-là dans les forêts de la chaîne centrale à Amboa. Avec lui périrent un sorcier — qui ne le fut pas assez pour éviter le trépas — et un grand nombre de guerriers : une cinquantaine de femmes furent faites prisonnières, Naïna, qui se trouvait là, eut la chance de s'échapper : il avait déjà failli être pris le 7 août, à Farino, par les Canalas, au service des blancs.

Ataï mourut le rire à la bouche : un guerrier de Nundo, Segon, lui coupa la tête qui fut envoyée en France. Une des oreilles ayant été dévorée par un auxiliaire, les expéditeurs galonnés n'éprouvèrent, dit-on, aucun scrupule à en prendre une au premier cadavre venu pour rapparier leur trophée. Quels sont les plus sauvages ?

GUERRE DE RACE

Cette insurrection fit la fortune d'un officier de marine, l'enseigne de vaisseau Servan, petit-fils de l'ancien ministre girondin. Il était chef de l'arrondissement de Canala et, aux premiers troubles, voyant les grandes tribus de Gélima et Kaké entrer en bouillonnement, prêtes à se joindre aux révoltés, il conçut l'audacieuse idée de les compromettre pour les attacher à la cause française. Il les rassembla et lui-même vêtu d'un tricot et d'un caleçon, une plume d'aigle servant de coiffure, carabine à la main, il partit à leur tête, seul de blanc. C'était le soir : à la nuit, on fit halte devant les villages révoltés. Les Canalas commençaient à parler avec animation et leur chef de guerre, Nundo, qui se faisait remarquer par sa véhémence, ne proposait rien moins que de tuer l'officier blanc.

Le moment était critique, Servan ne perdit pas la tête : il joua d'audace. Se dirigeant vers Nundo, il lui tendit sa carabine, lui disant : « Nundo, je sais que tu es un brave ; je te fais cadeau de cette arme et j'espère que tu t'en serviras bien. » Tant de sang-froid démonta le farouche géant et les autres guerriers. Immédiatement, profitant de cet état psychologique, le chef d'arrondissement leur fit brûler les cases des insurgés. Désormais, les Canalas étaient forcés de servir les blancs : ils les servirent, sinon honorablement, du moins avec courage jusqu'à la fin de la guerre. Ce furent eux qui, le 1er septembre, toujours avec Servan à leur tête, tombèrent, dans les forêts d'Amboa, sur Ataï et sa tribu, déjà plus que décimée par les combats incessants ; Servan y gagna la rosette et le grade de capitaine de vaisseau, honneurs qui lui firent rompre un mariage considéré jusqu'alors comme avantageux avec la fille d'un haut fonctionnaire. Trafic des sentiments humains !

Après la mort d'Ataï, il y eut un répit relatif : Naïna et Aréki étaient traqués à outrance, obligés de fuir leurs villages dévastés. Le premier périt enfin, le 16 janvier de l'année suivante, sous les coups des Canalas qui rapportèrent triomphalement sa tête et son fusil. Petit, brun, intelligent, parlant peu le français, ce sauvage était une physionomie curieuse : on lui attribuait, sans beaucoup de preuves, la mort du colonel Gally-Passebosc. Quant au dernier grand chef, Aréki, il tint bon jusqu'au 7 février, quoique terriblement pourchassé dans la presqu'île Lebris et les marais de la côte. À la fin, manquant de vivres et désespérant d'échapper plus longtemps, il se rendit avec ses derniers guerriers. Sa contenance

Charles Malato

fut ferme et calme : il déclara toutefois n'avoir point participé au massacre des colons. On lui fit grâce de la vie et l'exila à l'île des Pins.

Le mois de septembre fut donc assez paisible : on pouvait croire l'insurrection virtuellement terminée. J'avais, lassé des tiraillements avec l'autorité militaire demandé mon changement, peu avant qu'éclatât l'insurrection. Les événements me firent revenir sur ce désir, ne voulant pas quitter mon poste au fort du danger. Le calme semblant rétabli, je reçus avis qu'en octobre, je rentrerais au chef-lieu et nous préparâmes ce que l'incendie nous avait laissé de bagages, mes parents devant naturellement m'accompagner. Nous allions quitter la vie sauvage pour nous replonger dans la civilisation, passer en soixante-douze heures, de l'âge de pierre à l'âge du papier ; mais, avant notre départ, nous faillîmes tomber dans une embuscade qui, eût-elle réussi, se fût terminée par un repas de *corps* dont nous eussions fait tous les frais.

Des divers potentats bronzés dont les domaines nous entouraient, le plus sympathique était, sans contredit, Malakiné chef de Diahoué, dont j'avais failli devenir le gendre. Au lieu de fatiguer comme ses collègues de ses obsessions mendiantes pour du tabac, du tafia ou des *dix sous,* cet auguste personnage se montrait fort avenant lorsqu'on allait le visiter. Il est vrai qu'il n'y perdait rien : on lui savait gré de son accueil et les soldats, bons enfants, partageaient avec lui tafia et gamelles lorsque, à son tour, il venait au poste. Au milieu de nos incessantes alertes nous avions conservé confiance en ses sympathies.

Aussi, l'accueillîmes-nous fort bien quand, un dimanche, il vint nous trouver, porteur d'un gros poisson fumé. Nous lui achetâmes sa marchandise et le fîmes déjeuner avec nous. Au dessert, il nous proposa une promenade jusqu'à sa tribu.

Il y avait longtemps que le surcroît de besogne m'emprisonnait au bureau. J'avais besoin d'exercice et de grand air : nous acceptâmes. Très heureusement, j'eus l'idée d'emporter mon revolver… qui ne marchait pas.

Malgré ma connaissance du chemin, Malakiné avait tenu à nous servir de guide et insistait pour nous faire passer non par la plage qui, à marée basse constituait le plus court chemin, mais par un sentier de l'intérieur. À un kilomètre du poste, nous trouvâmes une vingtaine de Canaques, labourant, selon leur coutume avec des bâtons pointus, durcis au feu. Ils avaient l'air pacifique et, tant était grande notre foi ingénue en le chef de Diahoué, que nous n'y prîmes garde : cependant, j'eusse pu reconnaître, parmi ces travailleurs apparents, des figures d'Oébias.

Malakiné, de l'air le plus naturel du monde, échangea avec eux quelques mots que nous ne comprîmes pas. Nous continuâmes, un certain temps, à suivre cette route, mais fatigué de ses détours j'exprimai nettement mes préférences pour le bord de la mer et pris cette direction, suivi de mes parents et du chef canaque qui gardait un silence mécontent. Mon mouvement de mauvaise humeur déconcertait évidemment les projets de notre guide, qui, me voyant une arme à feu au côté, pensant peut-être que ce n'était pas la seule en notre possession, avait dû inviter les Oébias à différer leur attaque jusqu'à ce qu'ils fussent encore plus nombreux ou à aller nous égorger plus loin sur la route, de façon que nous ne pussions donner l'alarme au poste. Bien entendu, ces déductions ne se firent que plus tard dans notre esprit.

Nous arrivâmes à Biahoué : le village semblait absolument désert. Mes parents, fatigués d'une marche de douze kilomètres, s'assirent sur le gazon, sous l'ombrage des grands cocotiers, dont Malakiné se disposait déjà à cueillir les noix à notre intention. Pour moi, j'avais des fourmis dans les jambes : je ne sais quel mobile m'entraînait plus loin : une vague intuition me fit, cependant, sous prétexte qu'il m'incommodait, laisser mon revolver à mes parents et, priant ceux-ci d'attendre mon retour, qui ne tarderait pas, je poussai seul jusqu'au Vieux Diahoué.

Il y avait, dans cette localité, distante peut être d'un tiers de lieue, sur les bords d'un joli ruisseau, une case devant laquelle, plusieurs fois, déjà dans mes courses aventureuses, je m'étais arrêté pour causer et rire avec sa propriétaire, une *popiné* assez avenante, d'âge sortable et qui n'était pour moi qu'une connaissance non intime. Je m'y rendis, uniquement par besoin, après ma longue claustration, de voir des visages autres que ceux du poste. Je trouvai la Canaque à sa place favorite, au pied d'un bel arbre qui, au contraire des humains, chauffait sa tête feuillue au soleil et rafraîchissait son pied dans l'onde courante. Madame Deshoulières n'eût pas choisi

Charles Malato

plus idyllique endroit pour y mener paître ses chères brebis. Mais à mon étonnement, la noire beauté qui, d'habitude ne dédaignait pas de plaisanter avec moi, en tout bien tout honneur, m'accueillit, cette fois, avec une contrainte embarrassée qui me frappa.

Elle n'était pas seule : une vieille et deux ou trois hommes, d'âge plutôt mûr, étaient accroupis sur le sol auprès d'elle. J'y pris place aussi et ne pus m'empêcher de remarquer la même expression de gêne sur tous les visages.

Cependant, un de ces hommes de la nature me passait la main sur le dos, de ce geste câlin, familier aux Canaques, qui est peut-être moins une caresse qu'une vieille habitude d'anthropophage en reconnaissance de steacks. Mon vêtement s'étant entr'ouvert sur la poitrine, je vois encore la grimace de dégoût et de haine que provoqua sur le visage de la *popiné,* jusqu'à ce jour si avenante, la vue de mes blancheurs pectorales. Il y avait là, toute l'exécration d'une race pour une autre à l'épiderme différemment coloré : je ne m'y mépris point.

D'autant plus que, l'un après l'autre, arrivaient de nouveaux indigènes, tous avec une physionomie des moins réjouissantes. Une intuition finit par s'éveiller en moi : ces hommes voulaient me tuer ; ils hésitaient ne se croyant peut-être pas encore assez nombreux pour lutter contre « un capitaine télégraphe » qu'ils pouvaient vraisemblablement supposer armé de la foudre, mais ce ne serait évidemment qu'un court répit.

L'image de mes parents, de ma mère surtout, surpris de leur côté et massacrés, se présenta aussitôt à mon esprit. Très heureusement, ma figure ne traduisit pas mes anxiétés : avec le plus grand sang-froid, j'annonçai à mes aimables compagnons mon intention de pousser ma promenade un peu plus loin et leur demandai d'aller, pendant ce temps, chercher un régime de bananes que je prendrais à mon retour. Sur ce, je me levai fort tranquillement : les noirs affamés, dupes de mon machiavélisme, me laissèrent aller.

Je fis ostensiblement quelques pas sans me presser, dans la direction opposée à celle que je voulais prendre ; puis le feuillage m'ayant caché aux yeux des indigènes, j'exécutai un brusque crochet à gauche et, me courbant dans les hautes herbes, pris un triple galop dans la direction de Diahoué. Il était temps ! J'entendais les

GUERRE DE RACE

Canaques que j'avais quittés en appeler d'autres par des sifflements aigus et rapides auxquels il était répondu de même. Quelques minutes de cette course échevelée m'amenèrent au but ; je respirai, apercevant mes parents, on ne peut plus vivants.

Une chose me surprit, cependant : ils étaient levés comme pour partir. Ma mère m'en donna l'explication : « Malakiné, me dit-elle, nous conseillait, comme le plus commode, de nous en retourner par le rivage avant la marée haute sans t'attendre puisque, connaissant le pays et étant bon marcheur tu pourrais nous rejoindre par des sentiers de traverse. » Ce désir de nous séparer n'était pas fait pour diminuer nos suspicions : cependant, je ne dis rien sur le moment pour ne pas provoquer chez mes parents un mouvement insurmontable qui eût pu précipiter un fatal dénoûment. Malakiné, toujours présent entendant le français, je me réservai de ne pas perdre de vue ce chef.

Nous partîmes tous quatre, nous dirigeant vers la plage : Malakiné portait un poisson fumé, de belle dimension, dont il venait encore de trouver le placement et marchant en serre-file, près de ma mère et de moi. Mon père venait le dernier, absorbé dans la lecture d'un numéro du *Siècle,* qui ne datait que de trois mois. Son ignorance du danger me faisait frémir et lui donner l'éveil d'une façon trop brusque était en même temps le donner au traître de mélodrame. On ne pense pas à tout : l'idée ne me vint pas d'employer la langue italienne.

Les cases devant lesquelles nous passions pour aller à la mer, apparaissaient presque toutes désertes, la tribu nous attendant, sans doute ailleurs ou se préparant un alibi.

Seuls, deux ou trois vieillards impotents, accroupis à l'entrée de leur domicile, nous contemplaient d'un œil narquois. À chacun d'eux, Malakiné disait quelques mots, que je ne pouvais comprendre, appartenant sans doute à un argot spécial employé dans les circonstances non communes. Et il me semblait qu'à la suite de ces paroles mystérieuses, les regards des vieux anthropophages luisaient sur nous plus sardoniques.

Un indigène passa, de force et d'âge moyens. Le chef l'appela et, lui donnant à porter le poisson, l'invita à compléter notre bande.

De sa phrase impérative, je compris deux mots : « *poupoualé*

Charles Malato

lêkem », — trous du c... d'étrangers.

Il ne m'en fallait pas davantage pour être fixé sur les bons sentiments de Malakine et de ses sujets à notre... endroit.

Vivement, car le dénouement semblait proche, je mis ma mère au courant : femme à s'évanouir au contact d'une souris, elle était brave dans les réels dangers. D'un geste résolu, elle étreignit le manche de son ombrelle, pauvre arme qui eût été bien vite brisée !

Je ramassai sur la plage une branche qui, à la rigueur, pouvait servir de bâton.

Nous marchâmes ainsi pendant fort longtemps, et mon père lisait toujours le *Siècle* !

À un tournant, se dessina devant nous une langue de terre assez brisée, distante peut-être d'un kilomètre.

Comme je me disais que l'endroit était propice à une embuscade, un point rouge tranchant sur le feuillage d'un cocotier attira mon attention. Je le montrai à ma mère et nous ne tardâmes pas découvrir ce que c'était : rien moins qu'une vigie indigène, placée là pour signaler notre retour aux autres, les faux-cultivateurs que nous avions aperçus à l'aller.

Seulement, les Canaques n'avaient pas été malins : oubliant qu'à la guerre, il importe de voir et n'être pas vu, ils avaient choisi pour vedette un des leurs que dénonçait de loin sa chemise de laine rouge.

Cette couleur amie, arborée par un sauvage, pasticheur inconscient des Garibaldiens nous sauva la vie.

Il n'y avait pas à en douter : c'était là que nous attendait le massacre et nous pouvions discerner des points noirs, d'autres Canaques, se mouvant sous les arbres. L'heure était venue, je tournai la tête et, rencontrant le regard de mon père, lui fis un signe auquel il ne se méprit pas : il fut aussitôt près de nous. Deux mots suffirent : il tira de sa gaine mon pseudo-revolver, qu'il portait toujours au côté, je brandis mon bâton et nous passâmes sans façon de chaque côté de Malakiné, l'emprisonnant entre nous.

Ce chef, jusqu'alors, nous avait crus sans défiance et, dans la crainte d'être éclaboussé par quelques-unes des pierres ou sagaïes qui nous étaient destinées, il marchait assez loin de nous, dans la mer jusqu'à la cheville. Notre mouvement le déconcerta complètement ainsi qu'il parut à son air angoissé. Peut-être avait-il entendu parler de la façon dont les communards traitaient les otages. Son compatriote, que nous ne perdions pas de vue, semblait ahuri. Quant à ceux de l'embuscade, nous voyant sur nos gardes et prêts à la première démonstration hostile, à brûler la cervelle à leur chef — s'ils eussent connu l'impuissance de notre arme ! — ils ne bougèrent pas : nous passâmes !…

Quand nous eûmes laissé derrière nous cet endroit dangereux, Malakiné, faisant contre mauvaise fortune bon cœur, essaya de nous donner le change. S'armant d'un sourire contraint et nous tapotant amicalement sur l'épaule, il eut le cynisme de nous demander si nous nous étions bien réjouis et reviendrions le gratifier d'une nouvelle visite.

Nous lui répondîmes on ne peut plus négativement et, à cette proximité du poste, nous estimant aux trois quarts sauvés, nous éclatâmes en reproches amers sur la duplicité de ce potentat, digne de rivaliser avec ses confrères européens.

Malakiné, cela va sans dire, se disculpa avec indignation, mais jusqu'à notre départ d'Oubatche, il ne remit plus les pieds au poste. Sans doute redoutait-il des représailles et rien ne nous aurait été plus facile que de l'emmener de force, car, à un kilomètre, nonchalamment couché sur l'herbe, comme un berger de Virgile, était Victor Hook à qui nous racontâmes l'affaire. En même temps, nous congédions les deux indigènes fort soulagés. Le brave suisse rebroussa chemin avec nous, critiquant quelque peu notre mansuétude, mais appartenait-il à des proscrits de se montrer féroces envers des hommes, même anthropophages, qui s'insurgeaient pour leur liberté ?

CHAPITRE XIII
RETOUR À LA CIVILISATION

À la fin d'octobre, le steamer *Le Havilah* nous prit à son bord, après avoir débarqué mon remplaçant Hyvernault. Nous quittâmes, non sans quelque émotion, ce paradis sauvage devenu un coupe-gorge.

Charles Malato

L'insurrection avait repris et rugissait plus que jamais. Un mois après la mort d'Ataï, les Canaques de Muéo et de la Poya, massacraient le riche éleveur Houdaille, divers colons, libérés et Chinois et même le chef indigène Mavimoin, coupable de sympathies pour les blancs. Aussitôt après, toute la région, demeurée jusqu'alors paisible, se souleva et le pénitencier agricole de Bourail se trouva, pendant six ou sept semaines, littéralement bloqué. Sans doute, des insurgés de la première heure, réfugiés chez leurs frères du nord, avaient communiqué à ceux-ci leur haine de la domination européenne. Ah ! s'ils s'étaient révoltés ensemble, à la même heure ! Pauvre Ataï !

Aux établissements miniers du Diahot, la population, assez nombreuse cependant pour se défendre, avait été saisie d'une telle panique que le gouverneur avait dû y établir un poste de soixante-quinze soldats. Cela ne rassurait qu'incomplètement les résidents anglais qui, à la moindre alerte, allaient se tapir dans une mine, à l'entrée de laquelle ils avaient braqué un bizarre canon, fondu avec des boîtes de conserves. Un jour, il y eut grand émoi et grande bousculade dans le souterrain : on venait d'annoncer l'approche de deux cents guerriers, traversant la rivière. Information prise, il se trouva que ce n'étaient que quelques *popinés* ramassant pour leur dîner, des sauterelles, plus abondantes en ce pays que les pièces de cent sous.

Notre retour au chef-lieu produisit parmi nos amis une véritable sensation : on nous considérait un peu comme des ressuscités. À Nouméa, aussi, les craintes avaient été vives, les fuyards de Bouloupari ayant encore exagéré la situation déjà fort grave.

— « *Ils* sont au quatrième kilomètre ! *Ils* sont à Montravel ! » (c'est-à-dire dans la ville même), s'écriaient les alarmistes. En réalité, les insurgés s'arrêtèrent, et ce fut leur tort, à dix bonnes lieues de Nouméa.

La première mesure prise avait été de réunir tous les indigènes travaillant chez les citadins et de les diriger sur l'île Nou, la seconde d'autoriser la formation de corps francs. Les déportés qui, deux mois durant, avaient combattu cent mille réguliers versaillais, eurent sous les yeux le réjouissant spectacle d'une caricature de garde nationale, commandée par des Tartarins tremblant de leur

RETOUR À LA CIVILISATION

ombre et empêtrés dans leur ferraille. Quelques détachements de cavaliers, comme ceux de M. de Greslan, se montrèrent, toutefois de précieux mais cruels auxiliaires. Il serait injuste d'oublier les déportés arabes qui, avec l'espoir d'une grâce, formèrent un petit corps équestre d'intrépides guerriers. Leur attitude était blâmable, mais leur bravoure superbe : l'un d'eux, Baschir, armé simplement d'un long fouet, traversait, seul, au galop, des bandes d'insurgés qu'il stupéfiait ou faisait fuir. Tant de zèle ne leur servit point : le gouvernement, qui les avait proscrits pour les dépouiller, utilisa leurs services… et les laissa exilés.

Le boulanger marseillais Étienne, brave démocrate condamné à mort avec Crémieux et commué à la déportation, se chargea de nous remettre au courant de la vie normale. Qui pourrait nier l'influence du milieu ? Nous revenons au bout de deux ans et demi écoulés en pays noir, passablement déshabitués des us et coutumes qui font la gloire de monsieur Joseph Prudhomme. Je me sentais le cerveau vide et la langue épaisse, hésitant dans les phrases les moins compliquées et sur les questions les plus courantes, au point de me demander parfois s'il convenait de dire « le pain » ou « la pain », « la hache » ou « l'hache »… comme un policier, et si la légendaire bourrique à Robespierre n'était point contemporaine du maréchal Lannes.

Cependant, l'insurrection suivait son cours. L'administration avait dû prendre une grande mesure : armer les transportés ; les plus importants de ces nouveaux auxiliaires furent les forçats politiques, détachés à Canala, qui, l'ex-membre de la Commune Amouroux en tête, offrirent d'eux-mêmes leurs services au gouvernement leur geôlier. Les vaincus de 71 étaient patriotes ! Beaucoup, parmi les déportés, estimèrent que ce n'était pas le rôle de leurs camarades d'aller combattre des insurgés et que, si dure que fût la vie du bagne, l'espoir d'une grâce ne devait pas amener de telles compromissions. Amouroux, ambitieux et travailleur, était un de ces bilieux, de physique maladif mais d'esprit tenace, qui veulent arriver et qui arrivent. La mort l'a surpris, cinq ans plus tard député de la Loire-Inférieure. Lui et ses camarades, en attendant mieux, gagnèrent à leur zèle une liberté relative et le port d'un large col rabattu de toile bleue, les distinguant des forçats de droit commun. Rendons-leur cette justice, de tous les belligérants,

Charles Malato

ils furent les plus humains : une fois les grandes luttes passées, ils cherchèrent bien moins à exterminer qu'à faire des prisonniers et à provoquer la soumission des débris de tribus traqués dans la chaîne centrale.

Beaucoup, jusqu'à cette époque terrible, avaient cru l'anthropophagie complètement disparue des mœurs néo-calédoniennes : on vit qu'il n'en était rien. De temps à autre, on découvrait cachés sous les buissons des paniers remplis de viande humaine cuite et désossée.

Les instincts ataviques, difficilement comprimés, se réveillaient.

Après tout, on l'a dit bien des fois : le mal est-il plus grand à manger ceux qui sont morts qu'à tuer ceux qui ne veulent pas mourir ?

La manière intelligente dont les Canaques préparent le mets cher aux émules de Malakiné, doit du reste, leur faire pardonner cet excès gastronomique.

Au lieu de le gâter par des combinaisons suspectes, ils lui conservent son arôme naturel en le faisant simplement cuire au four. Le procédé est des plus simples ; un trou dans le sol est chauffé avec des cailloux rougis, après quoi, on y dépose le corps, découpé en quartiers et coquettement empaqueté dans de larges feuilles de bananier ; puis, on recouvre. Au bout d'une heure ou deux selon la qualité de la viande et l'âge du sujet, on déterre et on sert. Une rosée tout à fait appétissante perle sur le rôti fumant qu'on peut compléter de monceaux d'ignames ou de bananes cuites de la même façon.

L'insurrection de 1875 donna aux vieux Canaques l'occasion de communiquer à la jeune génération leurs petits talents culinaires. Parmi les pauvres diables qui firent les frais de ces balthazars, fut un marin bien connu sur la côte, le père Marianne qui, avec l'équipage de trois petits caboteurs lui appartenant, tomba sous le casse-tête d'abord, puis sous la dent des anthropophages. Chargés de ravitailler une colonne de troupes qui opérait entre Bourail et Koné, ils furent surpris, à quelques brasses seulement de la côte, abordés et massacrés jusqu'au dernier. Lorsque, deux jours après, les soldats affamés, battant les marécages du littoral, à la recherche de leurs ravitailleurs, arrivèrent sur les lieux, ils trouvèrent des paniers indigènes remplis de viande. Un militaire qui ne sentait

RETOUR À LA CIVILISATION

plus son estomac, avait déjà attaqué à belles dents ces comestibles providentiels, lorsqu'un de ses camarades accourut tenant un membre humain. À cette vue, le mangeur vomit et s'évanouit.

Antérieurement à la révolte d'Ataï, le chiffre total des bureaux télégraphiques, grands et petits, existant dans la colonie, n'était que de dix-huit : les nécessités firent considérablement augmenter ce nombre. Certains étaient fort exposés : à Thiô, l'attitude des Canaques contraignit le gérant du télégraphe, ainsi que la population presque entière à se retirer en hâte sur Canala. Seul, le mercanti Lacombe et deux vieux durs-à-cuire, qui ne voulaient pas abandonner leurs pénates demeurèrent, patrouillant, dans la journée, d'une habitation à l'autre et, la nuit, allant coucher dans un îlot où ils faisaient bonne garde.

De toutes les tribus qui jouèrent un rôle dans cette guerre, celles de Thio se montrèrent les plus méprisables et la responsabilité en remonte à un missionnaire, leur directeur spirituel, le père Morris. Ce fut lui, politique subtil et sans scrupules, qui, par l'intermédiaire de ses Canaques catholiques, incita les païens de l'intérieur à se ruer sur les *poupoualés*. Ne fallait-il pas à tout prix discréditer l'administration d'Olry ? Les Thios égorgèrent et pillèrent à Bouloupari, menacèrent la population blanche de leur localité, forcèrent les habitations des fugitifs, puis, se tinrent cauteleusement sur l'expectative.

Quand ils virent de quel côté tournerait la chance et surtout lorsqu'un détachement de vingt-deux fantassins de marine, sous les ordres du sous-lieutenant de Lestang-Parade, eut occupé la localité, ils offrirent leurs services aux étrangers. Depuis ce moment, commandés par leur chef de guerre Simon, ils marchèrent contre les révoltés de l'Aoui que dirigeaient le brave chef Judano et Cham. Ce dernier, un peu l'enfant adoptif des gendarmes, enseignait à ses compatriotes le maniement des armes que lui avaient appris ses anciens amis.

Ma mère, qui craignait peu pour elle-même, tremblait que je ne fusse renvoyé sur le théâtre de la lutte. Ses appréhensions jointes au souvenir des luttes passées, contribuèrent à lui porter le coup fatal à une époque de la vie féminine où toute forte secousse est dangereuse. Nous éprouvâmes la plus grande de toutes nos

Charles Malato

douleurs et je me promis plus que jamais, devant le cercueil de cette chère morte, de tirer vengeance des proscripteurs. Le sentiment, seul, parlait alors en moi ; plus tard, la réflexion et l'étude me firent étendre ma haine des oppresseurs aux institutions, les plus grandes coupables.

L'enterrement de ma mère fut religieux. Élevée dans une famille mi-aristocratique, mi-bourgeoise, elle avait conservé ses croyances spiritualistes et, sans s'inféoder à la lettre ou même à l'esprit étroit du dogme, elle avait exprimé bien des fois le désir d'être enterrée comme l'avaient été tous ses ascendants. Au nom de la liberté, mon père et moi nous inclinâmes et le cercueil, accompagné quand même par nos amis d'exil, entra à l'église. Est-il besoin de dire que l'anarchiste d'aujourd'hui ne regrette pas ce respect témoigné non à un culte ennemi, mais à un sentiment et une volonté ?

Quelques jours après, Louise Michel, que nous ne connaissions pas, arriva droit chez nous de la presqu'île Ducos. Après sept années passées dans les vallées de Numbo et Tindu, la vaillante révolutionnaire était autorisée, ainsi que plusieurs *blindés* (pittoresque surnom des condamnée à la déportation dans une enceinte fortifiée), à résider au chef-lieu. Elle nous apportait une lettre et des nouvelles de Mabille.

L'exil prolongé n'avait pas abattu le stoïcisme de ce vieux lutteur, habitué à souffrir pour cette république dont tant de rastaquouères vivent grassement. Du reste, les nouvelles de France étaient favorables et quand on apprit que Mac-Mahon, poussé de plus en plus à gauche, malgré ses résistances désespérées, avait fini par se *démettre* après s'être *soumis,* tout le monde se dit : « L'amnistie n'est pas loin. »

Une détente, très sensible se produisit alors : non seulement les commerçants, mais même les fonctionnaires regardaient les déportés d'un œil tout différent. Les seconds, se dépouillant de leur morgue passée, recherchaient les occasions de se montrer aimables envers leurs anciennes victimes, susceptibles de se transformer en maîtres. Ô roue de la fortune qui, sans cesse, élèves les uns pour abaisser les autres, tout en laissant subsister même inégalité et mêmes abus !

Le gouverneur, animé de sincères velléités libérales, profita de

RETOUR À LA CIVILISATION

ce moment pour desserrer un peu les liens qui meurtrissaient la colonie. Un conseil communal élu au suffrage presque universel (les résidents français et libres ne formant qu'une partie de la population), remplaça à Nouméa le grotesque conseil privé, tandis que, dans l'intérieur, des commissions municipales venaient mettre un frein à l'autocratie des chefs d'arrondissements militaires.

Une presse indépendante avait surgi. Locamus, ex-commis de marine, en rupture d'administration pour cause de radicalisme, s'était réveillé pamphlétaire et, dans la *Revue illustrée,* menait une campagne acerbe contre les satrapes locaux, stupéfaits de telle irrévérence. Avertissements, suspensions, suppressions pleuvaient dru sur l'audacieux folliculaire qui, sans s'intimider, changeait le titre de son journal et continuait la lutte au grand plaisir de la population, vengée enfin de son long bâillonnement. Le plus malmené de ces fonctionnaires jusque-là inattaquables, fut le directeur des postes Signorio, un Corse de vieille roche, qui conservait pendant *quatre ans* dans la boîte administrative, véritable oubliette, des lettres venues de France. Il y eut, lorsque le fait fut connu, d'assez vives réclamations, plus encore de gorges-chaudes, et ce chef de service, que ne protégeait plus son bonapartisme clérical, dut dire adieu à la colonie qui eut l'ingratitude de s'en montrer enchantée. « *Errare postalum est, sed perseverare signoricum* », avait écrit Locamus : *signorifisme* devint par toute l'île synonyme de philosophie insouciante et gaie.

Louise Michel, confinée, pendant si longtemps dans l'étroit périmètre de la presqu'île Ducos, s'était éprise des sauvages, dont elle avait pu voir près d'elle quelques beaux échantillons. L'un d'eux, Daoumi, auquel elle avait eu la patience d'apprendre à lire, lui avait, en échange, communiqué d'intéressants détails sur cette vie primitive, dans laquelle notre amie eût voulu s'ensevelir, loin des dirigeants et des exploiteurs. Bien des années après, nous eûmes grand'peine, mon père et moi, à la dissuader de retourner d'Europe en Nouvelle-Calédonie, ouvrir, dans la brousse, des écoles pour les petits Canaques. Ce que les missionnaires l'eussent vite fait disparaître !

De mon côté, j'étais rentré au chef-lieu les poches bourrées de notes écrites et l'esprit saturé d'observations.

Charles Malato

Je livrai le tout à Louise, dont l'érudition encyclopédique s'augmenta dès lors de trois ou quatre dialectes qui, dans une génération n'existeront vraisemblablement plus qu'à l'état de souvenirs. La bravoure de cette ancienne institutrice n'avait d'égale que son inépuisable générosité, car, bien des fois, elle se privait de repas pour donner aux quémandeurs les moins intéressants : elle me proposa un jour une exploration pédestre, à deux, le long de ce littoral où, pendant longtemps, les voyageurs n'osèrent s'aventurer.

Mais les humains proposent et les événements disposent : je fus brusquement rappelé du rêve à la réalité par ma nomination à la gérance du bureau de Thio, tandis que Louise était enchaînée à Nouméa par des leçons… gratuites pour la plupart.

Muni, cette fois, d'un revolver qui fonctionnait, je dis adieu à nos amis déportés que je ne devais plus revoir sur le sol néo-calédonien, et m'embarquai à bord de la *Dives,* le 21 avril 1879.

J'avais été charitablement prévenu qu'il me faudrait déployer dans mon nouveau poste à la fois beaucoup d'adresse et de résolution. Les indigènes n'étaient plus à craindre, mais j'allais me trouver en contact avec un officier fort mal disposé à l'égard des pékins et un missionnaire digne d'être né au temps de Machiavel et… des Borgia.

J'avais l'habitude des conflits avec l'autorité militaire et, à Nouméa, avais repris des forces pour la lutte. D'ailleurs, il était rare que le galonné cherchât à se mettre à dos consécutivement plusieurs fonctionnaires civils, car, alors sa réputation de mauvais coucheur, une fois établie, eût pu lui nuire pour l'avancement.

De Lestang-Parade et tous ses successeurs se montrèrent, je dois le dire, fort aimables vis-à-vis de moi.

Quant au père Morris, je le connaissais longuement de réputation. Le souci du maintien de son autorité sur son noir troupeau le rendait haineux de ses compatriotes : me promenant avec deux autres Européens, je l'ai entendu qui, prêchant dans une case et ne soupçonnant pas notre approche, exhortait ses ouailles à mépriser les avances des blancs et décliner toutes relations avec eux. Mais cela n'est rien : pendant l'insurrection, des Canaques de sa mission avaient empoisonné une source à l'intention des marins et des soldats. La *Vire,* sous lesordres du commandant Rivière, étant au mouillage, quelques hommes, descendus à terre, se dirigèrent de ce côté : ils allaient boire, lorsque certains indices éveillèrent leur suspicion. Les Canaques firent des aveux et leur directeur spirituel interrogé, bredouilla qu'il savait bien la chose, mais que, l'ayant apprise en confession, il ne s'était pas cru le droit de crier « gare ! » à ses compatriotes. Sans la crainte de déchaîner dans les jambes du nouveau gouverneur toute la meute cléricale, Rivière eût fait fusiller le révérend comme un chien.

Tel était le personnage cauteleux et redoutable, qui exerçait à Thio une domination voilée mais réelle. J'aurai occasion de reparler de lui, notamment à propos de la mort du grand chef Kary, victime de sa persistance à ne pas se laisser baptiser.

Vingt-quatre heures après avoir quitté le port de Nouméa, la *Dives* fit relâche à l'île Lifou, bloc de corail surgi de la mer et recouvert d'une mince couche d'humus où a poussé cependant une forêt. Deux missions, l'une catholique, l'autre protestante, s'y disputent la prééminence spirituelle et commerciale, la direction des âmes se complétant par la vente de cassonade, ferraille et calicot.

J'avais mis pied à terre, mais je ne me sentais attiré ni par l'homme de la Bible, ni par l'homme de l'Évangile : après un coup d'œil sommaire sur la mission et la tribu voisine, j'allai visiter les grottes qui font la réputation de cette île minuscule, simple atome perdu sur l'immensité bleue du Pacifique.

Ces grottes sont au nombre de deux : l'une remarquable par ses stalactites et ses colonnades, parmi lesquelles tournaient, dès l'apparition d'une lumière, des nuées de gigantesques chauves-souris. L'autre, beaucoup plus grande, semblait, par les spirales d'un escalier naturel, s'enfoncer dans les abîmes souterrains : je m'y engouffrai, accompagné d'un guide et muni d'une torche dont le reflet endiamantait les cristallisations du roc. Ulysse, Télémaque, Énée et tous les personnages antiques qui, de leur vivant, descendirent aux enfers, ne virent certainement pas décor plus imposant. À la limite inférieure de la grotte s'étendait une mince nappe d'eau salée : nous étions au niveau de la mer qui s'infiltrait à travers les masses calcaires.

Le soir même, la *Dives* leva l'ancre et, le lendemain, je débarquai

Charles Malato

à mon nouveau poste, le dernier !

CHAPITRE XIV
THIO

M'étant déjà longuement étendu, tant sur les mœurs des indigènes et celles des colons que sur l'insurrection, virtuellement étouffée, je n'emplirai ce chapitre, le dernier relatif à la Nouvelle-Calédonie que du récit rapide d'anecdotes.

Thio est, après Houaïlou, le principal centre minier de l'île. Les flancs rougeâtres de ses montagnes dénudées renferment abondamment le nickel et le chromate de fer. Un roc, entouré de fourrés inextricables, garde, comme une sentinelle avancée, l'embouchure de la rivière. Celle-ci, tout aussi traîtresse que la Boima, se replie dix-neuf fois sur elle-même, de sa source à la mer, ce qui, vu l'absence de ponts, procure bien des agréments aux voyageurs.

On dirait qu'un mauvais génie, sans doute l'énorme Coindé, le Neptune local, a jeté un sort sur ces eaux. Que de victimes elles ont englouti !

Une de celles-ci fut madame Panié, épouse surannée mais peu sévère d'un ex-caporal de pompiers auquel son passage dans ce corps d'élite avait brûlé le gosier. Tous deux buvaient, lui pour éteindre cet incendie, tentative aussi vaine que réitérée, elle pour tenir compagnie à son mari. Lorsque des visiteurs aux désirs lubriques, car Panié n'était pas jaloux, entraient dans la case hospitalière, les libations ne connaissaient plus de limites : ne fallait-il pas dignement arroser l'autel de Cypris ?

Qui eût pu prévoir que si fière personne périrait par l'eau ? C'est pourtant ce qui arriva. Au retour d'un déjeuner *à la campagne,* le mari, la femme et l'ami arrivèrent à cheval sur les bords de la rivière, encore gonflée par des averses récentes, et, avec l'insouciance de l'ivresse, ils forcèrent leurs montures à effectuer le passage. Le cheval de madame Panié ne tarda pas à perdre pied et, emporté par le courant, à disparaître avec la malheureuse. — Ma pauvre femme ! s'écriait en pleurant, au bout d'une semaine, l'inconsolable Panié, je suis bien à plaindre : c'est la troisième jument que je perds cette année !

À Thio, je fis la connaissance d'Amouroux. Lui et ses camarades avaient gagné à leurs bons services une assez grande liberté et, sous prétexte d'un tracé de route, on les laissait au large, livrés à eux-mêmes. Ils vinrent au bureau et nous fraternisâmes. Malgré leur attitude regrettable dans l'insurrection canaque, que seuls, d'ailleurs, ils avaient combattue sans cruauté, ils n'en étaient pas moins des communards : avec eux, je me retrouvais en terre républicaine. Deux déportés établis dans la localité se joignirent à moi pour leur donner un véritable banquet auquel prirent part, — signe des temps, — les deux sous-officiers du poste. L'ordinaire du bagne avait débilité les estomacs de nos hôtes et Amouroux, ayant commencé, au dessert, à déclamer les Iambes de Barbier, ne put jamais aller plus loin que le dixième vers. Je sortis de ces agapes avec les honneurs de la guerre, digne sans excès de raideur et remorquant un sergent sous chaque bras.

Plus tard, je revis Amouroux à Paris : il avait déjà un pied dans les grandeurs et, faiblesse bien humaine, se montrait gêné en ma présence, craignant peut-être que lui rappelant les mauvais jours, je ne lui demandasse à mon tour ses bons offices. Je n'aurais eu garde de le tourmenter sur ce point ! Amouroux, travailleur tenace, avait beaucoup plus de qualités d'esprit que de cœur : parti de la chapellerie, en passant par le bagne, il eût pu devenir ministre.

Deux déportés résidant à Thio méritent une mention spéciale.

Sillaux, surnommé *Double-mètre,* parce qu'il atteignait juste cette hauteur, eût dit monsieur Sarcey, était un géant inoffensif comme nombre d'hommes vraiment forts. Avec lui et Panié, j'allai en excursion dans les montagnes de l'Aoui, pourchasser non les restes errants des tribus révoltées, mais simplement les cochons sauvages. Les animaux domestiques qu'élevaient naguère les Canaques d'Ataï et de Judano, étant privés de leurs maîtres, retournaient bientôt à l'état primitif : les chiens redevenaient loups et s'associaient par bandes pour attaquer les bestiaux, même de forte taille, tels que les veaux ; les chats prenaient le maquis, comme de véritables bandits corses et tombaient à coups de dents et de griffes sur les oiseaux,

Charles Malato

voire même les gallinacés ; les *pocas,*suivant l'exemple général, maraudaient dans la brousse et montraient de loin aux voyageurs des rudiments de défenses redoutables.

À côté de ses petits défauts, Panié était brave : au fort du danger, il n'avait pas déserté Thio. Le besoin aidant, il n'hésitait pas à pousser seul dans des parages peu catholiques et en revenait généralement chargé de dépouilles opimes. Le double désir de chasser et de voir du pays, m'entraîna, avec Sillaux, à l'accompagner : nous risquions cher à ce jeu ; une rencontre avec les derniers Aoui, dans les gorges de la chaîne centrale, eût été désastreuse pour notre petite troupe. À la vérité, nous possédions, plus riches que les fils Aymon, deux chevaux pour trois. *Double-mètre* et moi montions à tour de rôle, laissant Panié, notre doyen, vissé sur sa selle. La nature du terrain nous forçait à garder le pas : un bras de la rivière se présentait-il, nous entrions dans l'eau profonde, quittant nos montures pour les alléger et nous suspendant à leur crinière ou leur queue, d'une main, élevant de l'autre nos armes. Comme les compatriotes de Judano l'eussent eu belle de nous exterminer à coup sûr, vengeant leur chef fusillé ! Cependant, nous revînmes, sans gibier mais sans accident.

L'autre déporté, Baudin, était un des gaillards du légendaire 101e bataillon, qui fit tant de mal aux Versaillais et utilisa ses avant-dernières cartouches sur les Dominicains d'Arcueil. Je n'ai jamais connu meilleure pâte d'homme : il devait, lui aussi, mourir noyé peu après mon départ.

Baudin était le gardien d'un vaste terrain acquis par l'ex-mercanti de l'île des Pins, Mourot, dont j'ai parlé au début de ce livre. La culture d'un microscopique jardin et la chasse au gibier emplumé, qu'il abattait comme de simples soldats de Mac-Mahon, n'absorbant ni toutes ses forces ni tous ses loisirs, le défenseur de la Commune soupirait fort après la compagne inconnue qui eût allégé sa solitude en la partageant.

Je me trouvais moi-même dans une situation irritante, la mort de madame Panié, que je n'avais jamais connue qu'en tout bien tout honneur, réduisait le beau sexe européen à deux représentants : une Anglaise quinquagénaire et vertueusement acariâtre, une Espagnole buvant comme la Pologne et la Suisse réunies et paraissant âgée de soixante ans, bien qu'elle n'en comptât que quarante-neuf. Je me contentais d'admirer de loin ces deux dames, d'ailleurs en puissance de mari. Quant aux *popinés*, le missionnaire leur défendait, sous peine des flammes éternelles, de nous gratifier de leur visite et, à plus forte raison de leurs faveurs. Le vieux sagouin, qui pratiquait éclectiquement l'amour sous toutes ses faces, initiant les deux sexes à une corruption dont eût rougi Pétrone, se riait de nos souffrances de célibataires. Gredin ! j'ai tout de même réussi à te faire cocu.

Sur ces entrefaites, Baudin et moi apprîmes qu'une ravissante indigène, d'environ quatorze années, était à vendre dans le village du chef Kaké pour la somme dérisoire de cinquante francs. Les tribus auxiliaires, notamment celles de Canala, avaient fait de nombreux prisonniers mâles et femelles. Les premiers après la période de grande répression, étaient déportés aux îles Bélep, les secondes laissées à leurs captureurs, afin de leur permettre de lutter contre la dépopulation qui, chez les naturels, frappe surtout l'élément féminin.

Dans les premiers temps, les chefs alliés, en braves négriers, avaient vendu leurs captives aux colons en quête de bonnes à tout faire. Peu à peu, cependant, ils comprirent les subtilités de la rente et du capital, voire même du capital en tapa, bien que n'y attachant pas l'attribut de la virginité, — ils ignoraient Dumas fils et les moralistes ! Au lieu d'aliéner leur marchandise, ils se contentèrent d'en procurer sur place la jouissance à des consommateurs qui n'en conservaient point la possession.

Je n'ai jamais été esclavagiste, raison qui m'avait détourné de l'achat d'une Néo-Hébridaise, qu'on me proposait comme la chose la plus naturelle du monde ; Baudin, non plus, n'apparaissait pas comme un mangeur de noires, bien au contraire. Cependant, le besoin fait réfléchir et nous trouvâmes une solution qui, tout en respectant nos scrupules, eût donné satisfaction au moins à l'un de nous. Avant de conclure marché avec le débitant de chair, nous dépeindrions à la demoiselle en question, tout le bonheur qui l'attendait si elle consentait à accorder sa main gauche à n'importe lequel de nous deux. Baudin vanterait les charmes de la vie rurale ; je ferais miroiter les éblouissements du fonctionnarisme : nous serions l'un et l'autre éloquents et, cependant, loyaux. Il y avait

Charles Malato

neuf chances et demie sur dix pour que cette existence lui parût infiniment préférable à celle de bête de somme au sein de la tribu victorieuse. Si elle refusait, tout était dit ; mais pouvait-elle refuser ! Quant à décider nous-mêmes lequel mettrait la main sur la pomme dans ce jugement de Pâris à rebours, c'eût été vraiment délicat ou impossible ; mais nous nous étions donné parole de n'exercer aucune pression sur le libre choix de la belle, et le blackboulé pouvait *in petto* conserver l'espoir de faire cocu son camarade. C'était plus qu'il n'en fallait pour nous entraîner à la poursuite de cette jeune captive, pour laquelle, à en croire la renommée, André Chénier n'eût pas dédaigné d'accorder sa lyre.

Ayant auprès de moi deux Européens aptes à me remplacer, j'obtins facilement de mon chef de service un congé de quarante-huit heures et, le fusil sur l'épaule, le gousset bien garni, je partis pour Canala, en compagnie de Baudin, semblablement équipé. Notre intention était, pour gagner du temps, de parcourir de nuit les quarante-cinq kilomètres nous séparant du chef-lieu d'arrondissement ; mais le torrent de Mamari, gonflé par les pluies, nous contraignit à un assez long détour et, pendant des heures, nous errâmes dans les bois sans y voir goutte. Nous n'arrivâmes que le lendemain au grand jour, boueux, dépenaillés et moi nu-pieds, car mes chaussures m'avaient faussé compagnie. À Canala, pas plus de captive que sur la main et, sans l'obligeance non gratuite du chef de guerre Nundo, ainsi que de deux de ses épouses, nous n'eussions rapporté à Thio pas même un souvenir agréable.

Étrange figure que ce chef de guerre ! Il semblait le dernier représentant d'une race de géants sauvages. J'ai déjà esquissé son portrait physique ; au moral, c'était un redoutable ivrogne qui ne reposait que vide à ses côtés le litre de tafia qu'il avait porté plein à ses lèvres. Il entrait alors dans un état terrible, saisissait une trique et parcourait son village en frappant à tour de bras sur ses sujets. À jeun, il prostituait ses sœurs aux soldats pour une pièce de quarante sous. Aussi son domaine n'était-il guère peuplé que d'éclopés et d'hétaïres.

Un peu plus tard, j'eus la chance d'arracher à l'esclavage, peut-être même à la strangulation deux *popinés* des villages révoltés. Elles s'étaient échappées de la tribu de Nakéty, qui les gardait avec une jalousie propriétaire, pour se réfugier dans celle de Thio, où les

158

attirait une inclination amoureuse. Les auxiliaires vinrent réclamer leur bétail humain ; mais, le poste militaire ayant été retiré depuis peu, je me trouvais la seule autorité du district et en profitai pour imposer ma médiation. Les fugitives, au lieu d'être rendues à leurs maîtres, sort qu'elles annonçaient l'intention d'éluder en se pendant, furent acquises par leurs amoureux, moyennant une rançon de monnaie calédonienne, et les deux parties s'en retournèrent dos à dos, très satisfaites.

À Thio, j'avais retrouvé Pricot, le raseur du *Var,* sa femme, qui m'appelait le *Régent* (pour gérant !) long comme le bras, et leur enfant, de plus en plus malmené par les auteurs de ses jours. On formait des manipulateurs pour les postes secondaires : j'enseignai le maniement du Morse à mon ancien compagnon de voyage, qui partit bientôt, fier comme Artaban, pour une destination quelconque. Il fut remplacé par un surveillant métropolitain, Caisson, qu'accompagnait un jeune facteur français, fils d'un déporté mort à Uaraï. Mon Mercure avait de prodigieuses dispositions pour la chasse et l'équitation, mais aucune pour l'étude ; ce fut en vain que je tâchai de l'initier à la syntaxe ou à des sciences quelconques : il ne voulait connaître que le sport !

J'administrais, à ce moment, le télégraphe, la poste, le timbre et enregistrement, le domaine, le port et la caisse de l'État, — un maître-Jacques rond-de-cuir ! La force armée était même sous ma direction, quarante guerriers canaques, commandés par le chef de guerre Simon devant croiser la sagaïe à ma première réquisition. J'eus la sagesse de laisser tous ces bras à l'agriculture.

Parti de l'exil volontaire, j'étais devenu peu à peu une sorte de roitelet, représentant dans ce district perdu le gouvernement français qui, avec la logique des gouvernements passés, présents et futurs, devait, plus tard, m'expulser comme étranger. J'eusse pu être très inconstitutionnel, et le seul reproche que m'adressaient les colons de la localité, était de ne point assez faire sentir mon autorité en m'immisçant dans leurs affaires. Devant ma persistance réitérée à me confiner dans mes services suffisamment multiples, ces amoureux de l'esclavage adressèrent, peu avant mon départ, une pétition au gouverneur pour qu'il leur octroyât des gendarmes : leurs désirs ont été exaucés.

Charles Malato

Le père Morris, seul, me boudait. Ce missionnaire, pour mieux asseoir son influence sur les indigènes, les avait convaincus qu'il *travaillait papier,* — autrement dit, était en correspondance, — avec le bon Dieu. Avant mon arrivée, il ne manquait pas d'envoyer, chaque jour au télégraphe un messager chargé de lui rapporter non verbalement, et pour cause, les indications barométriques et thermométriques. Il s'en prévalait alors pour prophétiser le temps, à l'instar des sorciers et faiseurs d'eau, faisant gober sans peine à ses fidèles émerveillés que cette prescience lui était venue d'en haut. Lorsque j'eus été mis au fait, je vengeai la crédulité populaire surprise, en communiquant à l'astucieux mariste des renseignements météorologiques peu exacts. J'ignore comment les deux pères, le révérend et l'Éternel, se sont tirés de là ; toujours est-il qu'au bout d'un certain temps, l'homme de Dieu s'abstint de m'envoyer son commissionnaire. Peut-être s'absorbait-il dans son harem dont la belle Flore et le jeune Nabori étaient les plus aimables ornements.

Ce charlatanisme clérical ne se bornait malheureusement pas là : il allait beaucoup plus loin, sans s'arrêter au choix des moyens, comme le prouvera l'histoire suivante, trop grave pour que je m'y permette la moindre inexactitude.

La tribu de Thio, forte seulement de trois cents âmes, était gouvernée par un crétin de la plus belle eau, Philippo Dopoua, docile instrument du père Morris. Ce pauvre hère avait pour suzerain le grand-chef Kary, résidant à trois lieues de là, à Bourendy. Entre les deux Océaniens, quelle différence ! le vassal presque aussi piètre au physique qu'au moral ; l'autre, au contraire, un colosse comme Nundo, mais avec une figure plus avenante et un tout autre caractère. Intelligent, brave, hospitalier, le grand-chef avait toujours refusé de se laisser convertir : aussi le père Morris le poursuivait-il d'une haine toute chrétienne.

L'insurrection éclata : le missionnaire tenta aussitôt de faire passer Kary pour rebelle et par les armes, l'un étant la conséquence de l'autre. Il ne put y réussir, Kary ayant, dès la première heure, embrassé la cause des blancs.

Ne pouvant rien faire de cet opiniâtre mécréant, l'acharné catéchiseur s'était rabattu sur le frère cadet du grand-chef, qu'il avait baptisé sous le nom de Louis. C'était peu, mais le ciel se décida enfin à venir en aide à son serviteur. Celui-ci, vers la fin de l'insurrection, époque encore favorable aux disparitions d'hommes, s'était rendu dans la tribu de Bourendy. Bien qu'aimant peu les missionnaires en général et le père Morris en particulier, Kary lui offrit l'hospitalité, car il avait toujours un poulet et une natte au service des voyageurs. Le lendemain, coïncidence bizarre, ce guerrier herculéen commença à tousser, pour la première fois de sa vie ; le surlendemain, il était attaqué de la poitrine ; vingt-quatre heures plus tard, il s'éteignait, baptisé *in extremis* par son hôte, qui fit aussitôt proclamer Louis chef mais non grand-chef. Cette dignité se trouva à la surprise générale, transférée à l'ex-vassal Philippo, l'homme-lige du missionnaire et aussi son voisin, ce qui facilitait désormais le gouvernement spirituel et temporel des tribus. Inutile de dire que, Kary n'étant plus là, les Bourendy, sous la double pression de leur chef et du père, furent baptisés en un tour de main.

Je serais un ingrat, si parlant des individus bons et mauvais, rencontrés sur cette terre d'exil, j'omettais Pierre Delhumeau. Il avait quatre ans, lorsque ses parents, pauvres habitants du littoral vendéen, arrivèrent avec lui en Nouvelle-Calédonie : ils s'établirent à Yaté, en pleine brousse, n'ayant de voisin européen qu'un vieux missionnaire. Pierre grandit en enfant de la nature, se mêla aux indigènes, partagea leur vie et apprit leurs dialectes qu'il parlait à la perfection. Néanmoins, il était tourmenté du désir de savoir et, avec une courageuse ténacité, ne laissa de répit au mariste que celui-ci ne l'eût initié aux doubles mystères de l'alphabet et de l'addition.

Lorsque je le connus, il comptait vingt ans et en avait passé seize auprès des sauvages Touaourous ; je l'appelais en riant « un Canaque blanc. » On ne pouvait trouver de nature plus droite ni plus courageuse. Exception faite des missionnaires, c'était, de tous les Européens que j'ai connus, celui qui possédait le mieux la Nouvelle-Calédonie. Je lui dois une partie de mes notes sur les dialectes et les légendes et, longtemps après mon retour en France, nous étions encore en relations épistolaires, lui m'adressant avec une infatigable ardeur tous les renseignements qu'il pouvait glaner. À une époque où mes préjugés bourgeois n'étaient point dissipés, il m'apparut comme la preuve que, à l'instruction près, les primitifs ne sont inférieurs ni moralement ni intellectuellement aux fruits hâtifs de notre civilisation.

De mon côté, j'appris à Delhumeau la soustraction et la multiplication. La dernière des quatre règles restait seule inexplorée, lorsqu'il dut me dire adieu pour tenter fortune dans le nord. Ce brave cœur bat-il toujours ? Qui le sait ? Les meilleurs ne disparaissent-ils pas les premiers ?

Cependant, la grande nouvelle, attendue impatiemment depuis tant d'années, arriva sur les ailes du télégraphe européo-australien, éclatant comme une tumultueuse fanfare de délivrance : l'amnistie ! La colonie en tressaillit depuis la baie du Sud jusqu'à la pointe de Paâba. Six mille communards et leurs familles se levèrent pour acclamer le triomphe de la république une et indivisible.

Radieuse et fugitive liberté, on croyait t'avoir à jamais conquise !

En toute impartialité, je dois avouer que les marchands de vin firent de bonnes affaires ce jour-là… et les jours suivants.

— Que voulez-vous ! déclarait avec une rondeur qui ne le quittait jamais l'ex-chef de flottille Peyrusset, pendant la Commune, tout le monde se soûlait : je faisais comme tout le monde et ça m'est resté.

Il exagérait, certes, du moins, en ce qui concernait « tout le monde, » mais la vérité est que, tandis que les Versaillais se grisaient avec du sang, nombre de fédérés se grisaient avec du vin : ils continuaient simplement l'habitude prise pendant le premier siège, alors qu'à défaut de manger il fallait bien boire pour soutenir sa misérable carcasse.

Peu à peu, j'appris le départ de tous nos amis : le père Étienne, Littré, Cipriani, Rava, Louise Michel. Le périodique cyclone arriva, renversant comme un château de cartes les édifices de Nouméa, interrompant les communications du chef-lieu avec le reste de l'île : à peine mon père et moi y prîmes-nous garde.

Nous étions libres ! Mais une tombe nous retenait sur cette terre de proscription : n'était-ce pas une trahison de l'abandonner ? D'autre part, j'avais une situation fort sortable : venant en tête du cadre colonial, je pouvais devenir en peu de temps un personnage de marque dans l'Éden administratif. Dans ces conditions, la ligne d'un bourgeoisillon eût été toute tracée : rester, arborer d'une

162

façon coquette et non farouche le drapeau du fonctionnarisme républicain, épouser la fille de quelque colon argenté et amoureux de la particule, puis laisser voguer la galère.

Ce n'était pas mon idéal : certes, le service télégraphique semi-indépendant semi-périlleux, si différent de la sujétion du bureau parisien, cette vie de plein air et de naturalisme primitif, me plaisaient bien. La vraie liberté n'était-elle pas là, bien plus que dans les tournois oratoires ou les luttes sanglantes des partis politiques ?

Oui, mais c'est la vie végétative du mollusque, la seule digestion béate sous un beau ciel bleu. Mieux ne vaut-il pas l'enfer où l'on pense que le paradis où l'on somnole éternellement ? De fait, resté en Nouvelle-Calédonie, je serais aujourd'hui quelque grave fonctionnaire à peine radical, ne connaissant l'anarchisme que de très loin, comme un rêve affreux, et ses adeptes que comme des criminels !

Mon père, lui, s'ennuie désespérément dans ce pays d'où toute vie publique se retire avec les déportés. Plus de presse démocratique, de polémiques fougueuses, d'élections républicaines emportées d'assaut ! Privés de leur appoint, les journalistes locaux brisent leur plume, Locamus s'adonne aux conserves alimentaires : Nouméa va redevenir la ville des épiciers.

Je vois les souffrances de mon père, qui se meurt faute de débouchés ouverts à son activité. Il se remémore aussi les heureux jours d'autrefois et ces souvenirs, combinés avec le soleil des tropiques, l'étouffent ; les coups de sang se succèdent : il est temps que nous partions.

Allons, le sort en est jeté ! Six années de repos forcé, sous les cocotiers du monde océanien, ont dû nous retremper pour les combats de la société civilisée, — civilisée ! Nous ne sommes pas plus riches qu'à notre arrivée, mais qu'importe ! Et voilà qu'une lettre de France nous annonce la mort d'une parente avare et riche dont je serais naturellement héritier. Du coup, mon père s'imagine que tout va pour le mieux, sauf la défunte ; moi pas ; j'entrevois la silhouette d'un oncle coureur de succession, médecin militaire bonapartiste qui nous exècre et sera enchanté de damer le pion à des communards. Beautés de la famille !

Je demande ma rentrée au chef-lieu, et un jeune collègue, Des

Charles Malato

ruisseaux, vient me remplacer.

Adieu, Thio, ses mines et ses mineurs, ses mercantis rapaces, ses débris indigènes et son fourbe missionnaire ! Deux Canaques pour porter mon bagage, un cheval pour franchir les quarante lieues me séparant de Nouméa et… en route !

En soixante heures de chevauchée, montagnes, forêts, rivières, marécages disparaissent successivement. Dans mon impatience, je dépasse et perds de vue mes compagnons. Encore une nuit passée à la belle étoile, revolver au poing, dans la plaine de Cocétolocoa et, le lendemain soir, je foulais le pavé de Nouméa.

Le 18 février 1881, ma démission ayant été acceptée, nous nous embarquâmes sur le vaisseau *la Loire,* qui appareilla, le lendemain matin, à destination de Brest.

CHAPITRE XV
LE RETOUR

La *Loire* emportait dans ses profondeurs onze cents personnes, passagers des deux sexes et équipage. Son capitaine, Brown de Colstown, était la fine fleur du réactionnarisme et, quoique protestant, digne d'avoir étudié chez les jésuites.

Une des plus belles tartuferies de cet officier supérieur, auquel la république bourgeoise a naturellement ouvert les bras, — il est aujourd'hui contre-amiral, — fut de considérer les proscrits rapatriés non comme amnistiés, c'est-à-dire jouissant de tous droits civiques, mais comme graciés. J'avais obtenu de partager leur compartiment, ancienne cage, dont la porte maintenant restait ouverte. Nous y étions vingt-neuf, le gros des déportés étant parti par les transports précédents.

Après de longues années d'exil, nos compagnons s'imaginaient revoir la France telle qu'ils l'avaient quittée. Quelques-uns ne se défendaient pas de croire que les populations allaient former la haie sur leur passage, prêtes à leur glisser sous le bras des portefeuilles de ministre. Comment la république pourrait-elle se passer de leur concours ? Ces jacobins, pour la plupart courageux et sincères mais infatués de leur personne, ne se rendaient pas compte que, pendant leur absence, le monde avait marché.

Quelques autres, c'était le petit nombre, affirmaient comiquement leur intention de ne plus se mêler de politique, dût le globe terrestre s'écrouler, et de vivre désormais en bonnes bêtes de somme.

Cinq revenaient du bagne : Dacosta, l'ancien secrétaire de Raoul Rigault à la Préfecture de police, mathématicien distingué et grammairien patriote ; Girault, condamné pour participation des moins démontrées, à l'exécution des otages ; Fortin, ci-devant chef de bataillon, qui s'était admirablement battu dans Belleville et, sous ses allures de bon garçon sans souci, couvait un désespoir d'amour, — les absents n'ont-ils pas toujours tort ! — Laurent, qui avait aussi commandé quelque part et, à son retour, se dédommagea du bagne par le mariage ; Lenôtre, brave officier fédéré, à l'intelligence lucide, rendu poitrinaire par les corvées de l'île Nou et qui nous abandonna en route, cousu dans un sac avec un boulet de cinquante livres aux pieds.

Une trentaine de *droits communs,* libérés qu'on rapatriait, étaient parqués dans un compartiment de la batterie, contigu au nôtre. On avait d'abord voulu les mêler à nous ; les communards protestèrent vivement, sentiment qui ne laissa pas de me choquer comme peu égalitaire. Était-ce bien la peine d'avoir levé un drapeau d'émancipation pour rebuter des malheureux qui, somme toute d'après l'expression bourgeoise même, avaient *payé leur dette à la société ?* Un de ces malheureux, condamné pour meurtre, avait été reconnu innocent au bout de quinze ans de bagne et après avoir eu les deux jambes broyées sous un éboulement pendant qu'il piochait sur la route de Nouméa au Pont des Français. Le véritable assassin ayant fait des aveux complets, il avait bien fallu libérer l'innocent forçat, ce que les tortionnaires ne firent qu'à contre-cœur. Non seulement, cette victime de la Loi n'avait reçu aucune indemnité, mais encore était-elle dédaigneusement reléguée avec les parias dont le casier judiciaire était à jamais maculé !

Oh ! la justice du *Code,* quelle sinistre farce !

Deux autres, *commués* des travaux forcés à la réclusion en France (!), pendant les quatre mois qu'a duré le voyage, ont été confinés jour et nuit sur un espace d'un mètre carré, au pied du grand mât,

Charles Malato

ballottés par le roulis et le tangage. L'un était quelconque, l'autre une créature étrange, homme ou femme, on n'eût pu le dire. Sa voix, d'un acuitisme troublant, évoquait le souvenir des châtrés de la chapelle sixtine, tandis que sa face glabre, ses formes arrondies, ses manières onduleuses indiquaient de suite qui il ou plutôt *elle* était. Aucun indice viril ne subsistait chez ce *troisième sexe* et, sans doute, la nature l'avait-elle créé ainsi, intermédiaire entre le mâle et la femelle, ayant dépassé celle-ci sans atteindre celui-là.

Qu'on pense dans quel sens le bagne avait développé cette anomalie !

Notre cage communiquait avec une autre beaucoup plus petite, mais celle-ci hermétiquement verrouillée où furent enfermés plusieurs fous qui tous étaient victimes bien plus de l'incohérence sociale que de défectuosités de leur organisme. La première nuit, nous fûmes réveillés par des sons inarticulés, rauques, épouvantables : ils émanaient de la gorge d'un contre-maître que la vie abrutissante du bord, faite de bigoterie, de brutalité, de misères et d'autoritarisme inflexible, avait absolument animalisé. Il mourut au bout de quelques jours, nous laissant quatre compagnons. L'un d'eux était ancien bureaucrate devenu gâteux à la suite de mauvaises spéculations sur les mines ; peu encombrant, il n'ouvrait jamais la bouche et se contentait de se promener de long en large dans le réduit, en se frottant la paume des mains d'un geste automatique. Son voisin était encore un détraqué de la discipline et surtout de la théorie militaires, un garde-chiourme alsacien, qui avait l'unique mais peu divertissante marotte de réciter à haute voix, des heures durant, l'école du soldat. Mais le plus lamentable, le plus sympathique aussi de ces pauvres insensés, était un gendarme beau, grand, fort, à physionomie restée ouverte et intelligente en dépit de son triste métier. Naturellement imaginatif et indépendant d'esprit, il était devenu détraqué au contact prolongé de ses co-Pandores ; il se persuadait que ceux-ci avaient installé dans leur compartiment un *téléphone* d'une forme particulière pour recueillir ses moindres paroles, je crois même sa pensée, — Edison n'a pas encore trouvé celle-là, — afin de moucharder auprès des chefs hiérarchiques. Comme il connaissait bien ses collègues ! Soigné ou simplement traité avec douceur, il en fût guéri ; jeté avec les fous dans une cage sans air et sans lumière, sa folie s'empira, devint incurable :

LE RETOUR

pendant toute la traversée, nous assistâmes au naufrage de plus en plus poignant de cette intelligence.

— Oui la terre a la forme d'une colonne torse, c'est mot qui l'ai découvert et je vais vous le démontrer, moi fils de Sodome et qui n'en rougis pas ! répétait le malheureux, le plus souvent avec douceur mais parfois aussi avec colère. — « Au commandement de droite, continuait son voisin le garde-chiourme, sur le talon gauche, d'un quart de cercle à droite, en élevant un peu la pointe du pied gauche et le pied droit, rapporter ensuite le talon droit à côté du gauche et sur la même ligne. » Et le bureaucrate se frottait toujours les mains.

Les souffrances du gendarme, bien plus vives que celles de ses voisins à peu près réduits à la vie végétative, finirent par émouvoir quelques amnistiés, malgré leur antipathie naturelle pour tout ce qui portait un uniforme pénitentiaire : gendarme ou non, n'en était-ce pas moins un homme ? Quelques-uns venaient causer avec lui devant ses barreaux : après avoir été gardés à l'aller par les *hirondelles de potence,* il pouvait leur sembler piquant de se promener librement devant la cage de l'une d'elles. Sous les latitudes assoiffantes, on lui passa de la boisson, eau, demi-tiède, très vaguement coupée de citron et de tafia. Enfin, deux fois, la porte du réduit se trouva ouverte et le prisonnier, traversant en toute sécurité notre compartiment, put monter prendre l'air sur le pont.

Quel effarement ce fut, surtout la seconde fois ! Le gendarme était alors arrivé à un état psychologique des plus troublés : le sentiment de ses âpres griefs pouvait lui faire commettre quelque acte redoutable, car il possédait une arme, un fort couteau qu'il étreignait de la main droite. Aussi, officiers, quartiers-maîtres, marins, soldats, passagers se reculaient-ils prudemment sur son passage. Il monta ainsi sur la dunette de l'avant et aspira largement la forte brise imprégnée des émanations saines de l'Océan.

Cependant, ses bourreaux s'étaient remis de leur première alerte : l'enseigne de service avait appelé le capitaine d'armes, qui avait donné des ordres au maître d'armes, lequel au caporal d'armes et, finalement, celui-ci aux gabiers. Mais aucun de ces braves n'osait s'approcher à portée du redoutable couteau. De loin, ils lançaient

Charles Malato

des nœuds coulants que le gendarme évitait ou tranchait, des pièces de bois par dessus lesquelles il sautait légèrement. Une dizaine, grimpés dans les haubans, n'attendaient que le moment de s'abattre sur lui, mais aucun ne s'approchait : tout l'avant du navire était à ce seul homme.

Pendant près de dix minutes, il défia les efforts d'un équipage : les passagers, massés sur le pont, regardaient et *in petto* admiraient. Enfin, le brave capitaine Brown de Colstown eut l'ingénieuse idée de faire jouer les pompes : l'évadé fut littéralement noyé, assommé, submergé de paquets liquides. La lutte contre l'intangible et inépuisable élément était impossible : avec un geste de résignation stoïque, le gendarme jeta son couteau à la mer. Aussitôt, quinze braves se précipitèrent sur cet homme désarmé et le réintégrèrent victorieusement dans son cabanon.

Notre traversée, moins longue de vingt-cinq jours que celle accomplie sur le *Var,* fut beaucoup plus pénible. Nous passâmes sans transition des régions tropicales dans les régions tempérées, longeant la Nouvelle-Zélande par l'est, à une grande distance des côtes, et obliquant de plus en plus vers le sud pour doubler le cap Horn par soixante degrés de latitude. Cela nous changeait des chaleurs néo-calédoniennes et, sans les vareuses et chaussettes de laine, achetées grâce aux souscriptions pour les amnistiés, nous eussions fait triste mine.

Trois de nos compagnons, épuisés des souffrances de l'exil, ne purent supporter celles du voyage : ils moururent l'un après l'autre. Le premier, un vieillard, expira sans avoir eu le temps de se reconnaître : il était libre-penseur déclaré et, malgré nos protestations, l'aumônier vint officier sur son cadavre. Je me rappelle encore le frémissement d'indignation qui courut parmi nous, à l'apparition de ce noir oiseau de proie : d'un mouvement unanime, nous fîmes le vide autour de lui et ne revînmes auprès du sac où gisait le mort qu'une fois le débitant de latin retiré. Deux minutes après, l'immersion était accomplie avec les honneurs usuels. Ces honneurs furent refusés à l'amnistié qui mourut ensuite, — j'ai oublié son nom, — et qui, conservant jusqu'au bout sa lucidité, signifia sa volonté d'être jeté à l'eau sans *oremus.* La guerre était nettement déclarée entre nous et l'autocrate du bord. Le troisième camarade, Lenôtre, mourut entre le cap Horn

LE RETOUR

et Sainte-Hélène. Sans doute, Brown, tout de Colstown qu'il était, craignit-il l'effet des protestations adressées par les amnistiés de marque aux députés et journalistes libres-penseurs, car il capitula et le défenseur de la Commune disparut dans les profondeurs de l'Océan, salué par une décharge de mousqueterie et le balancement des couleurs.

Huit ans ont passé depuis cette époque ; les prêtres, fidèles à leur vieille tactique, se sont efforcés d'attirer dans les chemins de traverse le grand mouvement démocratique révolutionnaire qu'ils ne pouvaient vaincre de face : ils se sont collé masque socialiste, anarchiste même sur le visage, quitte à faire massacrer, — et avec quelle pieuse joie ! — au jour de leur victoire, anarchistes et socialistes, leurs dupes de la veille.

En 1881, les revenants de la Commune se rappelaient que Varlin avait été dénoncé aux tortureurs par un prêtre, que les hommes-liges du Gesù avaient poussé à la répression sans merci en 71, comme à la capitulation devant l'Attila germain par peur du triomphe de la république sociale en Europe. Les moins sanguinaires ne regrettaient pas outre mesure les cartouches dépensées, le 25 mai, sur les disciples de l'inquisiteur saint Dominique.

Nous avions demandé au commandant de la *Loire* qu'il nous exemptât d'entendre la messe dite, chaque soir, sur le pont en présence des passagers et de l'équipage, la présence de mécréants renforcés tels que nous ne devant rien avoir de particulièrement agréable au Seigneur. — « J'y assiste bien, moi qui suis protestant ! » nous répondit le « maître après Dieu ».

Ce qui froissait surtout notre amour-propre était l'obligation de nous découvrir devant le prêtre, au moment où l'officier de service prononçait la phrase sacramentelle : « La prière ! » J'émis alors l'idée que monter tête-nue sur le pont, à ce moment solennel, nous dispenserait naturellement de tout acte d'humilité, sans donner prise, cependant, aux rigueurs réglementaires. Cette proposition fut adoptée, au grand dépit de l'état-major clérical, qui guetta l'occasion de prendre sa revanche.

Celle-ci vint : Dacosta, Girault, Fortin, qui faisaient gamelle ensemble, avaient mis de côté, depuis quelques jours, leur ration de vin, pour fêter le plus dignement possible l'anniversaire de la

Charles Malato

Commune. Brown, avec la clairvoyance de la haine, eut quelques soupçons et, le matin du 18 mars, une inspection minutieuse du capitaine d'armes amena la découverte du pot-aux-roses, suivie de la saisie du pot-de-vin.

Cette confiscation d'un capital liquide formé de l'épargne n'était rien moins qu'un attentat à la propriété. Pareil fait, commis par un révolté au préjudice d'un homme d'ordre, est qualifié vol, exécuté par un salarié de l'État au détriment de l'adversaire socialiste, il sembla tout naturel et fit beaucoup rire les galonnés de l'arrière.

L'aventure n'était pas finie : sous l'impression désagréable de cet abus de pouvoir, Dacosta, Girault et Fortin se rendirent, ce soir-là, à la prière, le chef couvert et refusèrent de se décoiffer : ils furent, séance tenante, punis des fers. Au bout de huit jours, ils nous revinrent et l'opiniâtre Dacosta, cette fois, récidiva seul, à ses dépens, ses amis estimant sans doute que le jeu n'en valait pas la chandelle. La plupart d'entre nous continuèrent, jusqu'à l'arrivée, à monter sur le pont tête-nue : on les appelait les *purs*.

Nous doublâmes le cap Horn avec un temps relativement favorable, le thermomètre ne descendant qu'à un ou deux degrés au-dessous de zéro, ce qui était dur, néanmoins, pour des hommes habitués depuis des années aux chaleurs torrides. La mer était encore plus agitée qu'au cap de Bonne-Espérance ; ses lames semblaient des collines mouvantes, la marche de la *Loire,* emportée des profondeurs à la cime et retombant, l'instant d'après, de la cime aux profondeurs, offrait, bien plus en grand, l'image d'un traîneau lancé sur la pente zigzagante de montagnes russes. À ce point de jonction de deux océans, le Pacifique nous attirait irrésistiblement.

Un grand cétacé, jaloux de lutter de vitesse avec le monstre de bois et de toile, nous accompagna quelque temps, frôlant presque notre tribord.

Nous nous sentions épuisés : la rentrée dans les latitudes tempérées, puis chaudes, et surtout l'approche de Sainte-Hélène, notre seule escale, nous ranimèrent. Le *Gulf Stream* nous baignant de sa douce tiédeur, charriait des algues et des graines étranges, des *raisins du tropique,* des débris arrachés à la côte brésilienne. Nous filions droit au nord-est ; à mesure que nous approchions du continent africain, la mer se bleuissait, d'un bleu indigo, le ciel

LE RETOUR

s'azurait d'un azur cru dans lequel trônait un soleil incandescent.

— C'est pourtant le même qui nous chauffera si mal cet hiver à Paris ? soupirait un pauvre hère de passager que les voyages au long cours n'avaient pas enrichi.

Il y avait à peu près trois mois que nous ne voyions que le ciel et l'eau, quand nous jetâmes l'ancre devant Sainte-Hélène. Que Napoléon a dû s'y faire des cheveux ! Une fois dans ma vie, j'ai plaint le tyran corse.

Qu'on se représente une île, presque un îlot, rouge, dénudée, calcinée, par la chaleur du ciel et celle du sol, surmontée sur tout son périmètre, de falaises à pic sur lesquelles sont élevées les fortifications et casernements anglais. Sur la plage, quelques maisons et une église ; au centre, une étroite vallée s'entr'ouvre : c'est Longwood où aimait à se promener, au bord d'un ruisseau solitaire, le conquérant déchu.

Depuis, grâce à l'invention de Niepce et Daguerre, des photographes britanniques se sont établis sur les lieux et vendent aux voyageurs des vues du « tombeau de l'empereur », laissant volontiers croire aux ignorants que les restes de ce grand dévoreur d'hommes, autrement assassin qu'un Dâmé ou un Pahouman, sont toujours là.

À Sainte-Hélène, nous apprîmes des nouvelles d'Europe : la mort de Blanqui, celle du tzar Alexandre II dynamité par les nihilistes, ce qui nous causa un sensible plaisir : les communards marchaient alors pour la république universelle et ne saluaient dans la Russie que ses révolutionnaires.

Un numéro du *Figaro* m'apprit l'arrivée à Paris d'un parent sicilien, l'escrimeur San-Malato, qui, après avoir mené la vie à grands guides, cherchait à vivre de son fleuret, « non en vulgaire maître d'armes, me dit-il plus tard lorsque je le vis, mais en *signor* d'armes. » Cette pointe de vanité, qui devait lui attirer l'antipathie de ses confrères parisiens, fit bien sourire mon égalitarisme républicain.

Car je n'étais pas encore socialiste, n'ayant absolument aucune idée en matière économique. À l'époque où mon père avec ses amis, assagis depuis, luttait contre les maîtres de l'Italie, c'était l'indépendance politique, seule, qui était en jeu : l'industrialisme n'avait pas encore posé dans la péninsule le redoutable problème du travail. Aussi, tous les révolutionnaires italiens qui ont joué un rôle dans les guerres de 1848 ou de 1859, depuis Crispi, qui s'est galvaudé ministre, jusqu'à Cipriani, qui a souffert huit ans de bagne après huit ans de déportation, se seront-ils montrés plus préoccupés de l'étiquette nationale ou politique que du mécanisme social.

Mon père, républicain révolutionnaire, absolument sympathique à toute manifestation prolétarienne ou internationaliste ne s'était jamais embrigadé dans les partis anti-bourgeois. De fait, les blanquistes, dont il se rapprochait le plus, apparaissaient bien sectaires, et sa situation, beaucoup plus que ses idées, le tenait à l'écart des divers groupements ouvriers. Coopérateurs, mutuellistes, collectivistes naissants vagissaient alors dans un modérantisme étroit, paperassier et tâtillonneur, bien fait pour refroidir un tempérament tout d'action. Blanqui et Delescluze, ce stoïque jacobin, qui donna sa vie pour les idées décentralisatrices, étaient ses deux pôles : je ne parle pas, bien entendu, de Garibaldi et Mazzini qui, pour lui devenaient des demi-dieux. Cet enthousiasme latin pour les grands *leaders* se trouvait du reste équilibré par la compréhension large des besoins humains, autrement forts que les catéchismes des doctrinaires.

Je grandis dans cette tendance, le sentiment et l'intuition claire l'emportant de beaucoup sur les subtilités du raisonnement ; des rêves épiques avaient rempli ma prime adolescence : conspirations contre les tyrans, soulèvements internationaux, combats de géants à l'issue desquels les foules délivrées se tendaient les mains, tandis que les libérateurs en chef jubilaient modestement sans songer un instant, — les naïfs ! — à prendre la place des maîtres abattus. Y avait-il une pointe d'inconscient orgueil à côté de ce romantisme ? C'est bien possible : quel est donc le tout jeune homme qui n'a pas entrevu devant lui le panache de Marceau ?

Ambition ! Ambition ! vile quand tu t'exerces au détriment de l'humanité, n'en es-tu pas moins le moteur puissant qui lance en avant les mortels ?

Colomb, Galilée, Fulton, Voltaire, Hugo, Garibaldi n'étaient-ils pas de sublimes ambitieux ? Quel est donc l'être pensant et sentant qui peut rêver d'étouffer son moi dans la vie plate et monotone de la masse végétative, se complaire à ralentir sa marche rapide pour la régler sur le pas des éclopés ?

Égalité sociale, oui ! Uniformité physique et morale, non !

Nous ne restâmes qu'une journée devant Sainte-Hélène, le temps de nous ravitailler un peu. Seuls, les officiers purent descendre à terre ; mais en compensation, nous reçûmes la visite de quelques soldats et sous-officiers. Un « bag-piper » écossais tira quelques sons de son instrument et deux habits rouges improvisèrent sur notre pont une gigue échevelée. Ces guerriers revenaient, pour la plupart, de se faire rosser par les boërs au Transvaal qui, sous le commandement de Joubert, avaient maintenu leur indépendance par trois victoires.

Un autre spectacle gratis nous fut offert par une bande de marsouins se livrant à mille folies, à cinquante brasses du rivage : ils semblaient littéralement jouer à saute-mouton.

Après avoir vu disparaître à l'horizon les falaises rutilantes de Sainte-Hélène, nous passâmes devant Ascension, simple banc de sable, peuplé principalement de tortues, soit dit sans offense au beau sexe local. Puis, nous ne revîmes plus que le ciel et l'Océan.

Les derniers jours d'une traversée paraissent toujours les plus longs : c'est alors qu'on calcule fiévreusement la distance qui sépare encore du but. À partir de la fin de mai, il fut impossible de demander une allumette sans s'entendre dire : « Eh bien ! nous approchons : plus que douze cents lieues à faire ! »

— La France ! La France ! murmuraient quelques-uns des amnistiés qui, ayant perdu famille et amis pendant leur longue absence, n'avaient plus à espérer dans leur patrie que l'enfer du salariat ou la misère.

Par une matinée de juin, il y eut grand remue-ménage sur la *Loire* et tout le monde courut sur le pont : la vigie venait de signaler la terre.

Au loin, se profilaient, de moins en moins vagues, les côtes de la vieille Armorique.

— Eh bien, la voilà donc, la France, mademoiselle Aimée, Désirée ! répétait sans se lasser un communard sentimental.

Tant de fanatisme m'horripilait ; la patrie de l'homme qui pense

Charles Malato

n'est-elle pas partout ? J'eus, moins d'une heure plus tard, un nouvel exemple de chauvinisme. Nous avions dépassé le Goulet, saluant et salué, échangeant des signaux avec les autres navires, finalement jetant l'ancre et accosté par les embarcations du port. Tout à coup, nous vîmes les marins du bord et même quelques passagers jeter sur mon père et moi des regards colères : une rumeur leur était venue de terre qu'on allait avoir la guerre avec l'Italie. Indifférents ou même sympathiques à ces gens l'instant d'avant, nous leur étions soudain devenus ennemis parce qu'il plaisait au cabinet Ferry d'aller à Tunis !

Laquelle est la plus grande, la canaillerie des gouvernants ou la bêtise des gouvernés ?

Mais nous n'eûmes pas le temps de nous attarder en réflexions de haute philosophie : déjà les amnistiés faisaient leurs préparatifs de débarquement ; ils allaient retirer leurs malles de la cale. Notre stupeur à nous deux fut grande, en constatant que les nôtres avaient été soulagées d'une foule d'objets ou, pour mieux dire, à moitié vidées : cette perte nous était des plus sensibles car nous arrivions presque sans le sou.

Nous nous rendîmes chez le commandant pour lui demander quelques explications : un coup de théâtre nous y attendait. Brown nous montra, radieux, une dépêche lui ordonnant de livrer aux gendarmes mon père, expulsé du territoire avant même d'y avoir remis les pieds. C'est ainsi que le gouvernement républicain entendait l'amnistie.

Peu après, mon père était mis aux fers, vexation bien inutile car au bout de dix minutes les hommes de la maréchaussée se présentaient à bord et l'emmenaient au fort Bouquin, qu'il avait quitté six ans auparavant ! Deux autres amnistiés, Girault et Trioreau, devaient, à leur tour, être séquestrés une heure plus tard, sous prétexte de folie.

Les démonstrations bruyantes ne servaient à rien ; ne pas perdre son sang-froid, et agir étaient les seules voies pratiques. Je pris place avec les autres sur la chaloupe à vapeur.

Allons, enfants de la patrie…

LE RETOUR

commença à chevroter un ex-membre du Comité central qui brûlait de se faire le *leader* d'une petite manifestation républicaine.

Mais nul de nous ne fit chorus : vraiment, elle nous accueillait d'une façon bien peu propre à exciter l'enthousiasme, cette république pour laquelle on avait donné sa liberté et pour laquelle on eût donné son sang !

CHAPITRE XVI
ÉVOLUTION

Je passe sur les faits sans importance pour le lecteur : vente de mes derniers bibelots à un marchand de curiosités exotiques du nom de Lelièvre, — il y en avait bien pour quatre cents francs, il m'en donna un louis : c'est le commerce ! — retour et démarches à Paris, retrait de l'arrêté d'expulsion. Ces pages sont le récit de faits vécus et d'une évolution morale, non le journal d'une vie.

Gomer, l'un des déportés de Galarinou, propriétaire d'une masure à Charonne, nous rendit l'hospitalité que nous lui avions souvent offerte à Oubatche.

C'était dans un coin perdu, aujourd'hui presque décent, alors effroyable, le passage Papier, habité principalement par des chiffonniers. Au milieu de ce coupe-gorge, large d'un mètre à son entrée dans la rue de Terre-Neuve et de deux mètres au plus à son centre, roulait un ruisseau fangeux. Les maisons, hautes de dix pieds au plus, étaient du matin au soir, remplies du piaillement aigu des mômes affamés ou battus, des colères conjugales de fauves malpropres et de hoquètements d'ivrognes. Pour dire vrai, l'humanité n'y paraissait pas belle.

À qui la faute ? La misère et l'ignorance peuvent-elles donner autre chose ?

Bien des fois, je l'avoue, devant ces créatures, plus près de la brute que de l'homme et n'ayant de celui-ci que la haineuse envie, — envie non de révolté mais d'impuissant sordide, — ricanant du chapeau haut de forme que je devais porter pour trouver un emploi, mais s'aplatissant devant le distributeur du bureau de bienfaisance,

Charles Malato

j'ai eu des mouvements de colère indignée et me suis demandé, comme un Thiers ou un Gallifet, si l'anéantissement de cette race serait un grand malheur.

Nourri de prose jacobine, porté à la synthèse bien plus qu'à l'analyse, enfiévré moins par les griseries théoriques que par le besoin d'activité pratique, jamais je n'avais raisonné à fond les causes du mal dont je voyais les effets.

Ce séjour en plein enfer social m'apprit à connaître un monde jusqu'alors entrevu seulement par échappées. La captation d'un héritage important par un oncle, défenseur de la famille et de la propriété, nous y retint deux ans et demi. Deux ans et demi ! je croyais bien ne pas sortir de ce tombeau, car enfin le moyen pour quelqu'un qui ne sait manier que la plume de trouver un travail rédempteur lorsqu'il est obligé de répondre : « J'habite passage Papier ! »

Je réussis, cependant, sur les indications de Rava, un ancien déporté, à trouver place dans une agence d'informations politiques et financières où, de sept heures du matin à onze heures du soir, avec une demi-heure pour le déjeuner et deux heures pour le dîner, je traduisais des journaux étrangers et polygraphiais à outrance. Cela me valait cent cinquante francs par mois, que je touchai avec quelque peine : le directeur de cette agence, M. Raqueni, est un homme d'opinions avancées qui a combattu à Mentana et prononce des discours sur l'union latine. Il ne dédaigne pas les fréquentations aristocratiques et possède assez de tact pour se faire apprécier des royalistes libéraux aux collectivistes modérés. Si jamais la monarchie de Savoie tombe à droite, M. Raqueni deviendra sous-secrétaire d'État… peut-être ministre.

Environ un mois plus tard, Olivier Pain, qui m'avait déjà procuré quelques travaux de copie, vint me proposer de quitter l'Agence Continentale pour le *Réveil Lyonnais,* journal radical socialiste où il entrait lui-même et, en bon camarade, s'efforçait de faire entrer les vétérans désargentés de la Commune. J'acceptai sur-le-champ et fus chargé des comptes-rendus de la Chambre. Jourde, Cournet et, je crois, quelque peu Protot, en furent aussi. Malheureusement, le directeur, que nous considérions comme un démocrate de bon aloi, n'était, nous l'apprîmes par la suite, qu'un marchand de papier,

ÉVOLUTION

ancien rédacteur d'une feuille grivoise.

Cette circonstance, exploitée par les concurrents, jeta un froid dans le public et le tirage de cet organe, le plus avancé des quotidiens lyonnais, tomba en moins de deux mois de quarante mille à trois ou quatre mille exemplaires. Ce n'était pas assez pour subsister et, tandis que nous continuions, en naïfs à tartiner gratuitement au nom de l'abnégation républicaine, le directeur, qui avait dû retirer son nom des manchettes, et les administrateurs, abandonnant le journal à son malheureux sort, utilisaient en voyages d'agrément les dernières passes concédées par les compagnies de chemin de fer.

Après deux mois de collaboration payée et trois ou quatre de collaboration à l'œil, nous dûmes chercher autre chose : je dis adieu à Pain, que je ne devais plus revoir.

Ancien sous-secrétaire d'État au ministère des affaires étrangères pendant la Commune, — fonction peu encombrante, — puis évadé de la Nouvelle-Calédonie avec Rochefort, correspondant de journaux pendant la guerre turco-russe, ami d'Osman pacha et défenseur de Plevna, prisonnier des vainqueurs, échappé par miracle à la fusillade, infatigable organisateur de feuilles cramoisies, Olivier Pain était un des derniers grands romantiques. Sans doute son ascendance, — il était fils ou petit-fils d'un général espagnol, — lui avait mis dans le sang quelque chose de ces *conquistadores,* à la cruauté près cependant, car s'il aimait un peu trop mettre flamberge au vent, il était le cœur sur la main et ne marchait que pour les causes qu'il croyait justes. Son odyssée au Soudan, terminée par une mort déplorable, ne m'a pas surpris ; depuis Plevna, toutes ses idées étaient tournées vers cette terre magique d'Orient. Il avait une imagination de feu, voyait loin et large, pour, souvent, se briser aux petits détails inaperçus. Pain était-il socialiste approfondi ? J'en doute. Révolutionnaire ? Incontestablement et au premier chef.

Je revins à l'Agence Continentale, où, cette fois, je ne trouvai que des occupations intermittentes, dérisoirement rétribuées. Cependant, on m'y faisait bonne figure ; un journal, quotidien s'il vous plaît, la *Gazette du Soir,* venait d'être mis au monde par l'actif Raqueni : j'y écoulai mon premier roman qui me fut payé en félicitations, monnaie la plus courante chez les Latins.

Charles Malato

Écrire ! donner une forme à sa pensée ! Crier bien haut ce qu'on sent, ce qu'on croit vrai, juste, beau ! C'était depuis longtemps mon rêve : j'ai cru au sacerdoce du journalisme ! Et, cependant, déjà au *Réveil Lyonnais,* mon début, j'avais eu un travail plutôt d'employé que de littérateur, Pain m'expliquant que le journalisme actuel vivait beaucoup plus d'informations courantes que de tirades grandiloquentes, réservées d'ailleurs aux rédacteurs en chef.

Devant l'organe d'alliance franco-italienne, fondé par le directeur de l'Agence Continentale, ma désillusion s'accentua : bien des choses m'étonnaient ; des concessions, des combinaisons singulières choquaient mon idéal de justice absolue ; comment ! ces fidèles de Garibaldi et Mazzini fraternisaient avec l'opportunisme français et coquettaient avec l'ambassade italienne ! ces démocrates s'inclinaient devant les noms et les titres à éclat ! décidément il me semblait que la religion laïque de liberté, progrès, fraternité, si hautement prêchée, avait de singuliers ministres. Par bonheur, l'intuition l'emporta sur une candeur développée par la vie sauvage : je limitai ma copie au *rez-de-chaussée* du journal.

Au passage Papier j'étudiais les dessous du prolétariat ; à la *Gazette du Soir,* qui eût pu jouer un beau rôle, je vis de près le monde des politiciens professionnels et reconnus ce qu'il y avait d'ambitions cachées et de désirs de jouir sous ces beaux dehors. Le bailleur de fonds, que je n'ai pas connu personnellement, était le général Türr, vieux guerrier, qui, après avoir eu son heure, se reposait dans l'opulence des fatigues de ses campagnes garibaldiennes ; derrière lui s'agitait tout un monde d'affairistes français et italiens, ces derniers surtout flambants et décavés, cachant leur pénurie sous des titres d'opéra-comique. Était-ce pour amener au soleil tout ce monde que la déesse Liberté avait secoué sa torche, électrisant les foules et bronzant le cœur des martyrs ?

Ce sont les roitelets : et dire que, parmi les serfs de l'industrie, la plupart ne songent qu'à les remplacer ! Pourquoi es-tu mort, Molière ? Tu pourrais dépeindre, après le bourgeois gentilhomme, le prolétaire-bourgeois ! Une aristocratie, non plus de maîtres, mais de contremaîtres ! L'anarchie nous en garde !

Avant même d'être républicain, j'étais complètement internationaliste : elle me paraissait si stupide, si odieuse la haine de l'être humain né de l'autre côté de la montagne ou du fleuve ! Lorsque, quatre ans plus tard, j'eus quelques centaines de francs disponibles, je m'empressai de créer un journal, hebdomadaire naturellement, la *Révolution Cosmopolite,* qui vécut ce que vivent les organes pauvres, fondés pour servir une idée et non des intérêts.

La Gazette du Soir suspendit sa publication au bout de deux mois et demi, moins faute d'argent que faute d'entente, car, ainsi qu'il arrive souvent en semblable cas, les rédacteurs français et italiens de ce journal d'union passaient leur temps à se disputer.

Un ex-employé de l'agence Raqueni me proposa à ce moment, de l'aider à créer une agence de petite marque. J'acceptai, fis le gros du travail, consistant spécialement en traductions de journaux anglais, et me trouvai floué au moment solennel du règlement de comptes. Je ne dois pourtant pas trop médire de ce collaborateur peu délicat car ce fut son initiative qui m'inspira, un peu plus tard, ayant pu sortir de l'enfer du passage Papier, l'idée d'entreprendre pour mon propre compte travail similaire. Avec quelques feuilles de papier polygraphique, un crayon de verre, des imprimés et une location de journaux montant à trois francs par mois, je créai audacieusement l'*Agence Cosmopolite,* qui eut Rothschild pour abonné.

Désormais j'avais une occupation indépendante qui me permettait de vivre sans exploiter personne, car j'étais à la fois directeur, traducteur, copiste, secrétaire et caissier. Cinq ou six fois par mois, Gomer déchu de son rang de propriétaire, allait porter la copie dans les bureaux, afin d'inspirer la croyance à un personnel nombreux et je le payais le plus largement possible : je ne possédais, je l'avoue, aucun correspondant à Londres, Berlin, Saint-Pétersbourg, Vienne ou Rome, mais me tenais soigneusement au courant de tout le mouvement européen, lisais le plus de journaux possible et, ma foi, ne dédaignais pas de donner, de temps à autre, libre cours à mon imagination. Absolument ignorant des opérations de Bourse, j'ai pu pendant cinq années, donner des nouvelles financières. L'*Agence Cosmopolite,* cela sonnait bien, flattant mes sentiments anti-chauvins et, en même temps, donnant l'illusion d'une maison ramifiée un peu partout.

Je m'étends quelque peu là-dessus, l'abonnement de Rothschild,

Charles Malato

que je n'avais aucune raison de cacher à mes amis, ayant servi de prétexte à M. Édouard Drumont et à l'ex-séminariste Mourot pour calomnier les anarchistes en général et moi en particulier. J'avais vendu au financier juif ou plutôt à sa banque, car lui je n'eus jamais occasion de le voir, des traductions et revues de presse étrangère absolument comme un cordonnier eût vendu une paire de bottes, ou comme le fougueux anti-sémite lui-même eût vendu des numéros de son journal. Quelle ne fut pas ma stupeur, exilé à Londres en 1892, de lire des articles sensationnels de la *Libre Parole,* dans lesquels le successeur de Veuillot, bavant ses rengaines habituelles sur tout ce qui est obstacle à l'obscurantisme, me dépeignait avec des détails très imaginatifs, comme l'agent du milliardaire de la rue Laffitte ! L'attaque eût-elle été moins perfide et moins lâche, j'en eusse beaucoup ri : à coup sûr, le plus abasourdi a dû être Rothschild qui, abonné à une quinzaine d'agences grandes et petites, n'a jamais accordé à la mienne une attention particulière. D'ailleurs, bien loin de chercher à provoquer cette attention, j'évitai bientôt de faire circuler mon nom dans cette caverne de la finance car, dans l'intervalle, j'étais devenu anarchiste et mon richissime client n'eût pas tardé à se désabonner.

Cela arriva à la longue, à la fin de septembre 1889. Une conférence internationale avait réuni, à la salle du Commerce les compagnons de France et de l'étranger : diverses questions y furent agitées et j'abordai celle qui m'avait toujours paru la plus brûlante, la plus grave et malheureusement aussi la plus négligée : le rôle à tenir par les révolutionnaires en cas de guerre. Je conclus à l'absolue nécessité de descendre, ce jour-là, dans la rue pour, sous peine d'irrémédiable déchéance, ouvrir une situation révolutionnaire, en entraînant la masse contre la haute finance. Pris entre ma conscience et le péril que j'entrevoyais pour mes intérêts, je n'hésitai pas : je prononçai des noms.

Il y avait certainement dans la salle, la conférence étant publique, des mouchards déguisés, peut-être aussi, des agents de la maison Rothschild. Celle-ci se désabonna du coup : je le comprends et aurais mauvais gré de lui en vouloir.

Voilà dans quelle mesure, j'ai été l'agent de la juiverie ! J'ajouterai que je ripostai au calomniateur par une lettre des plus insultantes qu'il avala sans en parler. Détail comique : je recommandai à la poste anglaise cette missive, dont l'enveloppe était libellée « à M. Drumont directeur du canard « la Libre Parole » : la préposée, qui n'était pas tenue de connaître les finesses de la langue française, inscrivit gravement sur le reçu « M. Drumont, director of the canard *La Libre Parole* ». Quant aux journaux, fort mal disposés à l'égard des anarchistes — on était en pleine période dynamitarde, — peu désireux de polémiquer avec un écrivain aussi acerbe que déloyal, ils se refusèrent à toute insertion. Je dus me borner à la publication, difficilement obtenue, d'une lettre dans l'*En dehors*.

Un des écrivains qui contribuèrent le plus à mon évolution socialiste fut Lissagaray, alors en plein coup de feu révolutionnaire.

Sa première *Bataille*, si différente de la seconde, était un journal tout nerfs, bien propre à séduire un jeune homme que ne satisfaisaient plus les pompeux clichés des républicains arrivés, mais qu'eût rebuté la science, indigeste autant que problématique, des doctrinaires. Sans aller du coup jusqu'au tréfond, je vis qu'il y avait autre chose que la religion républicaine enseignée au peuple par les jouisseurs bourgeois. L'*Histoire de la Commune* par le même écrivain me parut un livre réellement beau, l'un des rares que j'aie souvent relus : il cadrait bien avec mes sentiments personnels, car j'étais lassé de l'étroitesse des jacobins comme, par la suite, je devais être horripilé de l'ignorance déclamatrice des romantiques, et impatienté du manque de virilité ou de la prétention des bonzes… Ouf !… *suum cuique,* à chacun son paquet !

Au passage Papier, nous avions eu pour voisin le « général » Eudes, qui, en dépit du titre belliqueux que lui continuaient les anciens communards, s'était pacifiquement donné à l'industrie. Cette appellation militaire et hiérarchique me semblait jurer terriblement avec l'esprit du socialisme égalitaire ; néanmoins, Eudes, patron d'une scierie mécanique, se montrait tout à fait bon enfant avec ses ouvriers, se laissant facilement tutoyer par eux. Autoritaire mais sans aigreur, actif, d'un abord sympathique et entraînant, il semblait toujours prêt à ressaisir son commandement de 71 et, jusqu'à sa mort il est demeuré le chef de guerre de ce parti blanquiste, organisé militairement en vue d'une prise d'armes.

La rentrée des amnistiés avait reformé le mouvement socialiste sur deux lignes parallèles : le blanquisme et le parti ouvrier. Au

Charles Malato

premier, allèrent les hommes violents et peu raisonneurs, au second, les gens studieux et modérés. Quant aux ambitieux, ils se faufilèrent dans les deux clans, choisissant, selon leur appréciation, celui qui avait le plus de chances de les porter au pouvoir.

Simples radicaux révolutionnaires, à l'exception de quelques-uns, les blanquistes jouaient fort habilement du mot « Commune », synonyme, selon les opportunistes de communisme ou communalisme. Leur manque de conceptions économiques devait leur attirer les turbulents rétifs à l'étude et éloigner d'eux les socialistes désireux d'arriver à autre chose qu'à des changements d'étiquette ou de personnel. En dépit de l'habileté de Granger et de l'érudition de Vaillant, ils n'eussent pu être que le bras, non la tête, de la révolution.

Le parti ouvrier n'était pas parfait non plus. Formé de groupes imbus, pour la plupart, du timide esprit coopérateur, il devait, malgré l'habileté de son leader, l'ex-anarchiste Brousse, manœuvrer avec quelque lourdeur, écrasant sous son modérantisme les éléments les plus avancés.

Si les chefs des divers partis socialistes, au lieu de se laisser tenter par l'impatiente convoitise du pouvoir au point de recourir à ce suffrage universel dont ils avaient tant de fois raillé l'impuissance, s'étaient contentés d'organiser leurs forces, prêts à saisir l'occasion aux cheveux, ils eussent évité la dislocation et les guerres intestines. En respectant le groupement, par tempérament, cette union, dont ils avaient plein la bouche, ne se fût pas irrévocablement brisée pour se transformer bientôt en haineuses compétitions électorales. Leur autoritarisme égoïste les perdit et éloigna d'eux une foule de convaincus pour en faire des socialistes indépendants ou des anarchistes.

Je ne tardai pas à être étonné du manque de sens révolutionnaire des chefs socialistes. À l'issue des assommades du Père-Lachaise, sous le préfectorat de Gragnon, ils s'étaient bornés à rédiger une protestation énergique vouant le ministère à « l'exécration de l'humanité. » Protester énergiquement semblait leur rôle éternel. Au moment du désastre tonkinois de Lang-Song, ils n'avaient pas su profiter du mouvement d'indignation qui porta vingt mille parisiens devant le Palais-Bourbon et fit choir le cabinet Ferry.

ÉVOLUTION

Lors des manifestations républicaines d'octobre 1885, provoquées par l'arrivée à la Chambre de deux cents députés réactionnaires, ils ne donnèrent signe de vie.

Ce fut à cette dernière occasion que je pus constater la plasticité des foules, leur élan et aussi leur manque de solidité. Je déambulais, un soir, du neuvième arrondissement sur le boulevard des Italiens, lorsque je me trouvai soudain dans un cercle de manifestants chantant la *Marseillaise* et huant le *Gaulois* qui avait illuminé sa façade pour célébrer la victoire conservatrice.

Je pris ma bonne part de la démonstration qui se termina par des charges de police et une protestation, — l'inévitable protestation, — portée dans les bureaux du *Cri du Peuple,* où nous reçurent Séverine et Duc-Quercy. Ce fut ma première intrusion dans ce sanctuaire de la révolution sociale où je ne revins pas très souvent. Et cependant, l'aspect de sa souriante prêtresse n'avait rien que de très attirant : à la fin du second Empire, tous les collégiens étaient amoureux de mademoiselle Massin ; durant l'existence du *Cri du Peuple,* bien des cœurs de jeunes révolutionnaires brûlèrent in-petto pour la continuatrice de Vallès, qu'ils identifiaient un peu dans leurs rêves avec la déesse Liberté.

La manifestation se renouvela le jour suivant et, naturellement, je n'y manquai pas. Elle fut plus accentuée que la veille : la foule, exaspérée par l'attitude gouailleuse de ses ennemis, arracha d'une bâtisse en construction de la rue Drouot une grande pancarte vernissée du *Gaulois.*

— Brûlons-la ! m'écriai-je, obéissant à je ne sais quelle impulsion spontanée.

À peine avais-je poussé ce cri, l'affiche était déchirée en quatre ou cinq morceaux qui flambaient comme autant de torches.

Avec ces flambeaux improvisés, nous descendîmes le boulevard dans la direction de la place de la République où, la veille, nous nous étions heurtés aux policiers. Une irrésistible impulsion, ce *nescio quid divinum,* nous poussait vers la grande place où convergent les artères du Paris révolutionnaire et s'élève la Marianne de bronze, à deux pas des pavés que Delescluze et tant d'autres arrosèrent de leur sang. Je ne sais comment cela s'était fait, j'avais pris rang en tête de la colonne et, quand nous fîmes halte devant la statue, comme il

Charles Malato

me semblait que la foule attendait quelque chose, en un instant, je me trouvai sur la dernière marche du piédestal, prononçant mon premier discours révolutionnaire.

Qu'ai-je dit ? Des choses justes ou des bêtises ? peut-être l'un et l'autre.

En tout cas, j'agissais sous l'impression du moment et la foule vibrait avec moi : des acclamations s'élevaient, des chapeaux s'agitaient au bout des bras comme pour saluer l'invisible république.

Je redescends, trop pénétré pour savourer une vanité mesquine. Tout à coup, une clameur retentit : « La police ! » En un instant, nous restons quinze.

À nous quinze, qui ne nous connaissions pas, nous battons le pavé jusqu'à deux heures du matin, tâchant de tenir en éveil Paris et la démocratie, tantôt faisant boule de neige dans les rues populeuses, tantôt nous égrenant sous les charges des gardiens de la paix.

On finit par se séparer ; d'ailleurs, que faire ? Nous n'avons ni visées insurrectionnelles ni but fixe. On ne pouvait que manifester : c'est fait.

À ce moment, je fréquentais un cercle littéraire, *La Butte*, se réunissant à Montmartre, dans l'atelier d'un peintre, ancien communard qui a mis depuis des flots d'eau dans son vin. Le président de ce cénacle, président cordial et sans morgue, était Paul Alexis, le Trublot du *Cri du Peuple*. Là, je connus un certain nombre de jeunes, enthousiastes comme on l'est à vingt ans, et la plupart n'atteignaient pas cet âge.

Jacques Prolo, qui a toutes les qualités, sauf celles de l'exactitude dans ses rendez-vous ; Schiroky, que j'avais converti au socialisme révolutionnaire et qui me devança dans la voie anarchiste ; Gérondal, déserteur belge élégant et martial, — qu'est-il devenu ? — fondèrent avec moi le groupe cosmopolite.

Ignorants encore ou insoucieux des rivalités marxistes et bakouninistes, nous ne visions rien moins, ô présomption de la jeunesse ! qu'à reconstituer l'Internationale et pour ne pas tomber, dès le début, sous le coup des lois répressives, nous avions adopté l'adjectif « cosmopolite » pensant naïvement que cette couverture nous faciliterait la tâche.

Sept années se sont écoulées et, si je souris parfois de notre candide enthousiasme, je ne m'en moque pas : on ne peut vaincre qu'en croyant soi-même au triomphe.

Ce fut en mai 1886, à la commémoration de la Semaine Sanglante, que notre groupe se trouva constitué. Nous allions, restant d'idolâtrie, porter une couronne sur la tombe de Flourens. Pour notre début, Prolo eut les honneurs du martyr : il avait, en franchissant l'entrée du Père-Lachaise, déplié une étoffe rouge pouvant à la rigueur, passer pour un drapeau ; il fut arrêté et gardé au poste pendant une heure.

Après un si beau commencement, nous ne pouvions nous arrêter en route : la *Révolution Cosmopolite* fut fondée et le passage des Rondonneaux acquit des droits à l'immortalité.

J'habitais alors un vaste et assez beau logement dans le susdit passage, long et étroit boyau s'étendant entre la place des Pyrénées et le mur nord-est du Père-Lachaise. La maison, beaucoup plus élevée que ses voisines, pouvait admirablement servir d'observatoire ; de mes pénates transformés en corps-de-garde démagogique, nous étions prêts, au premier appel du clairon révolutionnaire, à bondir sur la mairie du vingtième, ou, enjambant le cimetière et descendant la rue de la Roquette, à nous précipiter sur celle du onzième.

Car notre nombre s'était accru. Certes, la rédaction autoritaire du *Cri du Peuple,* qui nous avait considérés comme des recrues faciles, se montrait un peu dépitée en nous voyant voler de nos propres ailes ; mais, à défaut des chefs solennels, des militants modestes et dévoués nous apportaient leur concours.

Ne voulant pas prendre parti dans les mortelles disputes des possibilistes, marxistes, blanquistes et anarchistes, dont nous n'avions pas encore sondé à fond les divergences théoriques, nous nous étions déclarés indépendants. Et, candides comme des Hurons, nous faisions chaleureusement appel à l'union des diverses fractions socialistes, cherchant de bonne foi à faire fusionner le feu et l'eau, la dictature du quatrième État et l'autonomie individuelle. Ô rêve ! Les anarchistes et quelques indépendants seuls nous vinrent.

Une de nos premières recrues fut Alain Gouzien, alors âgé de

Charles Malato

dix-neuf ans et qui avait déjà glissé des articles dans quelques journaux socialistes. Il était doué d'une mémoire extraordinaire et d'une fiévreuse activité qui lui faisait tantôt nous rendre de grands services, tantôt nous compromettre horriblement.

Nous le bombardâmes notre trésorier, fonction peu ardue. Depuis, il a fait parler de lui, créé des groupes, des feuilles éphémères comme le fut la nôtre, foudroyé des contradicteurs dans des réunions publiques, tantôt gamin, tantôt meneur influent et, au retour de son service militaire, fini piteusement à la *France chrétienne,* sous-ordre de l'immonde Léo Taxil. Pauvre Gouzien ! Il eût pu trouver mieux. Il n'avait aucune méchanceté et me témoignait une sympathie sincère. Un peu de mysticisme et les promesses du jésuite pornographe le firent choir. Au lendemain de sa conversion (!) il ne bava pas sur ses anciens amis, d'ailleurs, profitant des tendances ultra-idéalistes d'un grand nombre d'anarchistes, les séculaires ennemis de tout affranchissement, masqués en socialistes chrétiens, cherchaient à nous attirer à eux. Ils n'attirèrent guère que Gouzien et un pauvre diable sans aucune valeur, du nom de Bebin.

Il est rare de traverser une période d'ébullition révolutionnaire sans voir surgir l'inoubliable type du faiseur de systèmes. Un vieux monsieur, du nom de Lagrue, qui paraissait excellent homme quoique un peu raseur, vint nous communiquer les plans de son Crédit-Impôt, panacée capable, selon lui, de résoudre pacifiquement la question sociale et dont il demandait en vain l'application aux divers gouvernements depuis 1848. Après quelques discussions, courtoises mais sans résultats, nous ne le revîmes plus.

Et le bougonnant Parthenay, très sensé et très révolutionnaire sous sa rude enveloppe ! Il venait à l'anarchie du blanquisme et, comme ceux qui avaient traversé ce parti, assez énergiques pour y avoir séjourné, assez raisonneurs pour en être sortis, il apportait des qualités de ténacité et de précision.

Blanqui était bien le *Gaulois* latinisé, matérialisant le but et ne perdant pas de vue l'objectif pour le subjectif. Autoritaire, certes, mais qui, comme le dogmatique Karl Marx et le libertaire Bakounine, incarnait bien le tempérament d'une race.

Au contraire, le socialisme modéré et tâtillonneur avec un fond

ÉVOLUTION

de sentimentalisme, semble avoir pris naissance chez les Celtes : Français du nord, Belges et Anglais. Ceux d'entre eux qui, larges d'allures, sont, comme Tortelier, venus du parti ouvrier à l'anarchie, ont généralement montré plus d'enthousiasme idéaliste que de révolutionnarisme pratique. Attendant tout de la masse, beaucoup plus que d'eux-mêmes, renonçant souvent à préconiser des solutions de peur de passer pour autoritaires, ils oubliaient qu'ils avaient droit de parler haut et d'agir, comme partie intégrante, non la moins bonne, de cette même masse. La masse, hélas ! son propre n'est-il pas de se réveiller de son séculaire sommeil une fois tous les vingt ans ? Quelques-uns la croient toute-puissante parce qu'elle suit aveuglément des individus qui surgissent de son sein et parce qu'elle a la force du nombre. Ils citent à l'appui de leur dire la prise de la Bastille, défendue contre tout un faubourg par une poignée d'invalides et de Suisses presque sans munitions et dont la moitié ne voulait pas se battre. Quelle erreur ! Cette initiative qui manque à la foule, efforçons-nous de la faire naître, de la développer, mais en attendant qu'elle vienne, ne renonçons pas à la nôtre.

Que le lecteur ne voit pas dans ces lignes une attaque à des camarades dignes de toute estime. Comme propagandiste personne n'a fait autant que Tortelier : travailleur laborieux et modeste qui, des années durant, a craché ses poumons pour convertir ses frères de misère à ce qu'il sentait vrai et juste, s'élevant souvent, lui prolétaire sans autre culture que celle qu'il s'est donnée, à d'admirables hauteurs d'éloquence. Jacques Roux, Pouget, Malatesta sont, parmi les connus, les hommes avec lesquels je marcherais en période révolutionnaire, mais à Tortelier, je dus sinon ma conversion à l'anarchisme, — il me fallut plus d'un jour pour cela, — du moins la première impression favorable à cet idéal.

C'était, bien avant la création du *groupe cosmopolite,* au Cirque d'Hiver, à un meeting blanquo-guesdiste tenu pour protester contre l'exécution mystérieuse mais probable d'Olivier Pain par les Anglais. Vaillant présidait, très solennel, après les discours de Guesde, Chauvière, Girault, Susini, presque tous tirés à quatre épingles, un homme de taille moyenne et trapue, à la physionomie intelligente, vêtu très proprement en travailleur, se présenta au bureau et demanda la parole. Vaillant la lui refusa : il avait reconnu l'ennemi libertaire. Mais la salle, choquée d'un procédé aussi peu

Charles Malato

égalitaire chez un champion de la démocratie rutilante, protesta, bien que composée de soldats disciplinés du socialisme étatiste : sans doute, elle avait été moins clairvoyante que leprésident. Celui-ci, avec la plus mauvaise grâce du monde, dut enfin accorder la parole.

« Citoyens, commença Tortelier, au nom des groupes anarchistes et en mon nom personnel… »

Il ne put en dire davantage : une tempête de huées, de sifflets, s'éleva, couvrant sa voix, forte cependant : quoi ! un misérable anarchiste osait se faire entendre après les sublimes prophètes du socialisme ! Quelle impudence ! Aussi, ils le lui firent bien sentir, ces défenseurs de l'égalité et de la fraternité. Ils avaient pu, par erreur, forcer la main à Vaillant, mais comme ils se rattrapèrent ! À cinq mille contre ce seul homme, ils réussirent à étouffer sa voix.

Quoi ! c'est cette meute d'esclaves qui devrait nous conduire à la liberté !

Tortelier, que je voyais pour la première fois, fut admirable de courage. Pendant un mortel quart d'heure, adossé au bureau, les bras croisés sur sa poitrine, il tint tête à ce déchaînement d'écume et de bave, d'insultes, d'invectives, à l'hostilité du bureau. Chaque fois qu'il ouvrait la bouche, l'orage redoublait : à la fin, il se retira calme et dédaigneux.

Une telle attitude me frappa profondément : à n'en pas douter, elle décelait la conviction sincère.

Qu'était-ce donc que l'anarchie ? Qu'étaient-ce que les anarchistes ?

Jusqu'à ce jour, les jugeant d'après les journaux, je les avais considérés comme des fous ou des mouchards payés pour faire tomber la République au profit des vieux partis. L'engouement de Louise Michel pour ce groupement nouveau me semblait une quasi-démence, explicable seulement par sa nature enthousiaste de poète. Deux ou trois fois, attiré par les affiches j'étais entré dans des réunions publiques où péroraient de jeunes libertaires et, je l'avoue, en étais sorti, écœuré de la grossièreté de langage, du manque de science et d'idées élevées ou pratiques, me demandant comment semblables déclamateurs pouvaient être écoutés cinq minutes. C'était alors les débuts du parti : à part deux ou trois, les hommes de valeur comme Reclus, Kropotkine, Émile Gautier étaient retirés de la lutte ou confinés dans leurs études de cabinet ; une tourbe de braillards ignorants qui devaient plus tard nous quitter, — bon débarras ! — pour le boulangisme ou l'anti-sémitisme, hurlaient épileptiquement et s'intitulaient anarchistes parce que c'était l'épithète la plus avancée. Ils commençaient à former des groupes aux noms rocambolesques : le *Poignard,* la *Torche,* la *Bombe,* etc. Mais le *Poignard* n'entaillait jamais, la *Torche* fumait sans brûler et la *Bombe* ne faisait rien sauter.

Je puis sembler sévère : je ne crois pas être injuste. C'est parce que je veux triomphante et non ridiculisée l'idée pour laquelle nous luttons, que j'attaque, comme je l'ai fait depuis des années, ce romantisme imbécile qui ne cache que le vide d'idées sous l'emphase des mots. Si on combat, c'est pour vaincre et, pour vaincre, il faut savoir. Quoi ! vous voulez détruire les bastilles du Capital, briser le gourdin de l'État, et vous ne vous demandez pas comment assurer la consommation dans la commune insurgée, l'échange amiable entre villes et campagnes, le ravitaillement, la circulation, les correspondances, et cette misère, qui a bien son importance : la défense ?

Les anciens groupes, uniquement adonnés à la propagande au jour le jour et grisés de subtilités oiseuses, n'ont jamais pris en mains ces questions. La révolution, survenant à l'improviste, les eût trouvés à cent pieds au dessous de leur tâche et la foule qui, pensant peu, sachant encore moins, aime les résolutions prêtes, fût allée infailliblement aux autoritaires : c'eût été gai ! Depuis, l'idée a conquis des recrues de valeur : c'est à celles-là, à ces troupes fraîches qui ne sont pas épuisées par les discussions stérilisantes, par la lutte et ses amertumes, que je m'adresse. Si elles ont à cœur l'émancipation de l'individu et de l'humanité, qu'elles se mettent de suite au travail, qu'elles laissent les dilettanti discuter sur l'amour libre, sur la bonté ou la méchanceté native de l'homme, et tiennent des solutions prêtes. Sous peine de mort, il en est temps !

Je me rappelle quelle fut notre amertume à Pouget et à moi, au sortir d'une réunion privée, tenue quelques soirs avant le 1er mai 1890.

C'était chez un de nos meilleurs camarades, un propagandiste énergique, à la parole charmeuse, qui serait parfait s'il consacrait

Charles Malato

aux questions d'urgence immédiate le quart du temps qu'il employait à formuler des syllogismes ou à pratiquer l'amour libre. J'espérais qu'il y aurait au moins l'ombre d'un débat sur la situation : ah bien ! oui ! on s'amusa à disserter sur la théorie de la spontanéité.

Ah Faure ! quand donc cesseras-tu d'être le Lovelace de l'anarchie pour en devenir le Danton.

Peut-être n'avons-nous pas assez insisté, par cette peur bête de passer pour autoritaires, mais non, nous sentions bien que nous détonions parmi les casuistes, et ce fut la rage au cœur que, fort avant dans la nuit, je quittai le rédacteur du *Père Peinard* sur cette réflexion mélancolique :

— Avoir eu près de vingt ans pour faire la critique des fautes de la Commune et ne pas se montrer plus intelligents qu'elle !

La jeune génération prolétarienne, aussi bien que bourgeoise, ne sait pas deux mots d'histoire contemporaine : elle se meut dans une Europe qu'elle ne connaît pas, au milieu d'hommes et de partis dont elle ignore les noms, le passé, le but et les ficelles.

Certains de mes amis, pourtant lucides, croient que c'est un bien parce que cela la forcera à créer du nouveau ; je ne partage pas cet optimisme : pas plus en sociologie qu'en histoire naturelle, les générations spontanées ne sont fréquentes ; tout s'enchaîne et l'avenir se construit avec les matériaux du passé.

Certes, quand le tonitruant Chauvière s'imaginait entraîner les foules en leur parlant d'Étienne Marcel et de Danton, on pouvait sourire. Ceux-là sont bien morts ; mais tout au moins, serait-il nécessaire d'étudier un peu ces formes modernes, le Gèsu, la franc-maçonnerie, la finance, d'apprendre quelles furent les fautes de la Commune pour en éviter la répétition et de ne pas se laisser prendre aux grimaces des curés socialistes.

Le plus bel exemple de présomptueuse ignorance m'a été donné dans une réunion à la salle Rivoli par un orateur que je ne nommerai pas.

« Ayant la révolution de 1789, commença-t-il, la France était très divisée ; il y avait la Gaule, le département du Var et beaucoup d'autres provinces, sans cesse en guerre les unes contre les autres. Il y avait aussi des combats de gladiateurs… »

ÉVOLUTION

Prolo et moi, assis près du bureau, n'avons pu en entendre davantage. Nous sommes partis, égayés d'abord, puis bientôt assombris par tant d'ânerie.

Certes, le premier balbutiement de l'esclave jusqu'alors bâillonné et sevré de toute vie intellectuelle, ne peut être que quelque chose d'informe, risible ou insupportable pour les délicats. Le nègre, la femme, le prolétaire, courbés longtemps, sous un joug abrutissant, doivent traverser des phases pénibles avant d'arriver à l'émancipation complète.

Un ébéniste de Charonne, Méreaux, m'entr'ouvrit le premier les horizons de l'anarchie. Convaincu jusqu'au fanatisme, modeste, d'allures sympathiques, il s'était introduit dans notre groupe avec le seul objectif d'y faire de la propagande. Il s'attacha à ma conversion et bien qu'affligé alors d'un bégaiement, qu'il perdit plus tard en prison, il ne me lâcha pas qu'il ne m'eût fait avaler une à une toutes les théories libertaires. Touché de tant d'ardeur, je me laissai aller à une débauche de controverses. Je commençai alors à entrevoir qu'il y avait dans l'anarchie autre chose que la tourbe dépeinte par les journaux bourgeois et que si cette conception d'une société sans autorité semblait difficilement réalisable, elle était tout au moins le contre-poids indispensable empêchant la liberté individuelle de sombrer dans le triomphe prochain du socialisme.

CHAPITRE XVII
POUR LA SOCIALE

Notre *Révolution Cosmopolite* eut quatre numéros, tirés à cinq mille exemplaires, pour la plupart, distribués gratuitement. Après une interruption de plusieurs mois, causée par la pénurie d'argent, elle reparut sous la forme de revue bi-mensuelle. Louise Michel, Odin, Cassius (pseudonyme cachant un savant, ami de Blanqui), Auguste Saint-Denis, vieux prolétaire tourmenté d'une démangeaison poétique, le docteur Castelnau, etc..., furent cette fois nos principaux collaborateurs. Nous tombâmes glorieusement et à temps, car de nouveau la caisse se vidait, sur un article d'Odin qui valut trois mois de prison à son auteur et à notre gérant Pons.

Charles Malato

Un énergique, convaincu et modeste, celui-là, pas un de ces gérants de carton, prêts à couvrir indifféremment pour du vil métal la prose de Jules Guesde et celle de Paul de Cassagnac. Il avait prêché d'exemple dès 71, quittant l'armée versaillaise pour se joindre aux fédérés, ce qui lui valut cinq ans de réclusion, à l'expiration desquels il reprit sans bruit sa place de combat.

Une réunion orageuse à Choisy-le-Roi, à l'issue de laquelle deux mille inconscients de toute la région, rassemblés par des bourgeois cléricaux, se ruèrent héroïquement sur dix orateurs, me valut avec trois jours de captivité, la connaissance de Voghera et de Rovigo, deux inséparables qui ne pouvaient vivre sans se disputer. Particularité originale, Voghera était né dans une ville d'Italie portant le nom de son ami. Venu en amateur à cette réunion organisée par Gouzien, il suivit courageusement le compagnon Bécu et moi, qui étions demeurés aux prises avec la foule et riposta aux assommades par trois coups de revolver qui, chacun, blessèrent leur homme. Nous fûmes arrêtés par la police on ne peut plus à propos : nous allions être mis en pièces et je dois reconnaître que le commissaire de police reçut les trois horions qui m'étaient destinés. Un des agents qui m'appréhendèrent, se trouvait le neveu d'un déporté intimement connu à Nouméa.

— Messieurs, nous dit le lendemain le commissaire, après une nuit passée, dans une cellule de deux mètres carrés, Choisy-le-Roy est un pays fort tranquille, — nous saluâmes ironiquement, — en conséquence son budget n'a prévu les frais d'entretien d'aucun prisonnier. Je suppose que vos opinions libertaires ne vous empêchent pas d'être soumis à la tyrannie de l'estomac : je comprends ces besoins et j'ose dire que je les partage ; en outre, j'ai trop à cœur les intérêts du commerce local pour ne pas contribuer à sa prospérité dans la faible limite de mes attributions. Si donc vous désirez vous faire apporter des victuailles d'un restaurant quelconque ou même tout autre, vous n'avez que l'embarras du choix, à la seule condition de payer. Dans votre intérêt, qui seul me guide, je vous recommanderai le restaurant Brouillard : célérité, discrétion, cabinets particuliers… pardon ! j'oubliais… et prix modérés.

Ce discours nous ayant servi d'apéritif, nous accordons notre clientèle momentanée au restaurant Brouillard. Après quoi, sous

POUR LA SOCIALE

la garde d'agents en bourgeois, nous roulons vers le dépôt, dans un omnibus de campagne, également à nos frais. L'obligeant fonctionnaire s'était fait un scrupule de nous diriger sur Paris à pied, ses placides administrés nous attendant sur la grand'route pour nous écharper.

Après quarante-huit heures de cellule, Bécu et moi sommes remis en liberté, notre autre camarade nous rejoignit quelques jours plus tard.

N'ayant pas été trouvé porteur d'arme, j'échappai, cette fois, aux amertumes de l'exil. Mes compagnons, possesseurs d'un revolver, passèrent plus tard en jugement et furent condamnés à la prison, aggravée de l'expulsion pour Voghera.

Celui-ci, en attendant, vint au groupe cosmopolite avec son ami Rovigo et tous deux eurent bientôt attiré une bande de compatriotes dignes de recommencer à Belleville l'expédition des Mille. Que sont-ils devenus, ces camarades enthousiastes, dont les « Porca Madona ! » faisaient trembler le passage des Rondonneaux ?

L'élément révolutionnaire italien est brave ; son défaut est l'intolérance, une intolérance qui n'a rien à faire avec la large conception d'anarchie. Des siècles de foi brûlante, ont faussé chez nombre de Latins le sens de la liberté. Quelques-uns, et des plus sincères, n'avaient-ils pas formulé cet article de foi inouï, qui eût fait reculer un pape : « Quiconque signe un livre ou un article de journal, ne peut être anarchiste. »

Quelle aberration grotesque ! supprimer ce sentiment d'individualité, orgueil si l'on veut, mais stimulant indispensable pour s'élever et élever avec soi les autres au-dessus de ce niveau moyen de bêtise et d'ignorance que durent briser par leur révolte les Colomb, les Galilée ! Si l'individualisme doit régner, c'est non en économie, mais dans le domaine de la pensée, de la philosophie, de l'art. Et quel moyen d'être vraiment soi, s'il faut astreindre son esprit à la règle commune, formulée par quelque tyran anonyme ?

Dans ce cas, adieu Louise Michel, Kropotkine, Reclus, Grave, qui, tout comme moi signez vos livres ! Adieu Séverine, Mirbeau, Richepin, Hamond, recrues ou auxiliaires précieux, qui signez vos articles !

Ça de l'anarchie ! Oh là là ! quel est le fanatique du couvent qui a

Charles Malato

glissé cette bourde à l'oreille de compagnons ?

Aux Rondonneaux eut lieu une altercation homérique entre Merlino, savant théoricien, qui n'est pas enragé sur le chapitre de l'action individuelle, et le groupe *Gli Intransigenti,* représenté par Pini et Parmeggiani, compagnons un peu vifs dans la discussion. Pauvre Pini ! il avait l'étoffe d'un héros et, aujourd'hui, se consume au bagne, après une évasion manquée, sa ferveur anarchiste l'ayant amené à exproprier ceux qui ont trop au bénéfice de ceux qui n'ont rien du tout. Parmeggiani, beau gaillard aux yeux d'escarboucles, incendie le cœur des Anglaises, après avoir échappé à une extradition, grâce à l'admirable dévoûment de sa compagne. Je crois bien que si le beafteck lui manquait, il mordrait à même dans les bourgeois. Priez Dieu, capitalistes qui y croyez, que la viande de boucherie soit toujours à sa portée !

En 1886, on se croyait chaque jour à la veille de la révolution sociale ; le *Cri du Peuple* avait fait surgir de terre toute une armée prolétarienne qui, malgré l'incontestable talent de Jules Guesde, a fini par se disperser, fatiguée de l'intolérance criarde des chefs. Nos esprits, chauffés à blanc, vivaient bien plus dans la société future que dans celle-ci ; on méprisait le présent pour l'avenir, restant de folie religieuse : la révolution sociale tombant fatalement du ciel, selon la théorie marxiste, c'était un peu le jugement dernier qui doit équilibrer les biens et les maux, récompenser et punir.

Cette idée de providentialisme, qui ne laissait aucun but à l'activité humaine, a causé le plus grand mal. Si la révolution doit venir d'elle-même, de par le seul jeu des concurrences économiques, à quoi bon y travailler ? Les militants n'ont plus qu'à s'abandonner entre les mains de leurs chefs, qui, lorsque le moment sera venu *tout seul,* entreprendront le grand œuvre de réorganisation. Tout au plus, ont-ils à verser leur obole pour l'entretien des bréviaires socialistes, qu'ils peuvent lire et relire sans avoir le droit de les critiquer.

Que l'enchaînement des faits, le *déterminisme* soit universel, que, par suite, le libre arbitre n'existe pas, aucun homme ayant mordu à la science moderne ne le mettra en doute ; mais que l'homme soit une activité consciente, un facteur d'événements, qui le niera ? La distinction a toujours été faite entre le fatalisme scientifique, le *déterminisme,* et le fatalisme passif du musulman qui laisse brûler sa maison parce que « c'était écrit. »

D'ailleurs, en dépit de leur valeur personnelle, Guesde et ses amis ont, en tant que leaders, des allures d'un caporalisme prussien, cassant comme leur doctrine, un vocabulaire, hérissé de mots bizarres, qui déconcertent et choquent la foule. Malgré de tardifs succès électoraux, ils sont condamnés à demeurer longtemps un état-major sans armée.

Ayant constitué le groupe cosmopolite, nous nous efforçâmes de le ramifier en une *Ligue cosmopolite* et les correspondants de notre revue se mirent à l'œuvre pour créer des sections. M. Déroulède, apôtre des haines nationales, avait fondé sa « Ligue des patriotes » ; nous organisions le mouvement opposé, tout en évitant un titre comme celui d'*anti-patriote* plus propre à choquer les susceptibilités populaires qu'à nous amener des adeptes. Nous n'étions pas encore arrivés à l'anarchie, bien que sur la pente qui y mène, et la principale différence entre nous et les compagnons était que ceux-ci ne voyaient guère que l'idée pure ou des faits minimes en eux-mêmes, qui nous passionnaient peu, déménagements à la cloche de bois, expropriations individuelles, tandis que nous rêvions prise d'armes, mouvements d'ensemble, insurrections générales.

Malgré nos appels très sincères à l'union, nous nous étions brouillés avec la rédaction autoritaire du *Cri du Peuple* qui nous considérait comme d'abominables anarchistes ; nous nous-mêmes étions en froid avec la *Révolte,* pour qui nous étions de pseudo-blanquistes, trop peu respectueux de la spontanéité des foules. Et cependant, si nous avons des reproches à nous adresser, c'est d'avoir, par une exagération de scrupules libertaires, aliéné plusieurs fois notre initiative pour ne pas froisser de braves gens dont le propre était d'en manquer absolument et de ne vivre que dans les subjectivités. La *Révolte,* créée par un savant de premier ordre, aussi large de cœur que d'esprit, Kropotkine, demeurera comme un impérissable monument philosophique ; elle a proclamé dans leur intégralité les idées les plus élevées, le vrai but social : elle n'a pas été, elle ne pouvait être, un journal d'action, entraînant les prolétaires à la lutte, leur montrant les solutions pratiques. Notre tort à tous, aux militants anarchistes comme aux rédacteurs mêmes de ce journal d'une honnêteté impeccable, a été de confondre une feuille de haute

Charles Malato

philosophie avec un organe de lutte pratique, l'*Encyclopédie* avec l'*Ami du Peuple* et le *Père Duchesne.*

Grave, le gérant de la *Révolte,* avec qui je me suis trouvé en lutte aussi mordante que désintéressée, jusqu'à ce que la prison commune nous réconciliât, — ce qui s'est fait de grand cœur de part et d'autre, — est un digne caractère.

Il appartenait à l'une des professions manuelles, où le travailleur peut le mieux se reconquérir et penser, l'une de celles qui fournit le plus d'anarchistes, la cordonnerie. Effroyablement logicien, tenace comme un rocher de l'Auvergne, son pays, studieux acharné, principalement des choses abstraites, il était tout marqué pour la gérance du journal de Kropotkine et d'Élisée Reclus ; il est devenu lui-même écrivain et impitoyable critique des sociologues bourgeois. M. Molinari n'a pas le dernier mot avec lui.

La petite phalange de la *Révolte* représentait dans le groupement anarchiste, le noyau immaculé, silencieux, et il faut le dire sectaire, à la fois intransigeant en théorie et endormi en action. Elle lira ces lignes : qu'elle ne s'y trompe pas, qu'elle n'y voie pas une récrimination mais une critique amicale ; mieux ne vaut-il pas s'inspecter à la veille de la bataille que s'injurier après la défaite ?

Les débuts tumultueux du parti déconcertèrent ces hommes que le travail de la pensée avait séparés de la masse. De peur d'être débordés par les braillards et les suspects, ils fermèrent leur porte à double tour, prirent une allure un peu doctorale, et, lorsque plus tard, de jeunes recrues sincères, bouillonnantes d'activité, quelques-unes de valeur, se présentèrent, ils leur cassèrent bras et jambes. Toute action tant soit peu étendue ou combinée devenant entachée d'autoritarisme, il ne resta plus que l'action individuelle, louable certes, mais insuffisante pour tout résoudre. Et, comme il y a toujours, même parmi les révolutionnaires, plus de blagueurs que de héros, l'action individuelle, pour beaucoup, ne consista plus que dans les petites choses ou même dans des actes étrangers au but poursuivi : c'était la Vendée dégénérant en chouannerie.

Il est évident que le boulangisme naquit en partie de l'impéritie des divers partis socialistes, qui n'eurent ni l'esprit ni le sens révolutionnaire de profiter du mécontentement général et s'emparer de la situation. Le boulangisme mort, ce fut le tour de l'agitation antisémite, fomentée par les cléricaux et sur laquelle des naïfs se déçurent : le tour des vrais révolutionnaires ne venait jamais.

La *Révolte* s'aperçut trop tard du danger : elle voulut faire machine en arrière et s'y prit mal.

La critique de certains actes individuels, tels que ceux de Ravachol qui, lui, porta sa tête sur l'échafaud, exaspéra contre elles les individualistes d'action, tandis que, d'autre part, le divorce continuait avec les anarchistes *pratiques*.

Parmi ces derniers, se trouvait un savant de la plus haute valeur, qui capitaine de la Commune à vingt ans, puis, déporté en compagnie de son père, avait fait son évolution vers le socialisme anarchiste. Homme de tempérament autant que d'érudition, il s'indignait du gaspillage de forces où nous réduisaient la folie des ergotages métaphysique et la perpétuelle crainte de paraître autoritaire. Il jeta le cri d'alarme dans une remarquable brochure, l'*Anarchie et la Révolution,* qu'il signa du pseudonyme hébertiste de Jacques Roux. Mais, hélas ! le pli fatal était pris.

Peu après, le *Père Peinard* fut créé par Pouget, militant actif autant que Grave est raisonneur, et non moins entêté. Les premiers numéros étaient conçus dans un langage plus que faubourien, qui s'est depuis atténué, moyen comme un autre d'attirer une catégorie de lecteurs qu'eût rebutés la subtile philosophie de la *Révolte*. Le *Père Peinard,* dont la lecture horripile les délicats, a eu le grand mérite de retenir dans le mouvement des gens de culture primitive, qui, aux jours de luttes, sont les meilleurs.

Intermédiaire d'allures entre la *Révolte* et le *Père Peinard,* parut l'*Attaque,* également hebdomadaire, qui débuta avec les dieux du socialisme : Vaillant, Guesde, Deville, Chirac l'homme chiffre, pour mourir dans les plis du drapeau anarchiste.

Son fondateur, directeur, rédacteur en chef et gérant, Gégout, caractère indépendant s'il en fût, lâcha les marxistes, dont le monotone sectarisme, le faisait bâiller, comme il avait lâché sa bourgeoise famille et le sous-préfectorat de Falaise. Il arriva très rapidement à un anarchisme cramoisi mais plein de verve et agréablement rembourré de toutes sortes de belles choses, principalement d'amour libre. Je n'oserais jurer que les allures abruptes de certains compagnons n'aient pas un peu tourné

Charles Malato

ses ardeurs militantes en philosophie rabelaisienne. Il est artiste jusqu'au bout des ongles et Montmartrois fieffé ; cette double qualité explique son froid à l'égard de Ravachol.

Incompressible et tonnant, déchaînant souvent la tempête, jamais l'animosité, Gegout, alors que la fièvre propagandiste eût pu me rendre sectaire, m'a rappelé que l'anarchisme était non la cristallisation de l'être humain dans une doctrine rigide, quasi-religieuse, mais l'incessante et large évolution des idées et des sentiments.

Pauvre *Attaque* ! Gegout, Faure, Weil et moi, devenus ses rédacteurs, l'aimions bien, tandis que notre collaborateur et ami, Mougin, investi du secrétariat, corrigeait les épreuves avec la sévérité du plus implacable puriste : il mourra en recommandant son âme à la grammaire.

Je fus cause de la condamnation de Gegout à quinze mois de prison et à trois mille francs d'amende, pénalité que je partageai naturellement, l'ayant provoquée par un article dans lequel les juges découvrirent une série de conseils à l'usage des manifestants du 1er mai (on se trouvait en avril 1890). C'était absolument faux, car nous croyions peu aux révolutions à jour fixe ; mais ne fallait-il pas au pouvoir un prétexte pour incarcérer, ce jour-là, les adversaires considérés comme gênants ? Une réunion publique retentissante, qui venait d'avoir lieu au « Concert des fleurs », à Clichy, décida de notre sort, et le ministère Constans, prévoyant un accès d'indépendance de la part du jury, eut la précaution de rédiger, le matin même des débats (28 avril), un arrêté d'expulsion me frappant comme perturbateur italien.

Il faut dire que ce 1er mai inspirait une peur bleue à la bourgeoisie, malgré la défaillance des socialistes autoritaires aussi piteux à ce moment que matamoresques six mois auparavant. Notre condamnation avait été précédée par celle de Michel Zevaco, secrétaire de rédaction de l'*Égalité*.

Quelques mots sur ce journal et son directeur.

Jules Roques est un curieux spécimen de boulevardier, à la fois amoureux d'art et pratique en affaires. Le premier peut-être, il conçut l'idée de substituer à la vieille réclame, lourde et gauche, une publicité gracieuse, flattant l'œil. Géraudel a eu foi en son habileté, et s'est réveillé millionnaire. Enrichi lui-même, bien que ne thésaurisant pas, Roques chercha à connaître sous toutes ses faces la vie dont jusque-là il avait surtout entrevu les amertumes. Il prodigua les louis sans compter, organisa pour la satisfaction de l'œil des bals sans feuille de vigne, créa un journal hebdomadaire illustré, le *Courrier Français*, où les meilleurs dessinateurs donnèrent leur coup de crayon ; puis, ces multiples occupations ne lui suffisant pas, il fonda un quotidien, l'*Égalité*.

Sceptique et amoureux d'impressions nouvelles, absolument étranger au socialisme et cependant assez indépendant d'esprit pour admettre que la société avait besoin d'un nettoyage, Roques ne craignit pas d'appeler à la rédaction de son journal Guesde, Vaillant, Fournière et autres démagogues de haute marque. Comme d'habitude, leur sectarisme éloigna les lecteurs : il fallut réduire les frais et l'emploi de compositrices typographes, détermina le départ des rédacteurs.

C'était le moment de saisir l'*Égalité* : un quotidien entre les mains de vrais révolutionnaires, prêts à travailler pour une idée et non pour des appointements, ayant assez de tact pour ne s'adresser qu'à la masse en évitant les rengaines d'écoles, quelle force ! Toute la succession du *Cri du Peuple* était à prendre. Pouget et moi courûmes chez Roques, qui nous reçut bien sans s'engager : notre malheur fut d'y retourner avec quelques camarades soupçonneux et cassants. Une rédaction panachée, improvisée à la hâte, romantique et très vide à l'exception de deux ou trois, nous dama le pion. Nous devions nous retrouver en prison avec les meilleurs d'entre eux.

L'*Égalité* vécut encore une année, tirant de l'aile, n'ayant plus pour rédacteurs sérieux que Zévaco et Odin, — je ne parle pas de l'algébriste Chirac, qui se prenait lui-même pour prophète et, à la veille des manifestations belliqueuses invitait la foule à livrer aux policiers les perturbateurs !

Quand l'*Égalité* fut morte, le marquis de Morès, catholique à tempérament révolutionnaire, avec lequel la prison nous avait mis, Gegout et moi, en relations fort courtoises fit proposer à quelques anarchistes, dont je fus, de créer ensemble un journal de combat, et antisémite, proposition que nous déclinâmes. La main ultramontaine apparaissait trop visiblement ; or, si nous

Charles Malato

luttions contre la république bourgeoise ce ne pouvait être au profit de la réaction cléricale, chauvine et monarchique. Quelque temps après, *La Libre Parole* parut et, rééditant la vieille tactique de 1789 et 1848, mina, sous le masque avancé, toutes les idées d'émancipation.

Le réveil clérical est très curieux à étudier depuis l'année 1888. Il est indéniable que le boulangisme fut un mouvement en partie double ou même triple, — démocratique avec Rochefort, Laisant, Granger, etc., réactionnaire avec les ralliés de toutes nuances, convoitant chacun le triomphe pour son parti, tandis que le *brav' général,* grisé de popularité, au fond meilleur que son entourage, qui l'a renié après la défaite, espérait bien demeurer le *deus ex machinâ.*

À l'affût depuis des années pour renverser une république que ne protégeait plus l'enthousiasme populaire les ultramontains virent tout le parti qu'ils pouvaient tirer du boulangisme et, par l'intermédiaire du père jésuite Dulac, lui fournirent des subsides. L'entretien de l'état-major coûtait cher ; au dire de ses collègues, enfermés avec nous à Sainte-Pélagie, Laguerre avait, à lui seul, absorbé, en deux années, neuf cent mille francs.

Il me semble qu'avec le dixième de cette somme nous eussions remué le monde !

En guerre, le pire parti est de n'en prendre aucun : Boulanger, mauvais stratégiste ne sut pas ce qu'il voulait, il fut trop légalitaire ou pas assez.

Mes amis et moi, restés fidèles à Marianne, continuions la lutte oratoire et écrite contre le gouvernement en y joignant la lutte contre le césarisme naissant. Tout en regrettant de voir des lutteurs de la veille égarés entre le chauvin Déroulède et le royaliste de Mackau, nous ouvrions une campagne de meetings avec cet ordre du jour : « Ni parlementarisme ni dictature : la sociale ! »

Eudes, avec son tempérament militaire avait entraîné les blanquistes du côté du général. Ce ne fut certes pas sa faute si les manifestations de décembre 1887 contre la candidature de Ferry à la présidence de la république ne se terminèrent par une prise d'armes.

Nous avions hautement exprimé notre méfiance pour ces

démonstrations, les voyant tourner en simple révolution politique, couronnée tout au plus par l'avènement d'un Comité de Salut Public qui eût collé au mur, pêle-mêle avec les opportunistes, les raisonneurs socialistes et libertaires. Cependant, les anarchistes ne furent pas les derniers dans la rue ce jour-là. — « Qui sait ! » se murmurait-on, mais nous constations avec désespoir que les cris de : « Vive la Sociale ! » ne dominaient pas sur ceux de « Vive Boulanger ! » Une fois de plus, je pus apprécier l'initiative de la foule : des derniers meetings tenus salle Favié pendant que l'émeute grondait, il ne sortit que confusion. Ici un orateur, noyé dans les tumultueux remous de l'assistance, lisait d'une voix étouffée la recette pour fabriquer de la dynamite, — il était bien temps ! Un autre jetait la nouvelle que cinq cents personnes, — rien que ça —, avaient été massacrées aux Champs-Élysées et aussitôt le public se précipitait au dehors aux cris de « Vengeons-les ! »… pour aller se coucher.

À cette époque, Boulanger n'avait qu'à pousser de l'avant. Blanquistes, radicaux et déjà monarchistes, étaient avec lui ; la troupe l'eût acclamé, le Conseil municipal se fût déclaré en sa faveur : il n'osa pas. Même hésitation au 27 janvier 1887 : pour n'avoir pas eu l'audace de son ambition, il devait perdre la partie.

Quand le clergé vit le boulangisme en baisse, il organisa l'anti-sémitisme.

L'éreintement du personnel opportuniste par Drumont avait ravi nombre d'anarchistes qui, bonnes âmes, avaient cru voir dans le fougueux polémiste un converti, ou peu s'en fallait, à nos idées. L'ombre de Veuillot devait bien rire !

Je ne partageai pas cette appréciation : il fallait être archi-aveugle pour voir un adepte de la théorie *Ni Dieu ni maître dans* l'écrivain qui regrettait le bon temps où saint Louis faisait brûler la langue aux blasphémateurs et qui s'efforçait de détourner contre les seuls juifs les colères populaires. Débarrasser la banque chrétienne d'une rivale heureuse, faire oublier l'expropriation du capital productif en brûlant quelques chiffons de papier chez Rothschild, remplacer la guerre sociale par la religieuse, tirer les marrons du feu pour la monarchie cléricale, dont Drumont ne gourmandait que l'hésitation lâche, ah bien, non !

Charles Malato

Lorsque, à Sainte-Pélagie je me trouvai en contact avec Morès, mes idées ne se modifièrent pas. Le marquis révolutionnaire était un charmant co-détenu, crâne jusqu'au romantisme, d'une érudition agréable et, sans les calomnies impudentes du journal drumontiste où il écrivait, il est probable que le hasard nous faisant nous rencontrer nous eût laissé très courtois vis-à-vis l'un de l'autre : tirez les premiers messieurs les Français ! Mais, entre nos partis, la lutte est à mort : l'un s'appelle la réaction, l'autre la révolution.

Je sortis de prison à la fin de juillet 1891. Le cabinet Constans ayant fait mine de vouloir m'expulser, j'avertis son chef que je lui contestais ce droit devant le Conseil d'État. Pour éviter les criailleries des journaux, l'omnipotent ministre suspendit, sans le rapporter, le décret qu'il avait rendu quinze mois auparavant. Il était réservé à son successeur Loubet de l'appliquer, les vertueux imbéciles étant généralement les plus féroces.

À mon retour au soleil, l'allure du mouvement anarchiste me parut bien changée. Cinq ans auparavant, c'était le bouillonnement désordonné ; pendant le boulangisme, ç'avait été, au milieu du désarroi, la fidélité au drapeau du socialisme international ; à la veille du 1er mai 90, les anarchistes avaient résolument pris une attitude offensive. Et maintenant, c'était la dissertation doctorale et pacifique sur le nouvel évangile social. Quelques individus avaient mis à la mode les conférences contradictoires avec les curés soi-disant socialistes, malgré les objurgations énergiques du *Père Peinard* et, pendant ce temps, l'abbé Garnier, prévoyant judicieusement le rôle immense des groupements ouvriers dans la bataille contre le capital, s'efforçait d'organiser ses syndicats mixtes.

Le plus pressé, selon moi, était d'empêcher que le cléricalisme nous débordât tout à fait. Déjà, une réaction de l'esprit se faisait : en littérature avec le socialisme, en science avec l'occultisme, en économie avec le socialisme chrétien, en politique avec la russomanie, l'influence mystique perçait victorieusement. Il fallait réagir ou nous réveiller la corde au cou.

Et, à un certain nombre d'amis, nous commençâmes notre œuvre. Mais pendant ce temps, les désespérés qui avaient toujours attendu la lutte, perdirent patience. Decamps, coupable de s'être défendu héroïquement contre les gendarmes avait été condamné : Ravachol fit parler la dynamite.

CHAPITRE XVIII
LES PROSCRITS DE LONDRES

Londres est le classique refuge des proscrits de toute foi vaincue. C'est là que se réfugièrent successivement les fils de la monarchie légitime et les représentants de la branche cadette, les prolétaires insurgés de Juin, les bourgeois démocrates victimes du Deux Décembre et, plus tard, la famille Bonaparte. Les communards s'y établirent, emplissant le quartier français du bruit de leurs querelles et de leurs accusations, triste résultat de la défaite ! Les anarchistes, pourchassés comme bêtes fauves après les explosions de mars 1892, suivirent l'exemple général : ils vinrent demander à la capitale du Royaume-Uni le travail et la liberté.

Prévenu, grâce à des intelligences dans la place, que j'allais être appréhendé par les bénins agents de Lozé, je leur faussai compagnie, ce dont je me félicitai encore plus en voyant mon nom figurer sur la liste des expulsés. Était-ce la peine d'avoir tenu, chez d'innocents anthropophages, le gouvernail des services publics, — pends-toi Prudhomme ! — pour secouer sur le sol français la poussière de mes sandales ? Mais ce n'était pas le moment de récriminer, alors que des camarades étaient arrêtés ou expulsés avec un ensemble admirable. Après six jours de retraite absolue chez des amis, dont la concierge m'a pris pour M. Jules Mary, je sautai dans un wagon de troisième, emportant pour tout bagage une canne. Quelques jours après, comme je finissais de laver mon linge dans ma cuvette, après une véritable soûlerie d'eau claire, j'appris que le couple Dumont-Mourot me dénonçait comme l'agent de Rothschild. Infâme patron ! pourquoi m'as-tu payé si mal ?

Une rue du quartier français a conquis la célébrité : c'est Charlotte Street et, dans cette rue, une maison a droit aux honneurs de l'histoire : c'est celle de Victor Richard, fidèle ami de Vallès et de Séverine, le plus jovial, le plus souriant des épiciers. Oui, épicier, mais il l'est si peu ! tous les réfugiés y viennent, car cet épicurien professe sans sectarisme, des opinions cramoisies ; j'y vins aussi.

— M. Richard est-il là ? demandai-je au flegmatique René, son employé de confiance.

René m'examine avec une nuance de soupçon : de fait, s'il vient des proscrits dans la boutique, il y vient aussi des mouchards, français naturellement. Le principal de ceux-ci est l'inspecteur Houillier qui vole généralement au correspondant du *Figaro* le nom de Johnson et demande l'adresse des fugitifs*pour leur rendre service.*

Il paraît que je n'ai pas l'air d'un policier, car c'est sans arrière-pensée que René me répond :

— Il est encore couché — le sybarite ! — mais si vous voulez attendre une petite demi-heure…

Je me risque à demander l'adresse de Louise Michel. Les soupçons reviennent : René me regarde comme si je voulais forcer la caisse. Je me nomme, il se trouve que je ne lui suis pas inconnu : la glace est rompue ; nous échangeons une poignée de main et je vole à Huntley Street embrasser ma vieille amie.

Pénétrer dans son home n'est pas facile : les concierges ont beau ne pas exister à Londres, ce qui ferait trouver l'exil moins maussade, Louise Michel est en quelque sorte gardée à vue par une voisine anglaise laide et méchante dont le mari exerce le noble métier de recruteur. Chaque visiteur a maille à partir avec cette mégère.

C'est bien la Louise Michel de Nouméa et des réunions publiques que je revois, toujours enthousiaste, vaillante en dépit des années, de la prison, de l'exil, la prophétesse anarchiste vivant en plein dans son idéal. Menacée du cabanon par des bourgeois qui considèrent toute noble exaltation comme folie, elle était venue s'installer à Londres, attendant, pour rentrer en France, l'heure révolutionnaire.

Depuis plusieurs années, Londres possédait un proscrit, redoutable à ses proscripteurs et qui, pendant un quart de siècle a, sans compter, abattu les maîtres du pouvoir, frayant la voie à l'anarchie, lui qui n'est pas anarchiste. Maniant la verve comme une épée, il a toujours porté des coups mortels : il a été le rire de Paris comme Voltaire avait été l'esprit de la France. Malgré d'assez sérieuses brouilles, les partis politiques avancés, ont été, chaque fois, heureux de le revoir avec eux, car il était à lui seul toute l'opposition. J'oubliais de dire son nom, mais le lecteur l'a depuis longtemps reconnu : c'est Rochefort.

Ce Parisien exilé du boulevard a trouvé dans l'immense fourmilière londonienne un coin qui rappelle le parc Monceau. C'est sur un hôtel de Clarence Terrace à deux pas de la station de *Baker-street* (rue Boulanger, quelle coïncidence !) que le rédacteur en chef de l'*Intransigeant* a jeté son dévolu : demeure très confortable certes, mais ornée avec plus de goût artistique que de luxe. Des tableaux de maîtres italiens, flamands et même anglais, car il en est d'aussi remarquables que peu connus, un groupe de Clodion, un bronze de Dalou, représentant le pamphlétaire au retour de son précédent exil, ornent la salle à manger du rez-de-chaussée et les deux étages. Les fenêtres plongent sur le lac de Regent's Park où glissent les canots, conduits par de jeunes misses, et sur les taillis qu'animent les jeux de babies.

Que de visiteurs se sont présentés dans cette maison ! Visiteurs de toutes sortes : amis sincères, vieux compagnons de lutte, admirateurs, enthousiastes, vulgaires courtisans, pique-assiettes et politiciens affairistes quémandant la charité de quelques billets de mille avec une petite campagne électorale. Et, parmi tous, Louise Michel, qui s'est instituée, à elle seule, comité de secours ambulant pour les malheureux quelle que soit leur étiquette sociale.

Les anarchistes, car on ne peut donner ce nom aux transfuges, étaient, pendant le boulangisme, demeurés aussi éloignés de celui-ci que du gouvernement. Passionnément internationalistes, nous sentions bien que l'avènement du parti révisionniste signifiait la guerre à brève échéance. Impuissant à donner satisfaction à la fois aux républicains avancés et aux réactionnaires, au grand et au petit commerce, aux patrons et aux ouvriers, talonné, en outre, par Déroulède, le général Boulanger une fois au pouvoir devait fatalement chercher la diversion des gouvernements aux abois. Et la guerre, c'était en cas de triomphe, la bourgeoisie consolidée, en cas de défaite, l'écrasement du vieux foyer révolutionnaire.

Aussi, ai-je été bien heureux le jour où Rochefort, calomnié par ses anciens alliés, a rompu avec eux pour se rapprocher de la démocratie socialiste. Il n'est pas anarchiste de doctrine, ce tombeur de gouvernements ; n'importe, j'aime toujours mieux le

Charles Malato

voir à gauche qu'à droite.

L'*Intransigeant* malmena d'abord les dynamiteurs, mais, dans l'affolement du début, des organes même anarchistes avaient commis cette erreur d'oublier que tout acte de révolte a droit à notre sympathie, surtout quand celui qui le commet risque sa tête. Plus tard, l'attitude de Ravachol détermina un langage autre et bientôt les compagnons furent ouvertement défendus dans l'*Intransigeant*.

L'un de ceux-ci, Gustave Mathieu, eut une véritable odyssée. Sa patronne, madame Viard, ayant soustrait des marchandises à ses créanciers, l'accusa pour se décharger. L'anarchiste prouva facilement son innocence et fut remis en liberté provisoire ; celle-ci serait devenue définitive, si, peu de temps après, Ravachol et Simon, plus connu sous le sobriquet de Biscuit, n'eussent commencé à faire sauter des immeubles ; Mathieu, étant leur ami, fut naturellement inquiété et, comme il n'avait en la justice bourgeoise qu'une confiance des plus limitées, il crut prudent de mettre la Manche entre lui et M. Atthalin.

Mathieu eut alors une chance extraordinaire : obligé de se cacher, car les journaux affolés lui mettaient sur le dos une foule de méfaits, ainsi qu'à Pini, alors au bagne guyanais, et son extradition n'eût pas fait de difficultés, il arriva de nuit dans le quartier français, demanda une adresse compromettante, se nomma et eut la chance de se trouver en face d'un anarcophile. L'imprudent fut logé, mis en lieu sûr et le surlendemain, prévenus à quelques-uns, nous prîmes toutes nos dispositions pour le soustraire à l'œil perçant de Houillier, plus Johnson que jamais.

Pendant que Matthieu, confiné dans les retraites successives que nous lui trouvions, attendait avec une impatience fiévreuse le moment de respirer à l'air libre, les feuilles publiques continuaient à signaler sa présence à Paris, à Lille, à Reims, à Lyon, à Perpignan, à annoncer son arrestation dans les lupanars, vieille calomnie qui prend toujours. À la fin, horripilé de se voir traiter dix fois par jour de voleur, de faussaire et d'assassin, il me dit :

— Tant pis ! j'en ai assez : je suis décidé à affronter une interview, je pourrai ainsi dire ce que j'ai sur le cœur. Connais-tu un reporter sincère ?

Diable !

Je me rappelai cependant un journaliste, rencontré sur la paille humide de Sainte-Pélagie, M. Maurice Leudet, toujours à l'affût de l'actualité, débrouillard comme pas un et, chose bien rare, scrupuleux de la vérité. Je mis les parties en présence et voici comment, deux jours plus tard, l'interview de Mathieu parut dans le *Figaro*.

À ce moment l'affaire Viard était appelée en justice correctionnelle. Au mépris de toute pudeur, alors que la *plaignante* n'osait même pas paraître à l'audience et qu'il ne se trouvait pas un témoin à charge contre Matthieu, celui-ci fut condamné à cinq ans de prison.

Ah ! la magistrature !

Dans sa colère, l'anarchiste écrivit une lettre des plus vives à Quesnay de Beaurepaire, procureur de la république, et la meute des mouchards français le pourchassa de plus belle.

— « Quel est le nom de ce gentleman ? » me demanda un jour l'hôtesse du *lodging,* où servant de truchement et de guide, je présentai l'ex-employé de madame Viard.

— Monsieur Quesnay, répondis-je vivement, pensant que ce nom magistral dérouterait le détective Houillier.

Peu après, cependant, nous acquîmes la certitude que Mathieu ne serait point extradé et il put travailler ouvertement dans la capitale. Malheureusement, la police française ne se tenant pas pour battue, l'attira dans une embuscade sur le continent. Arrêté dans son département natal et incriminé d'une foule de méfaits dont il démontra la fausseté, le malchanceux anarchiste fut en fin de compte, jugé contradictoirement pour l'affaire Viard et condamné à un an d'emprisonnement, les prêtres de la déesse « Lex » ne se déjugeant pas, surtout quand ils ont tort. Comme la première fois, la plaignante n'osa pas affronter les débats.

Les policiers anglais sont, quoi qu'on dise, très inférieurs en subtilité aux policiers français. Le Goron londonien, Melville, organisateur de faux complots, qui, à Wolesall, fit condamner aux travaux forcés quatre anarchistes, coupables simplement d'imprudence, échoua piteusement dans tous ses essais pour arrêter Mathieu, Schouppe et l'auteur de l'explosion Véry. Bien qu'on ait, à tort ou à raison, cru savoir le nom de cet audacieux dynamiteur, ce n'est pas à un anarchiste qu'il appartient de le nommer dans un livre.

Charles Malato

Lui, un homme convaincu jusqu'au fanatisme, un de ces énergiques qui ne gaspillent pas en paroles le temps de l'action, tout le contraire de celui qu'on avait un moment cru son complice, Francis et dont je ne parlerais pas si ce vantard stupide, qui a spéculé sur la solidarité des compagnons, ne les avait insultés en se prétendant délaissé par eux, alors qu'il a, par souscriptions et trucs divers, reçu à lui seul plus que tous les militants ensemble. Les journaux bourgeois ont, en jubilant, reproduit les calomnies de cet individu peu intéressant sur les anarchistes, dont quelques-uns, restés inconnus des magistrats, ont risqué le bagne pour lui. Ce blagueur qui, se croyant en sûreté, emplissait le quartier français de ses vantardises et que néanmoins Melville ne put arrêter qu'au bout de quatre mois, s'est bien tenu devant la cour d'assises ; que cela lui soit compté ! Il est permis, cependant, de s'esclaffer en lui voyant revendiquer la qualification de théoricien à côté de Proud'hon et de Kropotkine (sic), Gorille qui se croit savant parce qu'il a trouvé un livre qu'il lit à l'envers !

Ayant, comme chacun le droit de dire hautement ma façon de penser, je m'insurge contre ces prétendus anarchistes, bons à discréditer une idée, si une idée, surtout la plus haute, pouvait être discréditée par de tels individus. Ils revendiquent le titre d'hommes d'action : quel blasphème ou quelle bouffonnerie ! les vrais hommes d'action, les enragés de la grande révolution, les incendiaires de la Commune, les dynamiteurs anarchistes, aussi bien que les conspirateurs carbonari, que les nihilistes, exécuteurs de généraux et de tzar, agissaient sans pose. Qu'on approuve ou non leurs actes, on est forcé de reconnaître que la conviction et non l'intérêt personnel, armèrent Ravachol, qui mourut le front haut, et *l'autre,* le meurtrier du délateur Véry. Mais ceux-là, ces péroreurs assourdissants, eunuques qui ne font pas et empêchent les autres de faire, qui crient « aux pontifes » et, dans leur ignorance, sont plus despotes que les doctrinaires, ce serait une étrange faiblesse que de les laisser sans riposte parler au nom de l'anarchie qu'ils présentent à l'image de leurs conceptions enfiévrées, ou brutales.

Le dynamiteur pour de bon échappa aux Melville, aux Houillier, aux Fédée. Ceux-ci, perquisitionnant dans une maison où ils ne trouvèrent rien, se virent donner une sérénade par le rédacteur en chef de l'*En-dehors,* Zo d'Axa, réfugié sur le sol anglais, tandis

LES PROSCRITS DE LONDRES

qu'une nuée d'anarchistes gouailleurs enveloppait les mouchards déconfits. Le fugitif se trouve en sûreté où il est, où il restera jusque ce que l'heure qu'il attend, sonne pour tout vrai révolutionnaire.

Cependant, deux tendances se faisaient jour parmi les anarchistes de Londres, répondant chacune à un état d'esprit, à un tempérament particuliers : l'une était favorable, l'autre contraire à l'organisation.

Croire que quelques explosions peuvent suffire à renverser toute une société est une erreur aussi profonde que de s'imaginer la révolution susceptible d'être décrétée à jour fixe et tirée au cordeau. Que des audacieux, jaloux à l'excès de leur autonomie et se sentant étouffer dans le groupement, préfèrent agir en solitaires, rien de plus juste, il faut respecter leur initiative et surtout ne pas les traiter de mouchards quand ils font quelque chose. Mais, de leur côté, ils sont tenus à respecter également l'action des méthodistes et à ne pas leur lancer à tout propos l'accusation de cheffisme. Ce manque de tolérance réciproque amena à Londres des zizanies.

Il faut bien l'avouer, tandis que la philosophie anarchiste faisait de rapides progrès atteignant avec les martyrs de Chicago l'apogée du sublime, le sens révolutionnaire s'émoussait chez nombre de nos camarades. L'absence d'objectif nettement déterminé, le manque d'aliment à une activité pratique ont, jusqu'à ce jour, contribué à notre impuissance, — qui, à la vérité, n'a pas été plus grande que celle des autres fractions socialistes. Nous avons été quelques-uns à le crier sans cesse qu'il ne fallait pas toujours laisser fuser nos forces dans la poésie ou la métaphysique : on nous traitait d'autoritaires.

Et les occasions se présentaient, et jamais on n'en profitait.

Nous avions commencé ici une campagne de manifestes, dont quelques-uns « *Dynamite et Panama* », « *À bas la Chambre* ! » etc., firent sensation, les journaux bourgeois s'empressant de les reproduire. Paris avait semblé bouillonner un instant, en janvier 1893, à la veille de la rentrée des Chambres ; mais, comme toujours, les socialistes autoritaires, braves de loin se trouvèrent mal, le jour venu et une poignée infinitésimale d'anarchistes sans armes, manifestant sur la place de la Concorde, fut facilement dispersée. Venu subrepticement à Paris, je pus constater, un quart d'heure plus tard, combien les abords de la Chambre étaient peu menacés. D'ailleurs, le majestueux Lozé, alors préfet de police, était là, toujours aussi haut en couleur, protégeant de sa présence la tourbe inquiète des panamistes et des pots-de-viniers.

Quelques mois après, la Belgique sembla à deux doigts de la révolution : Malatesta, le compagnon Delorme et moi y courûmes, pensant qu'il y aurait peut-être autre chose en jeu que le suffrage universel. J'en puis parler sans vantardise, car nous n'y fîmes absolument rien. Les anarchistes locaux, isolés de la masse, n'avaient aucun moyen d'action. Excellents camarades, affinés de pensée, quelques-uns pleins de résolution, ils se trouvaient, cependant, perdus sans armes, sans plans, sans alliés, dans ce mouvement tumultueux de tout un peuple qui ne les connaissait pas. Dans les bois du centre, où nous nous étions rendus pour joindre une colonne de grévistes qui devait, disait-on, marcher sur Bruxelles et qui ne se montra même pas, nous nous trouvâmes tout juste une dizaine avec deux revolvers. C'était trop peu pour venir à bout des troupes royales ; nous n'avions plus qu'à rentrer honnêtement à Bruxelles par le chemin de fer et aller boire du faro. Ainsi fîmes-nous, après nous être ravitaillés de pain d'épices, seul comestible trouvé par Malatesta qui, guérillero expérimenté, s'était délégué aux approvisionnements. Ce qu'il était dur, le pain d'épices ! Delorme faillit y laisser sa mâchoire.

Le grand coupable fut le *parti ouvrier,* dont la pusillanimité entrava toute sérieuse action révolutionnaire. Reprenant dans son journal, *Le Peuple,* l'éternelle rengaine des agents provocateurs, il invitait les manifestants à se défier de gendarmes déguisés se glissant dans leurs rangs. On avait donc l'agréable perspective d'être fusillé par la troupe ou assommé par les travailleurs, qui se montraient d'une défiance et d'un particularisme inouïs. Lorsque la comédie du vote plural fut adoptée par le parlement, les quatrième-étatistes, ralliés aux bourgeois radicaux, crièrent victoire et pacification. Ils avaient hâte d'en finir.

À notre retour dans Bruxelles, nous trouvâmes Cipriani, arrivé le matin même : nous l'avions déjà vu à Londres un mois auparavant.

Figure étrange, car elle appartient bien plus à l'époque déjà lointaine de l'épopée garibaldienne, qu'à notre temps de raisonneurs sceptiques ! Le profil est énergique et fin, la taille haute, l'allure générale altière. Cipriani est un des rares militants de la génération passée qui ne soient pas fatigués. Pendant sa déportation, il vivait fort stoïquement, se faisait un point d'honneur de n'accepter rien, même de ses amis. À son retour, il fut expulsé de France, pour avoir défendu Louise Michel contre des argousins, puis, arrêté en Italie, y subit huit années de bagne, les juges, aussi honnêtes dans la péninsule que partout ailleurs, exhumant une affaire d'Égypte, vieille d'une quinzaine d'années, dans laquelle, Cipriani, attaqué, avait tué son agresseur.

L'amitié me ferait commettre un mensonge, si je disais que Cipriani a épousé la doctrine anarchiste. Qu'il le veuille ou non, il est de tempérament dictatorial : mais son feu révolutionnaire n'est pas éteint et, si certains actes individuels le déconcertent, les premiers qui marcheront au combat général, anarchistes ou socialistes, le verront de leur côté.

Ce fut, si mes souvenirs sont exacts, peu avant cette expédition pacifique que je vis chez Leudet, M. Jules Huret, alors en tournée pour son enquête sur l'évolution sociale. Ses articles dans le *Figaro* avaient été lus autour de moi avec intérêt, mais l'écrivain ne me parut pas sympathique. Son premier mot, évidemment déplacé, fut pour traiter Kropotkine de « vieux gâteux », pauvre Kropotkine ! était-ce bien la peine d'avoir donné ta liberté, ta fortune, ta science et ta santé pour t'entendre traiter ainsi par un jeune écrivain gonflé de quelques succès !

Le journaliste, je dois le dire, était sur le coup du désappointement. Après avoir feuilleté en hâte quelques pages de la *Conquête du Pain,* dernier ouvrage du philosophe russe, pour connaître au moins quelque chose de lui, il avait pris le chemin d'Acton, où réside le continuateur de Proud'hon et de Bakounine. Une dame brune, d'une trentaine d'années, à l'aspect sérieux et décidé, ouvrit au coup de marteau. « Je viens pour interviewer le prince Kropotkine », lui dit délibérément le visiteur. « Le prince Kropotkine ne veut pas se faire interviewer », répondit sur le même ton la femme de notre ami, car c'était elle. Et, malgré les représentations du journaliste, elle lui ferma la porte au nez.

Semblable mésaventure avait rendu M. Huret très cassant, presque impertinent : après avoir traité Kropotkine de vieux gâteux il décrocha à l'adresse de Malatesta une épithète aigre-

Charles Malato

douce. Naturellement, je m'empoignai avec cet appréciateur sévère qui ne pouvait faire moins que me considérer comme le dernier des imbéciles et, ma foi, ce fut juste si la conversation ne dégénéra pas en mangeage de nez.

Remâchant les rengaines bourgeoises, mon interlocuteur me demanda ironiquement si nous étendions notre sympathie fraternelle aux voleurs et aux assassins.

Parler de voleurs et d'assassins, quand on a dans son clan, prêt à les saluer bien bas, et à s'honorer de leur fréquentation, des banquiers, des ministres et des généraux ! Quel aplomb bourgeois !

Et pourtant, M. Huret n'est pas sans valeur ; ses campagnes décèlent de l'initiative et de la volonté ; son tort est de s'être trop vite grisé de ses succès d'interviews. Le jour où, comme les vrais hommes d'étoffe, il sera devenu modeste et ne jugera plus les personnes et les choses qu'il ne connaît point sur une quinzaine de pages lues en wagon, même ses contradicteurs véhéments l'apprécieront.

Peut-être, après notre rencontre, a-t-il réfléchi sur les inconvénients de trop de morgue, car l'interview de Malatesta, qu'il a, peu après, fait paraître dans le *Figaro,* est non seulement très sincère, mais conçue sans acrimonie.

C'est dans le quartier plébéien d'Islington, chez Defendi, ancien combattant de la Commune qui cumule aujourd'hui l'anarchisme et l'épicerie, que Malatesta trame de noirs complots contre la bourgeoisie. Tout le contraire des théoriciens de la *Révolte,* il se préoccupe beaucoup moins des progrès de l'idée pure que des faits et, par faits, il ne se contente pas d'entendre, comme quelques-uns, les déménagements à la cloche de bois. S'il n'avait à son actif le coup de main de Bénévent, exécuté en 1877, avec Cafiero, Ceccarelli et quelques autres camarades, — une trentaine au plus, — et diverses condamnations un peu partout, motivées par des faits révolutionnaires, ses contradicteurs le traiteraient d'opportuniste. Son tempérament n'étant pas en cause, ils se contentent de le traiter d'autoritaire, ce qui ne les empêche pas de s'adresser à lui toutes les fois qu'il y a un acte sérieux de propagande ou de solidarité à accomplir. Certes, il n'y a pas d'hommes indispensables, mais il y en a d'utiles, et l'on peut dire que si Kropotkine est un cerveau, Malatesta est un bras.

Non qu'il dédaigne le raisonnement : je l'ai vu — et entendu aussi ! — aux prises avec Lucien Weil, le plus effroyable forgeur de syllogismes. Qui l'a emporté ? je ne saurais le dire ; au bout de cinq minutes, mes tempes éclataient, mon cerveau martyrisé ne percevait plus que des notes éclatantes ripostant à ses susurrements rapides. Comment ne m'a-t-on pas transporté à Bedlam ?

Je ne résiste pas à l'envie de citer ici un apologue, digne de celui de Menenius Agrippa, que m'a narré Malatesta. Il est à l'adresse de ceux qui reprochent de descendre des sublimes intransigeances théoriques pour aborder l'action pratique.

Une commune de l'Italie avait un Conseil très avancé, à l'exception d'un individu regardé avec suspicion par ses collègues. Ce galeux proposa, un jour, d'adopter l'éclairage à l'huile, usité dans les autres parties de la péninsule. On en avait bien besoin car, en dépit des hautes vues du *municipio*, la ville était, chaque nuit, plongée dans les plus profondes ténèbres.

En entendant la proposition faite, un conseiller se leva, pâle d'indignation :

— Quoi ! bégaya-t-il, est-ce la peine de tenir en main l'éblouissant flambeau du progrès pour qu'on ose nous proposer la fumeuse lumière à l'huile, nous ravalant ainsi au rang des municipalités les plus arriérées ? Ne savez-vous pas que ce mode d'éclairage ne convient déjà plus aux besoins modernes, que partout, les spécialistes se livrent à d'ardentes recherches et qu'on est à veille de trouver mieux. L'éclairage à l'huile, jamais !

Il fut criblé d'applaudissements, et la commune demeura dans l'obscurité.

Quelques années après, le gaz avait, en effet, remplacé le combustible liquide : les édiles de la localité s'applaudissaient d'avoir si bien résisté aux objurgations du *réactionnaire*.

Celui-ci, cependant, ne craignit pas, un jour, de proposer le vote d'un crédit, permettant de s'éclairer au gaz comme dans les autres villes.

Les administrateurs communaux se regardèrent avec stupeur. Quoi ! cet incorrigible n'avait pas profité de la leçon des événements.

Charles Malato

S'éclairer au gaz, maintenant comme tout le monde : comme si le gaz était le dernier mot du progrès !

Le retardataire fut conspué d'importance et, comme on s'était passé de l'huile rétrograde, on se passa du gaz opportuniste.

Le temps s'écoula, amenant de nouveaux progrès : l'électricité, à son tour, détrôna le gaz.

— Eh bien, se disaient fièrement les conseillers, n'avons-nous pas eu raison de tenir bon ? Que de frais évités pour l'installation d'appareils que nous serions contraints de changer aujourd'hui, si nous avions eu la naïveté d'écouter ce ramolli !

Le « ramolli » osa pourtant demander l'éclairage à l'électricité ; mais, cette fois, on ne l'écouta même pas : on était fixé sur son état mental. S'il continue à siéger au Conseil, c'est par pure tolérance de ses collègues qui le considèrent comme irrémédiablement fou.

De cet apologue, j'en rapprocherai un, beaucoup plus court, raconté autrefois par Pouget.

Deux paysans se promenaient, un soir, sans mot dire, perdus dans la contemplation du firmament. — À quoi rêves-tu ? demanda l'un. — Je m'imaginais, répondit l'interpellé, — que le ciel était devenu un pré immense dont je me trouvais le propriétaire. — Et moi, fit le premier, qui ne voulait pas demeurer en reste d'imagination, il me semble que toutes les étoiles sont un troupeau de moutons m'appartenant et broutant dans ton pré. — Broutant dans mon pré ! Ah ! voleur !… Et les voilà qui se battent.

Les théoriciens absolus, se chamaillant pour la prévalence de leurs systèmes futurs, sont un peu semblables à ces deux campagnards.

Ce qui est certain, c'est que les États marchent à une immense dislocation politique et économique ; que d'autre part, la conscience individuelle a grandi, détruisant le prestige des gouvernants, apprenant peu à peu aux masses à penser et agir par elles-mêmes. Certes, le cri impérieux des besoins matériels inassouvis dominera au jour de la bataille, la voix des philosophes ; bien des heurts déconcerteront les timides, mais l'Humanité peut-elle abdiquer ses destinées ? Pourrait-elle, après avoir entendu l'appel des Reinsdorf, des Spies et des Parsons, retomber au troupeau servile, au communisme du couvent ? Ô Liberté ! Toujours trahie, saignante et mutilée, tu es incompressible, éternelle comme le progrès. Après être apparue aux esclaves antiques, aux Bagaudes et aux Jacques, avoir inspiré montagnards et hébertistes, éveillé l'Europe au clairon de la révolution, fait flotter le drapeau rouge de la Commune, tu devais jeter au vent, comme un verbe nouveau, le nom de la société sans maîtres : l'anarchie !

ÉPILOGUE

Depuis que la dernière page de ce livre a été écrite, les événements ont marché. La lutte pour la transformation sociale s'est engagée avec une nouvelle violence ici par des actes individuels, là par des révoltes en masse.

Les mineurs français et anglais, les paysans de Sicile ont revendiqué leur droit à la vie. Pallas a donné la sienne pour venger les garrottés de Xérès et ses mânes ont reçu à Barcelone un terrible holocauste ; Auguste Vaillant a jeté sa bombe aux rois de la république.

Pauvre Vaillant ! qui m'eût dit, il y a huit ans, que tu serais devenu, un jour, dynamiteur et martyr ?

Des repus lui ont reproché une condamnation pour mendicité, après qu'il eut essayé tous les métiers pour vivre. Quelle terrible patience faut-il à de tels hommes pour tendre la main !

C'était, antithèse qui ne semblera étrange qu'aux seuls naïfs, un homme doux jusque la timidité, un sentimental devenu capable de fortement haïr parce qu'il était capable de fortement aimer. Il a traversé toutes les phases du socialisme, s'effarouchant jadis aux théories des compagnons qu'il devait plus tard dépasser de toute la hauteur du fait accompli. Il a fini par perdre patience, écœuré de voir ses anciens chefs de file ne plus déployer d'énergie que pour entrer au Palais-Bourbon et alors il est parti en guerre à lui seul.

Quand on arrive aux hommes qui, pour réaliser un idéal, savent donner vie et liberté, on oublie leurs misérables caricatures. On

Charles Malato

oublie surtout ces gens qui ne sont d'aucun parti et qui spéculent sur tous, hurlant aujourd'hui au capitaliste, demain à l'anarchiste et que la bourgeoisie, qui les a produits, voudrait faire passer pour nôtres. Secouons la boue, mais ne calomnions pas le sang, ô philosophes qui rêvez la paix et le bonheur universels, car ce sang, qui, déjà, empourpre l'horizon, annonce la grande aurore. Puisque l'humanité paie chèrement ses conquêtes, que la refonte de tout un monde ne peut s'opérer sans douleur, vienne au plus tôt... mais j'oubliais que la presse n'est plus libre !

FIN

ÉPILOGUE

ISBN : 978-1533449573

www.ingramcontent.com/pod-product-compliance
Lightning Source LLC
Chambersburg PA
CBHW062000280526
45787CB00005B/1947